MW01704928

L'AU-DELÀ ET LE SUICIDE

est le quatre cent quarante-quatrième livre
publié par Les éditions JCL inc.

Catalogage avant publication de Bibliothèque et Archives nationales du Québec et Bibliothèque et Archives Canada

Girard, Serge, 1949-

L'au-delà et le suicide

2e éd.

(Collection Second souffle)

Publ. antérieurement sous le titre: Au-delà du suicide. 2001.

Publ. à l'origine dans la coll.: Collection Énigmes.

ISBN 978-2-89431-444-9

1. Spiritisme. 2. Vie future. 3. Suicidés. 4. Vie spirituelle. I. Titre. II. Titre: Au-delà du suicide. III. Collection: Collection Second souffle.

BF1262.G56 2010 133.901'3 C2010-941235-4

Édition originale : août 2010

L'Au-delà et le Suicide

Ce que toute personne concernée devrait savoir

Collection
Second
Souffle

Les éditions JCL inc.
930, rue Jacques-Cartier Est, Chicoutimi (Québec) G7H 7K9
Tél. : (418) 696-0536 – Téléc. : (418) 696-3132 – www.jcl.qc.ca
ISBN 978-2-89431-444-9

SERGE GIRARD

L'Au-delà et le Suicide

Ce que toute personne concernée devrait savoir

Essai

LES ÉDITIONS JCL

Du même auteur :

ÉDITIONS ORIGINALES :

La Lumière de l'ombre, Essai, Éditions JCL, 2010, 408 p.

Au-delà du suicide, Essai, Éditions JCL, 2001, 314 p.

L'Au-delà à l'écoute de nos prières, Essai, Éditions JCL, 1997, 414 p.

Au cœur de la prière, Essai, Éditions JCL, 1997, 110 p.

Quand l'au-delà se manifeste, Essai, Éditions JCL, 1993, 432 p.

Messages de l'au-delà, Essai, Éditions JCL, 1990, 332 p.

Collection Second Souffle :

ÉDITIONS SEMI-POCHE :

Messages de l'au-delà, Essai, Éditions JCL, 2010, 304 p.

Quand l'au-delà se manifeste, Essai, Éditions JCL, 2010, 328 p.

Nous reconnaissons l'aide financière du gouvernement du Canada par l'entremise du Fonds du livre du Canada pour nos activités d'édition. Nous bénéficions également du soutien de la SODEC et, enfin, nous tenons à remercier le Conseil des Arts du Canada pour l'aide accordée à notre programme de publication.

Gouvernement du Québec – Programme de crédit d'impôt pour l'édition de livres – Gestion SODEC

À toi, chère lectrice, cher lecteur,
qui cherches et veux savoir.
Puisse Dieu te guider vers
tous ceux qui pourraient t'aider à
comprendre le sens de ta vie terrestre!

NOTE DE L'ÉDITEUR

L'édition originale de ce livre a été publiée en 2001, sous le titre *Au-delà du suicide.*

TABLE DES MATIÈRES

Note au lecteur

En vous quittant dans la conclusion de mon dernier ouvrage, je vous mentionnais que j'avais cessé de répondre à ceux et celles qui faisaient appel à mon aide. Malgré cet avis, peu de temps après sa parution, le livre incita plusieurs lecteurs à me demander d'accepter de les rencontrer. Écoutant les inspirations que je recevais de mes amis de lumière, je convins de ne prendre que les cas qui me semblaient les plus sérieux. Je ne regrettai aucunement cette décision, car elle me permit de connaître de précieuses expériences. J'ai donc pu les utiliser pour la réflexion spirituelle que je partage avec vous dans les lignes qui suivent. Je remercie Dieu d'avoir placé sur ma route ces sœurs et ces frères incarnés dont le vécu nous aura permis de jeter plus de lumière dans notre compréhension.

***

Tout au long de cet ouvrage, je vous livre ces témoignages pour appuyer ou simplement visualiser certaines notions de mon expérimentation spirituelle. Dans la grande majorité des cas, j'ai utilisé des noms fictifs pour désigner les personnes impliquées. J'ai également modifié certains détails qui auraient pu dévoiler leur identité. Il va sans dire que cette précaution ne fut nécessaire que pour assurer le respect de leur vie privée et celle de leurs proches. J'ai cependant toujours respecté intégralement le cœur de l'expérience rapportée pour que vous receviez la pleine valeur des phénomènes concernés.

***

Je tiens à souligner de nouveau que je vous rapporte mes expériences médiumniques sans aucune prétention. Mes nombreux échanges m'ont clairement démontré que la médiumnité ne constituait aucunement un signe d'avancement spirituel et encore moins un indice d'une quelconque supériorité. Ce n'est qu'une simple faculté permise par la structure électrique du système nerveux central transmis directement de nos ancêtres par les acides nucléiques porteurs de nos gènes. Je tente donc simplement, dans la mesure de mes humbles moyens, de vous transmettre ce que cette faculté m'a permis de découvrir, pour que vous puissiez vous aussi profiter des richesses qu'elle m'a dévoilées.

***

J'aimerais remercier de nouveau mes amis de lumière, et particulièrement mon Ange gardien, pour la précieuse collaboration qu'ils ont apportée à la rédaction de cet ouvrage, autant pendant mes expérimentations spirituelles que pendant la composition de cet écrit. Sans leur implication directe dans tout le travail que j'effectue avec le peu de temps dont je dispose, les résultats que je vous transmets ici n'auraient pu exister.

***

Comme ce fut le cas dans mon troisième livre, à certaines étapes du développement, je reviens sporadiquement sur des éléments déjà vus dans les pages antérieures. Cette façon de procéder ne découle aucunement d'un manquement aux règles littéraires, mais du souci de m'assurer que la réflexion sera bien comprise dans toutes ses nuances et sa globalité.

Avant-propos

Dans chacun de mes livres précédents, nous n'avons traité que brièvement du suicide et de ses conséquences dans l'après-mort. Les quelques pages sur le sujet ont pourtant suffi à inspirer de belles réflexions spirituelles chez un grand nombre de lecteurs et de lectrices qui avaient subi la perte tragique d'un être cher victime du mauvais choix. Tous ceux qui m'en firent part avaient su éviter l'écueil de la réaction facile qui nie tout sans réfléchir, se confinant ainsi dans l'ignorance stérile.

Lorsque je reçus de mes amis de l'au-delà la suggestion d'écrire un bouquin qui porterait spécifiquement sur la question, je songeai à un commentaire qu'un auditeur incrédule m'avait livré, à mes débuts, lors d'une émission radiophonique. Il me reprochait de faire souffrir les familles éprouvées en dévoilant les conséquences négatives que leurs défunts pouvaient endurer suite à leur suicide. Son raisonnement superficiel laissait choir tous nos frères incarnés qui sont confrontés à l'appel hypocrite du suicide trompeur et que la connaissance pouvait libérer. De plus, il abandonnait à leur triste sort les suicidés eux-mêmes qui, prisonniers des terribles conséquences de leur geste malheureux, gémissaient dans l'au-delà. Sans réfléchir, borné par ses pauvres limites prétentieuses, il préférait les couper des liens libérateurs que cette même connaissance pouvait inspirer chez leurs survivants enfin éclairés sur leur réalité d'après-mort. Cette pensée suffit à me convaincre que je devais continuer à apporter ma petite contribution dans la lutte contre l'ignorance qui pouvait inspirer de pareilles analyses. J'acceptai donc de bon cœur, en écartant toutefois toute prétention sur ma propre personne. Comme dans mes autres ouvrages, je vous livrerai le plus fidèlement possible le fruit de mes recherches et de mes expériences médiumniques lors desquelles je demande toujours à Dieu de me guider sur le chemin qui mène jusqu'à Lui.

C'est donc avec beaucoup d'espoir que je vous invite à partager cette réflexion spirituelle. Je prie Dieu que cet écrit puisse aider tous ceux et celles qui cherchent un sens à leurs souffrances et à leurs tourments. Je Le prie de les guider vers ces connaissances pour mieux les outiller dans leur cheminement terrestre et favoriser l'aboutissement d'une brillante réussite de leur plan d'incarnés. Je Le prie également de les répandre chez les familles éprouvées pour que tous comprennent l'aide précieuse qu'ils peuvent réellement apporter à leurs défunts par leur support spirituel.

Introduction

Depuis des années, d'éminents chercheurs tentent d'élucider la problématique du suicide qui gruge de plus en plus la vitalité même de notre société moderne. Par des approches sociales, psychologiques, biologiques et même génétiques, ils tentent d'identifier les facteurs pouvant déterminer les éléments de solution à ce problème grandissant. Les résultats obtenus jusqu'à ce jour sont le plus souvent mitigés, car ils n'aboutissent qu'à des constats de faits qui ne dévoilent pas clairement les causes premières des symptômes observés.

Ces recherches sont quand même très importantes, car elles permettent d'identifier les déclencheurs directs ou du moins les facteurs favorisants qui peuvent indiquer à tous les intervenants potentiels la pertinence d'agir auprès des personnes à risques.

Si nous observons les statistiques, nous constatons que l'urgence se fait de plus en plus pressante. Seulement au Canada, selon les chiffres compilés par le Centre d'éducation et de prévention des suicides, à Calgary, le taux de mortalité est passé, chez les hommes, de 3,3 décès par cent mille habitants dans les années cinquante à 21,5 décès en 1995. Ces chiffres se répartissent également chez les jeunes, les adultes et les aînés. Il n'y a donc pas de groupes d'âge plus affectés, le phénomène exprimant un problème global de notre société.

Mais quelle forme pourrait bien prendre cette action corrective pour contrer le phénomène? Selon ce que j'ai pu obtenir par mes expériences médiumniques, cette intervention devra se faire à deux niveaux: d'abord au niveau social avec tous ses contingents d'intervenants, mais ensuite et surtout au niveau individuel, où chaque personne devra agir directement sur elle-même pour se sortir du marasme spirituel qui l'engloutit. C'est sur ce dernier que cet ouvrage veut agir en apportant les connaissances qui permettront aux lecteurs de comprendre la raison d'être de leur vie terrestre, de leurs rires et de leurs tourments.

Notre réflexion nous fera saisir les véritables causes de ce mal du siècle. En connaissant notre vraie nature, qui dépasse largement les trompeuses apparences de notre monde compact, nous aborderons les facteurs premiers qui sont en jeu: soit ceux de l'Esprit qui constituent l'essence même de notre personnalité et qui survivent pleinement à la mort corporelle.

Entrons maintenant dans notre approfondissement spirituel. Voyons ensemble si la vie terrestre vaut vraiment la peine d'être vécue, tant dans ses joies que dans ses souffrances. Voyons si la sagesse divine a bien calibré chacune d'elles en fonction de notre histoire intime, de nos forces et de nos faiblesses. Voyons enfin si le suicide s'avère un acte libérateur ou s'il ne constitue pas plutôt une erreur monumentale qui condamne ses victimes à subir des souffrances encore beaucoup plus grandes et beaucoup plus longues que celles qu'elles voulaient fuir.

Chapitre 1

Raison de notre présence sur terre

Depuis les premières pensées organisées de l'humanité terrestre, les grandes questions philosophiques sur notre existence temporelle ont débouché sur de multiples conceptions parfois fort pertinentes, mais d'autres fois tout à fait erronées. Malheureusement, à travers l'histoire, les différentes cultures qui jaillirent des nombreuses contrées de notre globe les assimilèrent progressivement et firent corps avec elles.

Elles prirent ainsi des traits bien arrêtés qui se fermèrent hermétiquement sur eux-mêmes. Cette cristallisation de la réflexion philosophique fut très habilement renforcée par les pontes du pouvoir temporel et spirituel qui se l'approprièrent au nom de Dieu Lui-même pour mieux l'utiliser comme arme de contrôle. C'est ainsi qu'apparurent les différents dogmes religieux qui régissent encore aujourd'hui le contenu et les limites des croyances de leurs fidèles.

Ce phénomène, qui tissa une bonne partie du cheminement des grandes religions, éteignit rapidement la flamme de la réflexion profonde. Plus rien ne se passait en dehors des limites imposées. C'est ainsi que l'humanité terrestre cessa de découvrir les horizons nouveaux qui étaient pourtant à la portée de sa pensée.

Heureusement, Dieu a voulu que certains incarnés terrestres puissent être directement inspirés par les défunts possédant déjà une plus grande connaissance. La réflexion put ainsi reprendre son cours, guidant chacun des hommes et des femmes assoiffés du savoir spirituel vers les informations répondant vraiment à leur questionnement profond.

C'est à partir de ces connaissances venues des Esprits de lumière que nous élaborerons notre approfondissement de la question de l'après-mort qui attend les suicidés. Nous nous abreuverons donc à la meilleure source qui soit: celle des êtres qui vivent déjà dans l'au-delà, dans la pleine lucidité que leur confère leur avancement spirituel.

Voyons donc, dans ce premier chapitre, les grandes lignes des explications données par ces entités qui ont déjà atteint les hautes sphères du savoir divin, du moins pour les aspects qui sont à notre portée. Ces connaissances que nous retrouvons plus en détail dans mes livres antérieurs nous ouvriront le chemin de la compréhension de nos peines et de nos joies, qui tissent la trame de notre existence terrestre. Elles nous feront saisir leur pertinence et toute la richesse dont elles sont porteuses.

Entrons dans la première étape de notre réflexion et découvrons la raison de notre présence sur Terre!

1. AU-DELÀ DU CORPS DE CHAIR

Un fauve tenaillé par la faim qui rencontrerait un homme sur son chemin ne verrait rien de plus qu'une appétissante masse de chair fraîche pouvant satisfaire son primitif instinct de survie, tandis que tout homme le moindrement évolué, qui serait l'acteur de la même scène, y cernerait une réalité bien différente que ne pourrait jamais atteindre cette bête limitée dans ses réflexes primaires. C'est que la pensée humaine peut aller bien au-delà du stade animal. D'essence divine, elle est sensible à des vibrations beaucoup plus subtiles: celles de son Esprit.

Mais de prime abord, si nous nous limitions aux seules données de nos sens biologiques, ne serions-nous pas portés nous aussi à ne pas dépasser le stade primaire du fauve de notre exemple? En fait, ce n'est que par l'élan spirituel que nous allons au-delà de leurs pauvres limites et que nous atteignons des dimensions qui nous font comprendre l'essence profonde de notre vraie nature.

Lorsque nous demandons à nos amis de lumière de nous définir le corps charnel, tous répondent que ce dernier n'est en fait qu'un indispensable véhicule temporaire qui permet à un Esprit de vivre de précieuses années dans le monde de la matière lourde. En d'autres mots, le corps physique est strictement un instrument de contact. Or, comment et pourquoi y sommes-nous rattachés?

Pour répondre à cette question, nous devons d'abord comprendre la principale composante de l'homme: celle de l'Esprit. Cette dernière constitue le véritable siège de notre personnalité, c'est-à-dire de notre moi conscient et inconscient. Toutes nos pensées, nos souvenirs, nos acquis et nos expériences de vie y résident en permanence.

L'Esprit est strictement d'essence divine. C'est lui qui est à l'image de Dieu. Bien que créé, il n'aura jamais de fin, en ce sens qu'aucune mort ne pourra l'atteindre dans toute l'éternité qui s'étend devant nous.

L'Esprit en lui-même n'a pas de forme. Il est lumière divine qui ne cherche qu'à rejoindre son grand Créateur. Il est cependant recouvert d'une enveloppe permanente qu'il conservera pendant toute son existence infinie. C'est cette enveloppe qui lui donne une forme déterminée. Les Esprits de lumière l'appellent le périsprit. Cette composante revêt une très grande importance, car elle est le siège de toutes nos imperfections et de toutes nos faiblesses.

L'opacité de cette enveloppe peut prendre une grande intensité chez les êtres qui s'abandonnent aux pulsions qu'elle contient. Sa densité peut empêcher complètement la lumière de l'Esprit de passer à travers elle. C'est cette compacité qui donne une apparence très sombre aux Esprits retardataires du bas astral de notre Terre. Lorsque cette enveloppe est complètement épurée de ses faiblesses spirituelles, elle devient claire comme du cristal. Elle laisse alors toute la lumière de l'Esprit passer à travers elle. C'est cette pureté du périsprit qui permet la brillance fluorescente des Esprits les plus évolués.

Pendant notre vie terrestre, le périsprit est chargé d'une énergie de vie que les Esprits appellent le fluide animalisé. Cette énergie est puisée dans le monde astral, directement des grands courants de lumière qui ressemblent à d'immenses aurores boréales. Elle est traitée par des spécialistes de l'au-delà pour qu'elle puisse entretenir la vie d'une enveloppe charnelle. Sans cette énergie, il nous serait impossible d'animer notre corps physique. Cette force vitale est directement injectée dans le périsprit dès la conception de l'enfant à naître. Elle loge dans un endroit bien précis que l'on appelle la rate périspritale. À l'état de veille, celle-ci se situe au centre du ventre entre le pubis et le nombril. Chacun de nous en possède une quantité précise qui se veut proportionnelle au nombre d'années de notre vie terrestre. Ainsi, quelqu'un qui doit vivre très longtemps reçoit plus de fluide animalisé qu'un autre qui doit mourir dans sa jeunesse.

Pendant toute notre vie sur Terre, cette énergie vitale va nourrir chacune des parties de notre corps physique pour les maintenir en bonne santé. Elle passera de l'enveloppe périspritale au corps de chair par un genre de cordon ombilical que nous appelons la corde d'argent. Elle se nomme ainsi parce que son aspect global présente toujours une lueur argentée fluorescente. Sans cette composante, l'énergie de vie ne pourrait atteindre le corps de chair qui deviendrait automatiquement non viable et inutilisable par l'Esprit. Lorsque nous mourons, c'est simplement la corde d'argent qui se rompt. Le corps est alors privé de ses énergies de vie et c'est la mort irréversible.

Comme nous le voyons, l'être humain est beaucoup plus complexe que ce que nous laissent percevoir nos pauvres sens physiques. Nous sommes d'abord et avant tout des Esprits éternels incarnés dans un véhicule mortel qui nous permet de réaliser des apprentissages que nous ne pourrions accomplir autrement.

La composante spirituelle de l'être humain s'exprime beaucoup plus fréquemment qu'on pourrait le croire à première vue. Parfois, la réalité de son existence devient même d'une évidence élémentaire. Nous avons d'ailleurs vu un très grand nombre de ses manifestations dans mes autres ouvrages et nous en analyserons quelques autres dans les pages qui vont suivre.

Pour bien amorcer ce début de notre réflexion, voyons immédiatement deux témoignages qui nous démontrent clairement que notre moi dans lequel siège toute notre personnalité est vraiment indépendant de notre corps charnel et que nous pouvons donc exister en dehors de ce dernier de façon tout à fait autonome.

SANS SON CORPS

Lilianne n'avait jamais vécu de phénomène pouvant se rapprocher d'une sortie astrale. Ses connaissances spirituelles étaient assez approfondies, mais rien dans sa vie concrète ne lui avait démontré l'exactitude de tous les témoignages reçus dans ses nombreuses lectures.

C'est plus tard qu'elle vécut enfin une preuve indéniable de l'autonomie de son Esprit par rapport à son corps charnel. Cette expérience lui confirma que la pleine réalité de sa personnalité ne faisait que coexister avec son enveloppe physique, véhicule temporaire permettant la vie terrestre.

Lilianne était profondément endormie. Elle n'entendait plus les ronflements saccadés de son époux qui sommeillait près d'elle. Son Esprit travaillait agréablement dans les sphères subtiles de l'au-delà.

Soudain, un besoin d'uriner la ramena à son corps de chair. Elle chercha péniblement à se lever. Après de bons efforts, elle réussit à sortir de son lit. Tout endormie, elle se dirigea lentement vers la salle de bain.

Rendue sur place, elle réalisa qu'elle n'avait pas son corps avec elle. Lilianne s'était bien déplacée jusqu'aux toilettes, mais en vain, car son corps charnel était demeuré couché dans son lit.

Lilianne retourna spontanément dans sa chambre. À moitié endormie, elle se recoucha. Le besoin physique qui l'avait réveillée devenait de plus en plus insistant. Elle s'introduisit dans son corps charnel avec une grande facilité.

La manœuvre complétée, Lilianne se releva avec difficulté. Elle refit son trajet et reprit place sur le cabinet d'aisance. À son grand étonnement, elle se rendit compte qu'elle était revenue encore une fois sans son corps de chair.

Une panique s'empara d'elle. Elle s'empressa de revenir dans sa chambre. Son sommeil s'était complètement envolé. Elle se voyait se déplacer dans la maison sans son habituel véhicule terrestre. Elle continuait pourtant à penser, à se souvenir, à vouloir. Tous ses sens étaient en éveil malgré le corps séparé. Ses idées continuaient à trotter dans sa tête, laquelle lui paraissait aussi réelle que l'autre qu'elle voyait dans son lit. Sa personnalité demeurait entière. Même l'apparence de son corps périsprital lui donnait le reflet fidèle d'elle-même.

Rendue près de son lit, elle ferma les yeux pour tenter de retourner dans son corps. Enfin couchée, elle pria son Ange gardien de lui venir en aide. Se concentrant sur les commandes qu'elle faisait normalement sans y penser, elle finit par reprendre le plein contrôle de son corps de chair. Une sensation physique très insistante lui fit comprendre que tout allait beaucoup mieux.

Lilianne se précipita littéralement vers les toilettes. Le besoin physique en était à son dernier stade de résistance. Une fois soulagée, elle retourna dans sa chambre.

Lorsqu'elle fut recouchée, Lilianne ressentit une peur de se rendormir. Elle craignait de s'éveiller de nouveau en dehors de son corps sans pouvoir en reprendre le contrôle. Finalement, la fatigue eut raison de ses inquiétudes et elle put retrouver le repos jusqu'au matin.

Cette expérience éveilla en Lilianne une longue série de questionnements. Elle avait beaucoup lu sur le sujet, mais elle savait maintenant que tout cela était bien réel. Elle n'avait désormais plus d'acte de foi à poser pour comprendre la pleine réalité de l'Esprit, siège réel de toute notre personnalité.

***

L'expérience de Lilianne s'avère très intéressante, car elle vécut elle-même le phénomène en conservant tous les souvenirs de ce qui s'était passé avec sa pleine conscience. Le cas suivant est différent, car la personne fut plutôt témoin d'un semblable phénomène vécu par son jeune fils. Il présente néanmoins un grand intérêt, car il nous confirme la même réalité de notre personnalité pouvant exister en dehors de notre corps physique.

TROP TÔT POUR SE LEVER

La semaine avait été chargée. Ce samedi matin, Cathia avait bien l'intention de se lever un peu plus tard. Dehors, le vent soufflait fort et les bourrasques saccadées n'invitaient pas à planifier une quelconque activité extérieure.

En ouvrant les yeux pour vérifier l'heure sur son réveille-matin, Cathia aperçut son jeune fils se tenant debout devant elle. Il la regardait fixement sans dire un mot. Refermant les yeux, Cathia lui demanda doucement ce qu'il voulait. Comme elle n'avait pas de réponse, elle leva rapidement ses paupières. À sa grande stupéfaction, son fils n'était plus là. Il s'était comme volatilisé. Cathia se leva promptement. Elle monta à la chambre de son fils. Elle le trouva dans son lit profondément endormi, bien emmitouflé dans ses couvertures chaudes. Il était tout à fait évident qu'il n'avait pas bougé de sa couchette.

Bien qu'elle n'eût plus sommeil, Cathia retourna dans son lit. Elle se demandait bien ce qu'elle avait vu. Après quelques minutes, la voix de son fils retentit dans sa chambre. Il disait: « Maman! » Elle ouvrit à nouveau les yeux, croyant, cette fois-ci, retrouver son jeune bien en chair devant elle. À sa grande stupeur, il n'y avait personne. Elle retourna rapidement dans la chambre de son fils. Il continuait à dormir dans la même position où elle l'avait laissé quelques instants plus tôt.

Cathia décida aussitôt de ne plus se recoucher. Une certaine crainte l'assaillait et son besoin de sommeil s'était complètement envolé.

Cathia se questionna beaucoup sur ce qu'elle avait vécu. Une de ses amies, qui avait lu tous mes livres, lui conseilla de prendre rendez-vous avec moi. Comme elle voulait en avoir le cœur net, elle accepta. Elle arriva à mon bureau un soir de février.

Elle avait été témoin d'une sortie astrale spontanée que son fils avait vécue pendant son sommeil. Comme elle avait pu le constater, notre personnalité est bien indépendante de notre corps physique. En Esprit, nous conservons notre entière identité avec toute notre pensée, nos sentiments, nos souvenirs, nos désirs, nos connaissances et même nos faiblesses.

Après que je lui eus expliqué la pleine normalité du phénomène qu'elle avait vécu, Cathia reprit progressivement sa quiétude habituelle. Elle comprit la chance qui lui était donnée de saisir par elle-même la pleine réalité de l'Esprit qui constitue la nature fondamentale de chacun d'entre nous. Dorénavant, elle savait à quel point notre enveloppe charnelle n'était qu'un simple véhicule nous permettant de vivre dans la dimension de la matière lourde. Elle avait compris de ses propres yeux que notre personnalité intime outrepasse les pauvres apparences du monde matériel.

***

Cette existence distincte et autonome de notre personnalité par rapport à notre enveloppe charnelle peut s'exprimer très tôt dans notre vie terrestre. Même en très bas âge, l'Esprit est tout à fait conscient de cette réalité et il peut en faire la démonstration auprès de certains proches qui sont en mesure de les recevoir. J'en fus moi-même le témoin direct lors de plusieurs manifestations dont je fus l'objet. À titre d'exemple, voyons l'une d'elles où mes propres petits-enfants vinrent me visiter en dehors de leur jeune corps temporel.

DE CHARMANTS VISITEURS

Je venais de me coucher. Je faisais mes prières, demandant à Dieu d'exaucer ceux qui avaient fait appel à mon aide pendant la journée.

Soudain, une forme lumineuse apparut. Elle se précisa progressivement. Je demandai la protection divine malgré les signes positifs que je recevais. Je distinguai finalement un visage. Il était tout en lumière, comme celle des Esprits épurés. L'Esprit qui se manifestait se montra finalement sous une apparence charnelle. Il s'agissait d'un enfant d'environ six ans. Le garçonnet avait des yeux rieurs et ses traits exprimaient une grande douceur. L'Esprit matérialisé me regardait calmement. Il me fit un beau sourire et disparut lentement. Je compris qu'il venait simplement me saluer.

Immédiatement après, le phénomène lumineux recommença. Un autre visage se forma progressivement. Cette fois, à ma grande surprise et à mon grand plaisir, je reconnus mon petit-fils Guillaume. Comme le premier, il se montra dans sa lumière, puis dans sa forme charnelle. Il avait l'apparence de ses cinq ans. Son regard exprimait encore plus de douceur que dans ses heures de veille. Un grand bonheur se dégageait de tout son faciès. Il me regardait directement dans les yeux. Il me fit un sourire d'une grande tendresse. Il disparut ensuite progressivement comme le premier Esprit qui s'était montré.

Immédiatement après son départ, le même phénomène lumineux s'enclenchait de nouveau. Cette fois, sa sœur Mélina, âgée d'à peine sept mois, se montrait à moi. Comme les deux autres, elle apparut d'abord dans la lumière de son périsprit. Elle était aussi scintillante que son grand frère. Puis, je la vis dans sa forme charnelle. Son regard était celui d'une adulte mature bien intentionnée et vigilante. Il contrastait avec les traits enfantins de son petit visage de bébé. Elle me regardait droit dans les yeux. Une grande franchise s'en dégageait. Après un bref instant, elle me fit un sourire, comme celui des deux autres. Elle me fit des salutations qui m'exprimaient la même joie et la même reconnaissance.

Après son départ, le phénomène cessa. Je remerciai Dieu d'avoir permis à mes deux petits-enfants et à un jeune Esprit qui semblait très bien les connaître de se montrer à moi. Ils m'exprimaient ainsi des liens profonds qui ne pouvaient que réjouir mon cœur.

Encore une fois, je voyais jusqu'à quel point l'Esprit humain est autonome de son véhicule charnel, même aux stades les plus précoces de son développement. Je voyais une autre confirmation que le corps n'est rien de plus qu'un instrument de la matière lourde, l'Esprit étant le seul porteur de notre personnalité.

***

Cette indépendance de notre moi, qui peut se passer de notre corps charnel pour exister, nous confère des possibilités extraordinaires de communication entre Esprits incarnés et désincarnés. Ces échanges sont alors très intéressants, car ils s'effectuent dans la pleine lucidité de l'au-delà. Non seulement notre Esprit y apporte-t-il la conscience de ses heures de veille, mais il peut, en plus, retrouver toutes les possibilités qui sont à la portée des personnes décédées. En d'autres mots, dès que nous entrons dans le sommeil, notre Esprit sort de notre corps et, bien que toujours relié à lui par la corde d'argent, peut accéder aux différents mondes de l'au-delà pour y échanger avec les vivants également en sommeil et les morts qui y vivent de façon permanente.

Plusieurs de ces échanges sont interprétés comme de simples rêves symboliques, mais certains d'entre eux mériteraient d'être sérieusement approfondis. Nous pourrions alors découvrir l'existence de liens bien réels qui se poursuivent entre incarnés, souvent même à l'insu de la conscience de ceux qui y participent.

IL LUI DONNE DE SES NOUVELLES

Johanne et Denis s'étaient fréquentés au début de leur

adolescence. L'incompatibilité de leurs plans de vie respectifs les avait finalement éloignés l'un de l'autre, chacun devant suivre un chemin différent pour atteindre ses buts d'incarnation.

Malgré cet éloignement, et bien que chacun ait refait sa vie amoureuse, un certain lien subtil demeurait encore vivant entre eux. Il se manifesta pendant quelques mois. Johanne et Denis ne se revoyaient plus et ne se parlaient plus, mais leurs heures de sommeil les portaient à tenir l'autre au courant du cheminement qu'ils poursuivaient.

Le souvenir de ces échanges dans le monde de l'Esprit ne se gravait cependant que dans la mémoire de Johanne, Denis n'étant sans doute pas suffisamment dégagé pour retenir ce genre de phénomène.

Au début, Johanne prit leurs brèves rencontres astrales pour de simples rêves. Parfois, elle en parlait avec amusement à sa sœur Arlette. Celle-ci voyait Denis sporadiquement à l'université qu'elle fréquentait.

Après quelques semaines que durait ce manège, Arlette trouva le phénomène bien curieux, car ce que Johanne lui rapportait des messages reçus en rêve correspondait toujours à ce que vivait concrètement son ancien ami de cœur. Après quelques vérifications, Arlette devint assez convaincue pour en parler ouvertement à Johanne.

Elle lui expliqua que Denis semblait la tenir au courant de ce qu'il vivait, comme s'il ne se résignait pas à couper complètement tout contact avec elle. Arlette lui confia qu'elle en était désormais convaincue, car chaque fois que Johanne lui faisait part d'un de ses rêves, elle vérifiait auprès de Denis en le questionnant subtilement.

Johanne ne partagea pas immédiatement l'emballement de sa sœur, mais un fait bien marquant la convainquit finalement des liens qui se continuaient en astral. Johanne rêva de nouveau de Denis. Ce dernier semblait bien en chair et en os. Il paraissait de meilleure humeur que d'habitude. Il annonça à Johanne qu'il venait de s'acheter une nouvelle voiture. Il lui montra ensuite le véhicule jaune aux allures sportives. Johanne se souvint de l'avoir félicité sur le choix du modèle.

À son réveil, elle fit part de son échange à Arlette en lui enjoignant de vérifier l'exactitude des détails dont elle se souvenait.

Arlette avait bien hâte de voir Denis. Elle le rencontra vers la fin de l'avant-midi. Après les salutations d'usage, elle lui demanda, mine de rien, s'il y avait du nouveau. Il s'empressa de lui répondre avec un large sourire qu'il venait d'acquérir une nouvelle voiture. Montrant à peine sa surprise, Arlette lui demanda quel genre de modèle il avait acheté. Toute la description qu'il en donna correspondait fidèlement à ce que Johanne lui avait dit. Denis lui offrit même de la lui montrer. Ils se dirigèrent dans le stationnement bondé. Arrivée tout près, Arlette comprit que Denis avait réellement rencontré Johanne dans le monde astral pendant ses heures de sommeil.

En retournant à ses cours, Arlette se questionna sur la nature de notre moi et sur sa trompeuse dépendance envers notre corps physique. Il devint bien évident pour Arlette que notre Esprit pouvait penser et agir en dehors du corps de chair. Elle comprit à quel point le vécu dans l'au-delà pendant nos heures de sommeil était bien réel. Elle extrapola finalement sur son après-mort, voyant bien concrètement que l'Esprit pouvait continuer à exister avec tous ses souvenirs et sa pleine personnalité malgré le corps inerte devenu inutile.

En confirmant à Johanne que ses échanges de sommeil étaient plus qu'un simple rêve, la même réflexion reprit de plus belle. Leur conclusion aboutit finalement à mon bureau lorsque Johanne me consulta pour les inquiétudes que ces expériences lui inspiraient.

Cette existence autonome de notre moi, qui s'exprime clairement pendant nos heures de sommeil, peut également nous mettre en contact avec certains défunts qui continuent de nous aimer et qui cherchent à nous soutenir dans notre progression terrestre. Nous pouvons alors autant bénéficier de notre propre lucidité retrouvée que de celle de l'Esprit désincarné que nous rejoignons. Nous sommes alors en mesure de profiter de précieux conseils pour notre évolution spirituelle. Nous pouvons même obtenir des éléments de notre avenir que le plan de vie a déjà tracés pour nous. Le cas suivant démontre bien l'interaction que nous pouvons établir avec les défunts quand notre Esprit est libéré des limites de notre corps charnel.

UNE NAISSANCE À VENIR

À cette époque, ma fille Nathalie était enceinte d'un

peu moins de huit mois. Ma femme et moi attendions avec impatience ce deuxième petit-enfant. Je me sentais particulièrement lié à cet Esprit qui renaissait. Quatre ans plus tôt, j'avais contacté Nathalie dans l'astral de lumière pour lui annoncer que son premier enfant serait une fille et qu'elle l'appellerait Lidia. Nous étions habitués à ce genre d'échange où je profite de la lucidité que donne le sommeil corporel pour aider mes proches ou d'autres qui font appel à moi, mais cette annonce était particulièrement importante. Elle impliquait un autre Esprit qui venait se joindre à nous dans notre présente incarnation. De plus, pendant la grossesse de Nathalie, j'avais vécu des contacts privilégiés avec l'Esprit du bébé qui, à l'occasion, se montrait à moi avec les traits que je reconnais très bien aujourd'hui. Ses beaux cheveux bouclés, blonds couleur de miel, ses grands yeux bleus rappelant certains ciels de l'au-delà, son sourire angélique et même son allure de princesse concordent avec tout ce que je décrivais alors à mes proches.

Mélanie, mon autre fille, me téléphona très tôt le matin. Elle avait grande hâte de me faire part du contact qu'elle avait vécu avec l'Esprit de ma défunte mère. L'expérience lui avait inspiré un grand bonheur, car Mélanie avait toujours été très proche de sa grand-mère, qui lui rendait bien le retour de son amour sincère. Mélanie avait rencontré l'Esprit de ma mère dans un véritable bain de lumière. Cette dernière tenait un enfant dans ses bras. Elle lui faisait des mamours comme elle l'aurait fait de son vivant. Elle se montrait très attirée par ce petit bébé. Une belle ambiance d'amour les reliait toutes les deux.

Je partageai la joie que Mélanie m'exprimait. Évidemment, nous conclûmes que Nathalie accoucherait dans les prochains jours.

Quelques nuits plus tard, Mélanie eut un autre contact dans le monde astral que nous ouvre le sommeil. Cette fois, c'est moi qui lui apparus. Je tenais un nouveau-né dans mes bras. Je m'avançai près d'elle et je lui tendis l'enfant. Une lumière étincelante émanait du bébé. Je souriais avec tendresse.

Lorsque Mélanie me fit part de cette deuxième expérience, je me questionnai plus en profondeur sur la signification de la présence de ce nourrisson. Nous eûmes notre réponse avant la naissance de la petite Lidia. Mélanie nous annonça, avec une brillance particulière dans les yeux, qu'elle était également enceinte. Elle venait tout juste d'en recevoir la confirmation.

Nous comprîmes alors que le message avait été livré pour elle. On lui avait annoncé qu'une nouvelle incarnation était commencée en elle. Notre vision terrestre nous avait limités au contexte que nous vivions, mais l'Esprit, dans sa lucidité, avait vu bien au-delà de nos pauvres limites charnelles.

2. LE NIVEAU D'ÉVOLUTION

L'importance des possibilités qui sont à la portée de notre Esprit est relative à chacun d'entre nous. Elle est directement conditionnée par le niveau d'évolution de notre Esprit. Ainsi, une personne très épurée pourra accéder, pendant ses heures de sommeil, à des mondes de lumière peuplés d'Esprits au grand savoir qui pourront lui apporter une aide très précieuse. Par contre, les retardataires se verront limités à des mondes plus opaques pouvant même aller jusqu'au bas astral lui-même, là où végètent un grand nombre d'Esprits souffrants.

Qu'en est-il donc de ce niveau d'évolution et comment pouvons-nous l'améliorer?

Pour bien comprendre le processus mis en cause, nous devons revenir à la composante du périsprit, cette enveloppe qui recouvre l'Esprit et qui lui donne sa forme.

Comme nous l'avons dit plus haut, le périsprit est le siège de toutes nos pulsions matérielles et de toutes nos infériorités spirituelles. Ces scories du périsprit étaient présentes dès notre création qui eut lieu il y a un très grand nombre de siècles. C'est que Dieu crée toujours chaque Esprit dans un état d'ignorance totale. Nous avons donc tous commencé avec beaucoup de faiblesses à surmonter, mais aussi des qualités à découvrir et à développer. Cette particularité de notre origine donnait une grande opacité à notre périsprit, semblable à celle que nous retrouvons chez ceux que nous appelons les Esprits noirs.

Dès le premier instant de notre existence, nous avons été confrontés à la nécessité de libérer notre périsprit de ses impuretés qui empêchaient la lumière de notre Esprit de jaillir autour de nous. Plusieurs connaissances nécessaires à la démarche nous furent données directement dans le monde astral par des Esprits plus anciens qui avaient déjà complété le procédé. Mais une grande partie des apprentissages à réaliser ne pouvait se faire qu'en s'incarnant dans les mondes de la matière lourde. C'est ainsi qu'une longue chaîne d'incarnations successives vit le jour. Comme le processus en lui-même était lent et progressif, nous dûmes en effet revenir plusieurs fois dans la chair mortelle pour poursuivre l'épuration qui, seule, pouvait et peut encore nous permettre de rejoindre Dieu dans ses sublimes vibrations. Heureusement pour nous, une loi régissant notre progression nous garantissait que tous les acquis développés et toutes les faiblesses maîtrisées l'étaient pour l'éternité. Chaque incarnation ne put donc que nous faire grandir ou, du moins, ne jamais nous faire régresser lorsque les mêmes faiblesses persistaient. C'est ainsi que nous arrivâmes à ce jour que nous vivons aujourd'hui.

Nous connûmes donc la mort physique à maintes reprises. Chaque fois, nous avons pu naïvement croire qu'elle serait définitive, mais notre Esprit survivait constamment à chacune d'elles, renforcé des nouveaux acquis qu'il avait développés, et libéré des faiblesses qu'il avait vaincues. Comme nous pouvons le constater en regardant notre intérieur, beaucoup de pas furent déjà franchis jusqu'à ce jour et bien d'autres restent encore à faire.

Si nous divisions les échelons de notre progression spirituelle en cinq étapes, en supposant que la cinquième serait la dernière où l'Esprit terminerait son épuration, nous pourrions situer le niveau des habitants de la Terre au deuxième stade. Il est le plus difficile, car, à cet échelon, l'Esprit est à la fois conscient de sa nature spirituelle tout en restant encore soumis à ses faiblesses qui l'ancrent dans les vibrations matérielles. C'est le stade de l'épuration, de l'affranchissement des dettes antérieures et des épreuves de progression intellectuelle et morale. Comme cette étape se vit dans la difficulté, nous retrouvons beaucoup de souffrances autour de nous. Elles sont malheureusement nécessaires à la progression des Esprits du deuxième échelon. Il vaut donc grandement la peine de nous appliquer à bien réussir notre incarnation, car, dès le troisième échelon, la misère devient inutile à l'Esprit dont la conscience peut grandir par des voies beaucoup plus faciles. La capitulation devant les efforts à appliquer, qui se traduit par le suicide ou même la négligence, est donc terriblement malheureuse, car elle ne fait que prolonger notre séjour dans ce monde de douleurs, alors que le combat sans relâche nous en libère progressivement pour toujours.

Dans sa longue histoire, notre planète a déjà abrité des Esprits de niveau trois. Les conditions d'existence d'alors permettaient aux Esprits n'ayant plus à souffrir de venir évoluer sans subir les affres qui caractérisent notre monde d'aujourd'hui. Puis, des perturbations géophysiques modifièrent le contexte de vie et notre Terre redevint propice à l'évolution des Esprits qui devaient se confronter aux difficultés de l'incarnation. Les entités du deuxième échelon recommencèrent donc à venir en ce lieu.

Actuellement, la Terre achève l'époque de ce second niveau. Très bientôt, elle pourra recommencer à abriter pendant plus de dix siècles des Esprits plus avancés. C'est ce qui explique l'accélération des nouvelles découvertes qui feront disparaître toutes les maladies et même le vieillissement des corps charnels. Malheureusement, seuls ceux d'entre nous qui auront réussi à monter vers de nouveaux sommets pourront bénéficier de ces nouvelles conditions d'incarnation qui arriveront après plusieurs tumultes sur toute la surface de la Terre. Ce sera comme un grand ménage du printemps qui crée un désordre dans la maison avant de redonner une belle fraîcheur qui fait le délice de ses habitants. Les nouveaux arrivés repeupleront la Terre alors que ceux qui ne pourront revenir rejoindront d'autres systèmes solaires où de multiples planètes comme la nôtre pourront les accueillir pour continuer la montée.

Si nous désirons connaître ce que nous avons à travailler pour réussir nos objectifs d'évolution et atteindre le troisième échelon, il faut nous regarder objectivement tels que nous sommes. Identifier nos faiblesses, c'est savoir où centrer nos efforts à chaque instant de notre incarnation. Se créer l'illusion de la fausse perfection, c'est au contraire limiter notre marge de manœuvre spirituelle souvent nécessaire pour apporter les correctifs qui pourraient s'imposer. Un bon point de repère, pour avoir une idée assez juste de notre niveau d'élévation et cerner nos faiblesses latentes, consiste à analyser notre période d'adolescence. C'est là que nous exprimons le plus clairement le niveau atteint dans notre dernière incarnation. Notre conduite et notre comportement y expriment en effet une bonne part de nos tendances et de nos acquis. Ainsi, quelqu'un qui a vécu une période d'adolescence perturbée par le désordre moral saura qu'il doit développer plus de sagesse et de maturité spirituelle que celui ou celle dont les valeurs y étaient déjà bien orientées.

Cet exercice peut devenir très pertinent pour ceux et celles qui cherchent sincèrement à connaître le sens de leur vie. Ils peuvent ainsi trouver de précieuses informations qui facilitent la compréhension de certaines tournures que peut prendre leur existence terrestre. Comme nous le verrons plus loin, tout ce que nous vivons ici-bas a sa raison d'être. L'analyse de cette période peut donc nous aider à la connaître. Nous pouvons ainsi mieux franchir les obstacles qui dévoilent alors un visage plus familier avec notre histoire intime. En comprenant le bien-fondé de leur présence, nous évitons le réflexe du faux persécuté qui se croit victime du mauvais sort et nous ouvrons les portes de notre cœur à tout ce qui peut le faire grandir.

Évidemment, pour être valable, un tel exercice doit se faire sans prétention et avec la plus grande sincérité, sans quoi il aura l'effet contraire en nous ancrant encore plus dans notre aveuglement spirituel.

Chapitre 2

Le lent processus de l'épuration spirituelle

Le processus qui libère notre périsprit des impuretés spirituelles avec lesquelles nous avons été créés s'effectue sur de longues périodes où nous sommes littéralement affectés à une planète d'incarnation déterminée. De nombreuses réincarnations successives y sont vécues en conformité à des lois bien précises, immuables et éternelles, qui régissent l'évolution menant jusqu'à Dieu. Comme nous le disions tout à l'heure, ces incarnations nous sont indispensables pour atteindre certains objectifs de progression spirituelle qui nécessitent la confrontation de l'Esprit aux conditions particulières de la matière lourde.

Ce processus prend un temps relatif à chacun d'entre nous, selon les efforts et la volonté que nous investissons pour grandir. Ainsi, un Esprit bien préparé et bien déterminé pourra accomplir en une seule incarnation ce qu'un autre fera en plusieurs retours dans la chair libératrice.

Bien que le rythme de l'épuration périspritale soit propre à chacun, nous sommes tous soumis aux mêmes règles qui s'appliquent à tous les incarnés du cosmos, et ce, sans aucune exception. Ces règles font partie des lois de l'évolution spirituelle. Elles ont toujours existé et existeront toujours. Sans elles, le mécanisme de progression spirituelle serait inapplicable. C'est par elles que les Esprits de lumière qui nous ont précédés ont atteint les vibrations divines qui les comblent de bonheur.

La compréhension de ces règles est très importante pour notre réflexion spirituelle, car elle donne un sens très clair à certains aspects de notre vie qui, a priori, peuvent nous sembler sans raison d'être.

Voyons donc ensemble celles qui nous touchent plus directement dans le déroulement de notre présente incarnation.

1. LE PLAN DE VIE

Lorsque nous revenons dans la chair pour nous confronter de nouveau aux pièges sournois du monde de la matière, nous ne sommes pas abandonnés au bon gré d'un ballottement aveugle du hasard. Notre retour est structuré à partir d'un plan bien précis que Dieu Lui-même a autorisé avant les premiers instants du nouveau corps. En fait, ce plan va régir toute notre incarnation, de la conception intra-utérine jusqu'à la mort.

Dans les premières étapes de notre évolution, il nous est automatiquement imposé comme une conséquence directe découlant des actes négatifs ou positifs dont nous avons été les auteurs. Il en est ainsi à nos débuts, car notre degré d'éveil y est insuffisant pour anticiper l'implication de nos choix et saisir ce qui est vraiment bon pour nous. Mais dès que l'Esprit commence à comprendre le processus d'épuration, il participe à l'élaboration de ce plan qui va déterminer environ quatre-vingts pour cent des événements qu'il devra vivre pendant son pèlerinage terrestre.

Dans l'au-delà, cette élaboration revêt un caractère très sérieux et très solennel. Plusieurs Esprits de lumière, dont l'Ange gardien lui-même, y participent. Leur contribution à cet exercice cérémonial permet de donner une plus grande sagesse à l'analyse que l'Esprit à naître fait de son vécu, de ses forces, de ses faiblesses et des objectifs d'évolution qui sont à la mesure de ses acquis. Cet Esprit explique librement comment il perçoit ses besoins et reçoit l'avis des Guides qui l'assistent avec beaucoup de bienveillance. Ensemble, ils déterminent l'orientation que prendra sa prochaine vie d'incarné.

Il en fut ainsi pour chacune de nos vies antérieures et pour celle que nous vivons présentement. Notre participation prendra cependant encore plus d'importance dans les futures incarnations au fur et à mesure que notre sagesse grandira.

Nous devrons cependant toujours nous soumettre à l'approbation divine qui, seule, peut autoriser l'acceptation de chacun de nos plans de vie. Cette particularité est très réconfortante pour nous. Elle nous garantit en effet que notre plan de vie sera toujours à la hauteur de nos possibilités, car la sagesse divine tient scrupuleusement compte de notre histoire intime. Ainsi, lorsque des difficultés nous assaillent avec insistance, nous pouvons avoir l'assurance, au point de départ, qu'elles sont réellement à la mesure de nos forces malgré les apparences souvent trompeuses qui pourraient nous faire croire le contraire.

Le plan de vie dont nous parlons ici définit vraiment nos conditions d'incarnés. Ainsi, les gens riches et célèbres ne le sont qu'en fonction de ce qui a été évalué comme étant propice à l'atteinte des objectifs de leur incarnation. Ils n'ont donc pas à devenir prétentieux, car si les conditions contraires s'avéraient souhaitables pour leur prochaine étape, ils pourraient facilement vivre dans le parfait anonymat et même dans une pauvreté extrême. Le même raisonnement s'applique également dans le choix des parents avec leurs qualités et leurs faiblesses. L'enfant qui naît d'un père ou d'une mère peu évolués le fait pour atteindre des buts bien précis qui accéléreront sa montée vers Dieu au même titre que celui ou celle qui choisit des parents modèles. Il en est ainsi de notre contexte national et de nos conditions sociales qui encadrent les facilités et les obstacles avec lesquels nous devons composer dans notre quotidien d'incarné. Chaque joie et chaque peine qui en découlent sont assujetties à ce plan de départ qui fut déterminé pour mieux nous faire grandir.

La connaissance de l'existence de ce plan est vraiment fondamentale pour bien comprendre la raison d'être de nos difficultés terrestres ainsi que des facilités que nous pouvons connaître. Chacune d'elles arrive au moment qui fut jugé opportun par la sagesse de Dieu Lui-même, et ce, bien avant le premier battement de notre cœur. Nous n'avons donc jamais à nous révolter contre les événements qui nous contrarient, car ils ne sont que des instruments d'évolution que nous avons choisis ou du moins acceptés dans la lucidité de notre Esprit pour mieux grandir.

Contrairement aux apparences qui nous entourent, personne n'est victime d'un mauvais sort et personne n'est réellement défavorisé par la vie terrestre. La réalité, c'est que plusieurs ont inclus dans leur plan de vie des outils très exigeants pour mieux accélérer la progression spirituelle alors que d'autres ont préféré développer des aspects qui sont moins impératifs sur le plan physique ou moral, mais qui, malgré tout, sont souvent les plus difficiles à réussir. Ainsi, l'épreuve de la richesse devient très rarement un succès pour l'incarné, car elle laisse trop de latitude aux faiblesses périspritales qui reçoivent toutes les conditions pour s'ancrer davantage. Cette épreuve qui semble si facile exige donc une très grande force que très peu possèdent suffisamment avant d'y être confrontés.

Le pauvre n'a donc pas à envier le riche, ni le malade celui qui est bien portant, car, si ceux qui semblent privilégiés n'ont pas déjà mené le même combat, ils le feront plus tard, si leur évolution spirituelle s'avérait insuffisante sur les aspects que ces difficultés permettent de développer.

Il est bien évident qu'il n'est pas facile pour l'ignorant de garder toute sa confiance lorsque les épreuves frappent avec insistance, mais, pour celui qui connaît la sagesse du plan de vie, sa perception prend un sens bien différent. Il sait que tout a sa raison d'être. Il demande la pleine assistance de son Ange gardien pour qu'il l'aide à conserver la lumière dans toutes ses pensées. Ses efforts seront ceux du combattant victorieux et non l'affaissement du vaincu désespéré. Sachant qu'il n'est sur Terre que pour grandir, il gardera sa sérénité et réagira de façon constructive autant pour lui-même que pour les autres.

Le plus important, dans ces périodes où nous avons l'impression que tout nous glisse sous les pieds, est de garder le calme intérieur qui nous rend réceptifs aux inspirations directes de nos amis invisibles et aux conseils des vivants qui nous entourent. Cette réaction est importante, car, comme le plan des événements est tracé à l'avance, la panique, le désespoir ou la colère s'avèrent bien inutiles. Ils peuvent même aggraver la situation en augmentant le degré de difficulté que leur nature même peut engendrer.

J'ai retenu un exemple précis qui nous démontre à la fois que la vie se déroule selon un canevas bien tracé et que nous ne pouvons devancer les étapes à franchir malgré le doute ou l'amertume qui peuvent nous faire mal paraître lorsque le soleil brille de nouveau.

UN DOUTE PROLONGÉ

Raoul avait un ami que j'avais aidé. Il s'était laissé convaincre par ce dernier de venir me consulter pour calmer les inquiétudes que lui inspirait son avenir professionnel. J'avais accepté de le recevoir avec une certaine hésitation, car notre conversation téléphonique me laissait croire qu'il ne chercherait qu'à connaître son avenir. Or, je refuse toujours de rencontrer ce genre de personnes qui n'ont pas de respect pour le voile d'incarnation que Dieu nous a imposé.

Dès le début de la consultation, son attitude ouverte et sa lumière aurique me confirmèrent, au contraire, qu'il avait vraiment besoin de certaines informations. Assuré qu'il ne s'agissait pas d'un simple caprice, je demandai l'assistance de mon équipe de l'au-delà. Je lui précisai cependant que je ne dévoilerais que ce qui pouvait réellement l'aider à se reprendre en main.

Raoul avait rencontré un ancien confrère d'université qui dirigeait une entreprise florissante. Apprenant les compétences que Raoul avait développées, il lui offrit de se joindre à son équipe. Le sérieux de la proposition emballa Raoul. La fin de la quarantaine le poussait déjà à faire des changements dans sa vie et une véritable porte dorée s'ouvrait devant lui.

Après de prudentes vérifications, Raoul se décida à téléphoner à son ancien confrère pour lui annoncer qu'il acceptait son offre.

Le défi était de taille. Non seulement devrait-il changer d'employeur, mais il se voyait également obligé de s'expatrier avec toute sa famille vers des cieux éloignés.

Sa femme et ses deux enfants avaient bien pesé le pour et le contre. Tous avaient finalement décidé de donner la priorité à la carrière de Raoul. Son épouse jugea qu'elle pouvait facilement se retrouver un emploi dans son domaine et les enfants ne résistaient pas à l'idée de changer de milieu scolaire.

Raoul devait recevoir des directives de son ancien compagnon dès le début du mois suivant.

Pendant ce temps, Raoul présenta sa démission à son employeur et transféra sa clientèle à un collègue qui lui racheta ses parts. Il confia la vente de sa maison à un courtier et fit des démarches pour s'en trouver une nouvelle dans la ville qu'il allait habiter. Tout semblait aller comme sur des roulettes.

À la fin du délai que son ami lui avait fixé, Raoul n'avait toujours pas reçu de ses nouvelles. Il laissa passer quelques jours, puis lui téléphona. Son interlocuteur avait beaucoup perdu de sa volubilité. Il lui parla d'imprévus qui retarderaient son engagement.

Raoul ne savait plus comment réagir. Aucune porte ne s'était réellement fermée, mais il craignait d'avoir fait une grave erreur.

Deux semaines plus tard, Raoul n'avait toujours pas de nouvelles. Sa situation financière lui permettait de tenir le coup pendant un certain temps, mais il se voyait mal devoir tout reprendre à zéro dans le domaine qu'il venait à peine de quitter. La nervosité commença à s'installer dans ses pensées. Raoul sentait une panique l'envahir progressivement. C'est là qu'on lui avait parlé de moi et qu'il décida de me consulter.

Les informations que je recevais de l'Ange gardien de Raoul me confirmaient qu'il quitterait la région et qu'il travaillerait effectivement avec celui qui se faisait attendre. Je reçus même des précisions sur la nouvelle maison qu'il achèterait et sur les problèmes d'adaptation qu'il devrait résoudre. J'encourageai donc Raoul à reprendre confiance.

Au bout de six mois, je reçus un appel téléphonique de Raoul. Il était toujours dans la région. Son ancien confrère ne lui avait donné aucune nouvelle. Il était bien clair pour lui qu'il s'était fait embobiner par un beau parleur. Raoul me demanda comment il se faisait que je n'avais pas décelé la tromperie. Je dus lui répondre que je ne voyais toujours pas de supercherie et que je maintenais ce que j'avais reçu pour lui. Je lui suggérai de prier Dieu de l'éclairer. Peut-être avait-il des choses à finaliser avant de quitter son patelin d'origine. Raoul raccrocha en m'exprimant très peu de conviction.

Six mois plus tard, je reçus un appel de l'ami qui lui avait conseillé de me consulter. Il me demanda si j'avais reçu des nouvelles de Raoul. Après lui avoir répondu par la négative, il se montra surpris. Il me rapporta que Raoul avait vécu tout ce que je lui avais prédit. Les moindres détails s'étaient avérés exacts.

La seule erreur d'interprétation s'était logée dans la séquence temporelle. Raoul devait effectivement vivre tous les événements que nos amis de lumière avaient bien voulu dévoiler pour lui venir en aide. Seulement, voilà, le plan de vie en avait tracé le cours pour l'année suivante.

Raoul put certainement apprendre beaucoup sur lui-même pendant ces longs mois d'incertitude. J'aurais bien aimé vous faire part de ses apprentissages, mais je ne reçus malheureusement jamais plus de ses nouvelles. Peut-être cherche-t-il encore à comprendre. Quoi qu'il en soit, il devrait maintenant savoir que nous n'avons que peu de pouvoir sur le temps des événements que Dieu a autorisés pour nous. Ceux-ci ne sont là que pour nous faire grandir, que ce soit dans la peine ou dans la joie, apparaissant sur notre route au moment le plus opportun pour notre évolution.

Ce genre de témoignage est bien rafraîchissant pour nous, car il rappelle que nous ne devons pas prendre panique lorsque la vie adopte une tournure difficile. Tout ce que nous vivons est à la pleine hauteur de nos possibilités; rien ne survient pour rien et tout arrive à point malgré nos illusions qui nous le font oublier.

***

La sérénité dans notre réaction face aux difficultés de notre incarnation est d'autant plus importante que notre plan de vie prévoit toujours le dénouement de ce qui nous fait souffrir. Chaque problème qui frappe à notre porte possède sa solution. Celle-ci devient alors visible et palpable lorsque s'est écoulé le temps jugé nécessaire à notre épuration. Les choses se replacent ensuite dans un créneau plus positif, souvent par des chemins que nous n'avions pas soupçonnés.

J'ai retenu le témoignage suivant pour bien illustrer l'importance de maintenir notre confiance, même si nous ne percevons aucune issue à l'horizon. Il nous rappelle que notre plan de vie est pertinent et qu'il prévoit toujours les ouvertures dont nous avons besoin, même s'il nous faut souvent développer la patience et la persévérance avant de pouvoir les utiliser.

LA SOLUTION À SES PROBLÈMES

Gertrude vivait de sérieux problèmes financiers. Son conjoint l'avait quittée en lui laissant des dettes qui ne cessaient de s'accumuler. Son revenu trop modeste ne parvenait pas à couvrir les nombreux engagements que le couple avait contractés.

Gertrude avait mis à vendre sa maison et plusieurs de ses biens, mais les mois se succédaient sans donner le moindre signe encourageant. Gertrude en était rendue au seuil de la faillite financière.

Ses problèmes d'argent avaient généré plusieurs difficultés sur d'autres plans de son quotidien. Ses soucis étouffaient progressivement sa belle humeur coutumière. Elle était même devenue agressive envers ses propres enfants. Au travail, son efficacité s'en ressentait. Une démotivation éteignait lentement la flamme intérieure qui animait toute sa valeur professionnelle. Plusieurs de ses proches lui conseillaient de consulter un médecin pour éviter une désastreuse dépression nerveuse, mais Gertrude préférait encore s'en remettre à l'espoir de ses prières.

Lorsqu'elle vint me consulter, Gertrude en était au premier stade du découragement. Elle continuait ses efforts pour se maintenir à flot, mais elle avait l'impression d'être au bout de ses forces. Elle se sentait comme un nageur complètement épuisé trouvant invitante l'idée de la noyade.

Gertrude priait beaucoup sa défunte mère. Celle-ci était décédée depuis plusieurs années et sa vie d'abnégation à la volonté divine lui laissait croire qu'elle pouvait être réellement en mesure de l'aider.

Gertrude sortit une photographie de son portefeuille surchargé. Elle la déposa doucement sur mon bureau, comme si elle craignait de bousculer la dame du cliché. Il avait été pris quelques mois avant le décès de la défunte. La ressemblance avec Gertrude était frappante. De plus, la fatigue lui donnait le même air d'épuisement que la maladie avait gravé dans les traits de la mère.

Gertrude me fit part de la grande confiance qu'elle vouait à la défunte. Elle me précisa qu'elle voulait avoir de ses nouvelles pour comprendre son silence. Elle la priait sans cesse, mais les événements lui donnaient la désagréable impression qu'elle ne l'entendait pas. Gertrude m'expliqua qu'elle avait pourtant déjà eu des preuves tangibles de ses possibilités d'intervention.

Lorsque j'avertis Gertrude que je ne pouvais pas garantir que nous pourrions établir un contact avec sa mère, elle demeura ferme dans sa certitude que la défunte viendrait s'expliquer.

L'Esprit ne se montra qu'après une certaine attente. Je sentais une hésitation, comme si la situation était délicate pour elle et pour Gertrude.

Les premières images me confirmèrent la justesse de l'idée que se faisait Gertrude de sa mère. La dame se montra dans une belle lumière blanche fluorescente. Ses vibrations exprimaient beaucoup d'amour. Elle me fit même ressentir comme une reconnaissance pour l'aide que je tentais d'apporter à sa fille.

La défunte avait effectivement obtenu une autorisation divine pour protéger Gertrude à certaines périodes de son incarnation. Elle respectait cependant les limites que lui imposait la sagesse de son plan de vie. Pour les problèmes actuels de Gertrude, l'Esprit ne pouvait intervenir directement, car les difficultés que subissait sa fille avaient un but bien précis. Toute leur raison d'être se justifiait dans les objectifs d'évolution que Gertrude s'était fixés avant sa naissance, dans la pleine lucidité que nous confère l'existence dans l'au-delà. Sa mère ne pouvait que l'encourager à poursuivre ses efforts et garder sa confiance. La nuit, pendant le sommeil de Gertrude, les deux se rencontraient. Sa mère se joignait ainsi au support de l'Ange gardien qui faisait tout son possible pour assurer son succès. Mais comme personne ne pouvait faire les efforts à la place de Gertrude et que ceux-ci lui étaient vraiment nécessaires, ils ne pouvaient alléger les difficultés qui, en fait, constituaient de précieux outils pour permettre à Gertrude de progresser.

Toutes les explications qui concernaient son cheminement furent fidèlement transmises à Gertrude. Elle écoutait en silence. Son regard exprimait cependant une fébrile activité dans toutes ses pensées. Gertrude découvrait le sens de tous ses tourments. Elle identifiait les forces qu'elle devait développer. Un sens logique se dégageait subitement du malheur qui grugeait sa patience et sa sérénité.

Gertrude demanda à sa mère si elle en avait encore pour bien longtemps à supporter cette période difficile. La défunte, voulant respecter le voile imposé par la sagesse divine, mit alors fin à notre échange.

L'Esprit dévoila cependant un indice précis que Gertrude

ne put décoder que plus tard. Juste avant de partir, sa mère me montra un cœur lumineux. Une grande brillance s'en dégageait. J'eus à peine le temps de le décrire à Gertrude qu'il se transforma. Il prit alors l'apparence du chiffre sept sans rien perdre de son éclat. Le contact prit fin dès qu'il disparut.

Le sept du mois suivant, je reçus un appel de Gertrude. Sa voix s'était littéralement transformée. Elle m'annonçait qu'elle avait reçu et accepté une offre d'emploi le matin même. Ses demandes jusque-là apparemment vaines donnaient enfin les résultats espérés. Le salaire qu'on lui offrait résolvait tous ses problèmes financiers. Ses compétences jusque-là exploitées par des employeurs profiteurs trouvaient enfin leur pleine reconnaissance.

Gertrude me remercia de l'aide apportée. Elle me confia qu'elle avait failli tout laisser tomber. Elle se serait alors privée du fruit de ses efforts tout en se condamnant à devoir tout recommencer.

Gertrude entrait maintenant dans une nouvelle phase de son plan d'incarnation. Il y avait certes d'autres difficultés à venir puisque c'est par elles que nous pouvons grandir davantage, mais elle était maintenant mieux armée pour y faire face. Gertrude savait dorénavant que les épreuves et leurs difficultés ont foncièrement leur raison d'être. Elle comprenait que la vie terrestre est un véritable laboratoire d'expérimentation qui nous permet de mesurer l'enracinement de nos acquis et d'agir pour bien les développer. De plus, l'annonce du délai indiqué par le chiffre sept confirmait à Gertrude que nous n'étions pas laissés à nous-mêmes, ni abandonnés au hasard capricieux. Toutes les joies et toutes les peines prenaient un sens particulier qui s'articulait dans une planification précise des éléments de son plan de vie.

***

Plusieurs personnes qui viennent me consulter me demandent ce qu'elles doivent faire pour réussir leur plan de vie. La réponse que l'au-delà nous donne est fort simple et elle s'applique à toutes les conditions d'incarnation qui peuvent exister sur notre Terre. La clé du succès réside dans l'accomplissement de notre devoir d'état d'incarné.

L'expression désignant le devoir d'état est bien familière chez les catholiques plus âgés. Elle fut malheureusement abandonnée au cours des années alors qu'elle aurait dû prendre encore plus de vigueur. C'est dommage, car elle exprimait clairement l'accomplissement de ce que Dieu attend réellement de nous.

Lorsque nous revenons dans la chair, notre plan de vie nous amène à nous confronter à différents contextes. Chacun d'eux nous interpelle à sa façon, nous obligeant à agir en fonction de nos besoins et surtout de ceux des autres. Ces contextes nous imposent un état d'existence. Or, cet état exige de nous un devoir d'être et d'agir. Ainsi, nous devons faire de notre mieux pour répondre le plus possible aux impératifs de ces contextes. C'est ce que l'au-delà appelle le devoir d'état. Toute personne qui fournit des efforts sincères à devenir meilleur dans tout ce que sa vie d'incarné exige d'elle accomplit son devoir d'état. Elle élève ainsi ses vibrations périspritales qui se purifient par le fait même des impuretés qui l'incitaient à faire le contraire.

L'accomplissement du devoir d'état est fondamental dans la réussite de notre plan de vie. Il serait très illusoire de penser pouvoir atteindre les vibrations de bonheur sans faire de notre mieux pour répondre à toutes ses exigences. Nous reviendrons plus spécifiquement sur cet aspect lorsque nous parlerons de la notion de liberté.

Cet élément de notre réflexion spirituelle est très important à souligner, car il nous livre la clé du succès de notre plan d'incarnation. Ainsi, nous aurons beau élaborer d'habiles concepts sur la spiritualité et maîtriser les connaissances théoriques les plus sophistiquées, tout demeurera bien inutile si nous ne répondons pas d'abord à nos obligations à travers les exigences de notre quotidien. C'est ainsi que les plus petits de notre échelle sociale terrestre dépasseront souvent ceux qui se sont prétendus les plus grands. Rendus dans l'au-delà, ils redécouvrent la véritable grandeur, soit celle qui élève l'Esprit vers les hautes vibrations de notre Créateur.

Il vaut donc grandement la peine de mener le combat chaque jour de notre vie. Souvenons-nous qu'il est pleinement à la hauteur de nos forces et qu'il ne vise qu'à nous faire grandir pour nous libérer enfin de l'obligation de ces durs apprentissages terrestres.

2. LA PRÉDESTINATION

Parler de l'existence du plan de vie nous amène directement à aborder la question de la prédestination. Cette notion de la détermination des événements actuels et futurs a déjà fait l'objet de bien des thèses philosophiques et même théologiques. Elle est également importante dans notre réflexion spirituelle, car elle constitue la base même du principe sur lequel repose le plan d'incarnation qui gère notre vie terrestre.

La plus grande objection que nous pourrions apporter face à la prédestination nous serait inspirée par l'idée de l'inconcevable absence de libre arbitre que cette notion semble nier de prime abord. Or, si nous regardons la constitution particulière de chacun de nos plans de vie, nous remarquons que la prédestination des événements peut laisser une très large place à la liberté de chacun, suffisamment en tout cas pour nous permettre de manquer nos objectifs par nos mauvais choix et notre négligence volontaire.

Si nous pouvions imaginer le tracé du plan d'incarnation comme une ligne droite qui partirait de la conception pour aboutir à des objectifs bien précis et que nous utilisions une loupe pour grossir ce segment au maximum, nous observerions que la ligne en question est tissée de multiples petits traits secondaires se répartissant à gauche et à droite sans jamais quitter la branche principale. Le début de ces petites ramifications représenterait les choix qui se sont présentés à nous et leurs parcours de gauche ou de droite figureraient la suite des événements consécutifs à ses choix. Dans tous les cas, chacune des petites branches rejoindrait toujours la ligne principale.

Bien sûr, ce n'est qu'une grossière comparaison, mais elle nous permet de saisir ce que nous devons comprendre par la prédestination d'environ quatre-vingts pour cent des événements que nous réserve notre plan d'incarné. Ainsi, le vingt pour cent restant représenterait notre libre arbitre que nous appliquons sur le parcours de notre vie selon le contexte que nous connaissons.

En d'autres mots, le choix de notre réaction face aux événements est laissé à la discrétion de notre liberté, mais les conséquences positives ou négatives font déjà partie de la planification de départ. La raison en est fort simple. Les objectifs à atteindre ne doivent jamais quitter la portée de l'incarné. S'il en était autrement, nous pourrions dériver dans des directions incompatibles avec nos acquis et notre préparation d'incarnation. L'atteinte de nos objectifs deviendrait alors impossible et nous devrions tout recommencer. Heureusement pour nous, la sagesse divine en a décidé tout autrement.

L'existence de la prédestination des événements de notre vie se manifeste régulièrement dans notre quotidien. Certains incarnés plus sensibles en détectent les signes avec une grande précision. Combien m'ont rapporté avoir eu l'impression très nette d'avoir déjà vécu un tel événement ou d'avoir déjà vu des objets, des paysages et même des personnes qu'ils n'avaient pourtant jamais connus auparavant. Tout se passe alors comme s'il y avait eu une répétition avant que le fait arrive concrètement dans leur existence.

Pour nous donner une idée précise des manifestations qui nous démontrent l'existence bien réelle des événements qui nous sont prédestinés, j'ai retenu quelques exemples qui nous permettent d'en juger facilement par nous-mêmes.

Le premier nous relate l'intervention directe de ma défunte mère. Comme nous l'avons vu dans mes autres ouvrages, les Esprits plus évolués possèdent cette faculté de lire dans la ligne des événements à venir. Or, elle utilisa cette lucidité et nous confirma encore une fois cette pleine réalité.

UN APPEL PRÉCURSEUR

Nous étions avec nos voisins sur le balcon de leur maison. Nous profitions de la belle soirée d'été qui nous gavait de sa douce chaleur tant appréciée après nos trop longs hivers saguenéens. Nous discutions de choses et d'autres, savourant ce temps qui, hélas, semblait se faire tout petit.

Notre tranquillité fut subitement dérangée par l'arrivée d'un gros camion du service d'électricité de la ville. Un technicien coiffé d'un casque blanc en descendit. La lumière jaune qui clignotait sur le toit du véhicule reflétait par intermittence sur son visage, donnant à la scène une allure de situation urgente.

L'homme à l'air sérieux nous demanda où se situait le 4267 de notre rue. Nous nous regardâmes tous les quatre avec surprise. Nous expliquâmes à l'employé que cette adresse n'existait plus. C'était l'ancien logement que j'avais aménagé et que mes parents avaient occupé de leur vivant. Or, ce dernier n'existait plus depuis un certain temps. Surpris à son tour, il nous répondit que leur service avait reçu un appel d'une dame qui leur avait donné le 4267 comme adresse. Elle leur avait même précisé des détails sur la maison, dont la présence de l'étable éloignée de l'autre côté du chemin. Elle leur avait téléphoné pour leur signaler qu'une boule de feu avait explosé dans le transformateur du poteau planté juste à la limite de ma propriété. Elle leur avait décrit le gros bruit qu'avait produit l'explosion. Elle leur avait même signalé qu'il n'y avait plus d'électricité.

Voyant que rien de cela ne s'était produit, il vérifia par radio auprès du service de réception des plaintes. On lui confirma l'appel reçu. Ne comprenant pas ce qui avait pu se passer, il décida de vérifier ailleurs dans le quartier. Il retourna bredouille après une dizaine de minutes.

Naturellement, bien des questions nous venaient à propos de ce curieux appel. D'autant plus que ma défunte mère avait l'habitude de s'informer immédiatement auprès de ce service dès qu'il y avait une rupture de courant. Mais pourquoi un appel sans fondement?

Deux jours plus tard, un violent orage éclata. De grands vents balayaient toute la ville. L'eau tombait massivement. La foudre fendait la nuit qui commençait à peine. Le bruit du tonnerre était assourdissant. Je sortis sur la galerie. La direction du vent me protégeait de la pluie qui battait comme un tambour sur le bitume ruisselant. Sans crier gare, un éclair trancha le ciel, m'aveuglant de son intensité. Le bruit presque immédiat me fit comprendre la proximité du coup porté. Au même instant, une boule de feu jaillit du transformateur près de chez moi. Une grande détonation retentit dans l'air. La noirceur envahit toute la scène. Le courant électrique était coupé.

Trente minutes plus tard, le même camion que nous avions vu deux jours auparavant entra sur mon stationnement. Le même conducteur en sortit. Cette fois, c'était bien vrai. Tout s'était passé comme la dame du téléphone l'avait décrit.

Le lendemain, le soleil brillait de tous ses feux. Nous

racontâmes l'aventure à nos enfants. Sans que nous ayons eu le temps de leur donner notre avis, ils en conclurent qu'il ne pouvait s'agir que de l'Esprit de ma mère. Par sa manière de faire, elle nous exprimait qu'elle gardait le contact avec nous et que sa lucidité de l'au-delà lui permettait de voir clairement les événements placés sur notre route.

***

Les deux autres événements qui suivent concernent l'aboutissement physique de notre incarnation, soit le décès corporel. Je fus personnellement impliqué dans ces deux témoignages qui nous confirment cette importante facette de la prédestination de l'avènement de notre mort.

UNE DATE PRÉCISE

Nous étions le vingt-sept décembre. Ma femme et moi étions heureux de recevoir tous nos enfants, mais ce surlendemain de Noël n'avait pas le cachet habituel du temps des Fêtes. Mon père venait de décéder quelques semaines plus tôt et nous entretenions une inquiétude pour ma mère dont les conditions de vie venaient de basculer. Après plus de cinquante ans d'un mariage rempli d'amour, elle se retrouvait sans son compagnon de tous les jours et de toutes les nuits. Ses connaissances spirituelles lui conféraient une grande force, mais ses souffrances n'en demeuraient pas moins très vives.

Nous discutions de tout cela devant un feu de bois. Au cours de notre échange, je dis, sans réfléchir, que papa attendrait maman pendant six mois et qu'au terme de ce délai il l'accueillerait dans l'au-delà. Cette annonce spontanée provoqua diverses réactions autour de moi, mais ma conscience demeura comme éloignée de tout ce que j'entendais.

Les mois passèrent. Ma mère réagissait avec beaucoup de sérénité devant l'épreuve qu'elle traversait. Nos contacts soutenus laissaient toujours place à quelques propos réconfortants sur mon père désormais libéré de nos tourments terrestres.

Au début de l'été, le vingt-sept juin, ma mère décéda à son tour. Elle retrouva celui qui avait été l'amour de sa vie et avec qui elle avait si généreusement partagé ses peines et ses joies.

Après les obsèques, Nathalie me rappela ce qui s'était passé six mois plus tôt. Nous l'avions tous complètement oublié, mais Nathalie l'avait soigneusement noté et put ainsi nous le signaler. Lorsque les détails me revinrent à l'esprit, je fus grandement surpris de ne pas m'y être vraiment arrêté. Il est vrai que cela n'avait pas changé grand-chose, sinon que j'aurais alourdi les bons moments que nous avions vécus ensemble.

L'expérience me démontrait encore une fois que les événements majeurs de notre vie étaient bien tracés avant même notre naissance. La date du décès m'avait été révélée avec une grande précision. Six mois jour pour jour après cette annonce, le plan de vie de ma mère exécutait la dernière étape de son tracé à la date précise que Dieu avait déterminée.

UNE MORT IMMINENTE

Il était presque vingt-trois heures. Je venais de me coucher. Mon épouse dormait déjà. Je faisais mes habituelles prières de remerciements et j'adressais mes demandes de protection lorsque le visage d'un homme inconnu se présenta à moi. Ses traits suggéraient la fin de la trentaine. Son regard sombre et sérieux accentuait la gravité de son faciès. L'impression qui se dégageait de l'ensemble n'était pas du tout réconfortante. Sa bienveillance n'étant pas évidente, je lui ordonnai de partir. Il disparut aussitôt. Je fis une brève prière pour lui. Quelques instants plus tard, il réapparut avec une certaine insistance dans les yeux. Je demandai immédiatement la protection de mes amis de l'au-delà et l'Esprit repartit rapidement.

À peine eut-il disparu que je fus comme plongé dans le cœur du plan d'incarnation de Georges, un parent éloigné. Je le perçus très nettement dans sa période de sommeil.

Je vis ensuite que les Anges de la mort visiteraient bientôt sa maison. Dans un déplacement fulgurant, je me retrouvai au pied d'une pierre tombale. En regardant autour de moi, j'en distinguai plusieurs autres qui m'entouraient. Je me trouvais en plein milieu d'un cimetière. En levant la tête, j'aperçus la pleine lune qui éclairait la scène avec toute son ardeur tamisée.

Je tentai de lire les mots gravés sur la pierre qui me faisait face. Je reconnus le nom de Georges et celui de sa défunte épouse. Sa date de naissance était déjà inscrite sur la pierre luisante. Mon attention fut soudainement attirée sur une autre date qui semblait partiellement gravée à la droite de l'épitaphe. Sa position me fit comprendre qu'elle marquait un décès. Les chiffres un et neuf étaient bien lisibles, mais je ne pouvais voir les deux autres qui suivaient. Peut-être même étaient-ils absents, car des petites branches enchevêtrées d'arbustes décoratifs m'empêchaient d'en distinguer davantage.

Lorsque la vision fut terminée, je priai pour Georges. Puis, je tentai de m'endormir en comptant le délai qui m'avait été annoncé. Comme nous étions à l'automne de 1998, j'en conclus que le triste événement se produirait au plus tard dans les quinze mois suivants, les deux premiers chiffres des années n'étant plus le un et le neuf avec l'arrivée du nouveau millénaire.

Le lendemain matin, je rapportai l'expérience à mon épouse. Tout comme moi, Louise en conclut que Georges mourrait dans les quinze mois qui suivaient.

Deux semaines plus tard, nous rencontrâmes l'une des filles de Georges. Comme il y avait longtemps que je ne l'avais revue, un long échange agréable et animé nous entraîna sur divers sujets. Nous reçûmes ainsi des nouvelles de Georges. Il se portait très bien. Sa santé longtemps chancelante reprenait de plus en plus de vigueur. Nous apprîmes cependant que Colette, sa fille aînée, était très gravement malade. Un lointain cancer récidivait avec une grande détermination. Le regard de notre interlocutrice s'assombrit subitement. Elle nous confia alors sa grande inquiétude. Ses derniers propos mirent fin à la légèreté de notre conversation. Finalement, nous retrouvâmes notre sourire et notre conversation se termina, chacun devant reprendre le fil de sa journée qui, comme toutes les autres, suivait inexorablement son cours à travers les joies et les peines de chacun.

Après notre départ, Louise et moi reparlâmes de ce que l'au-delà m'avait fait voir. Nous cherchions à comprendre le sens qui devait s'en dégager. Était-ce Georges ou Colette qui était concerné? Pourquoi alors avoir vu la pierre tombale de Georges? Nous eûmes notre réponse moins d'un an plus tard.

C'était un mercredi soir. Je reçus un appel téléphonique m'annonçant la mort de Colette. Elle avait rendu l'âme après une lutte acharnée contre le cancer qui ne lui avait laissé aucun répit. La vision s'était réalisée. Georges fut fortement ébranlé par cette expérience. Colette était très proche de lui et sa mort laissait un grand vide. Il se remit cependant de cette pénible période sans que sa santé perde son entrain.

Je compris l'erreur de mon interprétation lorsque j'appris que les restes funéraires de Colette avaient été enterrés dans le même lot que Georges. Ils y avaient retrouvé ceux de sa mère, l'épouse de Georges décédée plusieurs années plus tôt. Ce que j'avais vu était donc bien exact, mais je n'avais pu savoir qu'une personne autre que Georges et son épouse serait enterrée sous la pierre portant leur nom.

Cette expérience m'apportait une autre confirmation que le moment de notre mort était bien fixé à l'avance. Notre cheminement de vie suit une ligne logique balisée par des prémisses intimement reliées à notre histoire personnelle et aux objectifs d'évolution que nous poursuivons. La mort devient comme un aboutissement, que la route ait été longue ou très courte. Son contexte a sa pleine raison d'être et est porteur d'une grande utilité autant pour le défunt que pour ceux qui lui survivent. Ne pas respecter cette ligne que la grande sagesse divine a tracée nous condamne à devoir réparer toute la dysharmonie que notre courte vue a ainsi engendrée. Dieu a su quand nous devions retourner dans le monde de l'Esprit. La mort arrive donc au moment le plus opportun, comme le fruit qui ne peut être cueilli qu'à un stade précis de son mûrissement.

***

Le prochain témoignage nous démontre bien comme la vie peut prendre de curieux détours, dans les limites de notre plan, pour nous faire découvrir la connaissance spirituelle. Il nous démontre également que, même dans les affaires de cœur, nous n'avons pas à paniquer, car là aussi le plan a prévu de nous unir à une personne dont le cheminement est compatible au nôtre.

ELLE VOULAIT UNE PREUVE

Ma fille Mélanie avait rencontré une de ses anciennes copines de classe du niveau primaire. Elle et Annie ne s'étaient pas revues depuis plusieurs années. Les retrouvailles donnèrent donc lieu à un échange riche en souvenirs et en mises à jour de toutes sortes.

Pendant leur conversation animée, Annie signala à Mélanie qu'elle avait suivi la publication de mes différents ouvrages. Elle lui manifesta alors le besoin qu'elle ressentait d'obtenir une preuve concrète de la réalité des phénomènes médiumniques et de la dimension spirituelle. Elle donna donc à Mélanie sa photographie. Elle lui demanda de me la confier en me transmettant sa demande de l'utiliser pour lui démontrer que tout était bien vrai. Elle précisa certaines informations qu'elle voulait obtenir. Mélanie prit la photo et la rangea dans son sac à main.

Trois semaines plus tard, Annie téléphona à Mélanie. Débordée par ses occupations, ma fille dut lui avouer qu'elle avait complètement oublié sa demande. Elle lui promit immédiatement qu'elle se reprendrait le jour même. Annie lui répondit que cela n'était plus nécessaire, qu'elle avait déjà eu la preuve qu'elle attendait.

Annie lui expliqua qu'après leur rencontre elle avait parlé de sa démarche à la mère de son copain. Cette dame lui avait alors répondu que la demande qu'elle m'adressait n'était pas très utile, puisqu'elle possédait la preuve qu'elle recherchait.

Berthe lui confia qu'elle m'avait consulté quelques années plus tôt pour mieux orienter l'éducation qu'elle voulait sans reproche pour son fils.

J'avais alors obtenu certaines informations de l'Ange gardien de ce garçon. Je les avais transmises presque entièrement à Berthe, car elles étaient de nature à éclairer son jugement sur le sens de ses inquiétudes.

Parmi les données reçues, la lecture de photo avait révélé que Paul connaîtrait une jeune fille dont je pus donner la description. On me précisa le genre d'études qu'elle ferait et la réorientation qu'elle effectuerait dans son choix de carrière. Je reçus également quelques précisions sur son caractère et sur le genre de couple que les deux jeunes pourraient former.

Berthe avait soigneusement noté tout ce que je lui avais transmis autant sur son fils que sur elle-même. Elle gardait ces informations comme un point de référence qu'elle consultait à l'occasion selon le cours des événements.

Heureuse de satisfaire Annie au sujet de la fameuse preuve qu'elle recherchait, Berthe lui montra les notes qui la concernaient. Annie fut stupéfiée de reconnaître les traits que j'avais pu décrire. Tous les points correspondaient à la réalité. À cette époque, elle ignorait même l'existence de Paul, et l'au-delà pouvait déjà la connaître et savoir qu'ils se rencontreraient. Les détails fournis constituèrent généreusement la preuve qu'elle recherchait.

Annie et Mélanie échangèrent un bon moment sur la notion du libre arbitre et sur celle de la prédestination des événements. Mélanie put alors lui transmettre les précisions qu'elle connaissait déjà. Elle lui expliqua que les événements majeurs de notre vie terrestre étaient prévus dans une grande proportion, le reste étant le fruit de l'application de notre liberté. Comme nous venons de le voir nous-mêmes, elle lui précisa que cette liberté demeurait entière dans notre façon de réagir face aux événements, même si nous étions limités dans notre action sur le déroulement des aspects directement conditionnés par nos objectifs d'évolution.

Annie sortit grandement soulagée de sa réflexion. Elle savait maintenant que nous n'avions rien à craindre de la vie, puisqu'elle nous réservait les plaisirs et les souffrances dans la juste proportion des objectifs poursuivis dans notre incarnation terrestre. Elle comprit que, même dans les moments les plus difficiles, nous n'étions jamais victimes d'un mauvais sort, mais plutôt les artisans d'une façon d'être dans un contexte choisi, avec le plein contrôle de nos réparties.

***

Cette prédestination dont nous parlons ne touche pas seulement les événements que nous percevons comme majeurs. Souvent, des détails qui nous paraissent négligeables peuvent avoir une grande importance pour notre progression spirituelle. La ligne de notre plan nous amène donc à vivre des petits faits qui nous apportent les outils dont nous avons besoin. L'exemple suivant nous en donne une idée bien précise. Nous y voyons que, même dans les petites choses, le plan de vie a prévu ce qui nous convenait le mieux.

UNE ÉPREUVE DE FORCE JADIS POPULAIRE

Je venais tout juste de m'éveiller. Je fis mes prières du matin, puis des images inattendues parvinrent à mon esprit.

Je vis nettement un homme tâcher de réussir une épreuve de force jadis très populaire au Québec. L'homme à la forte carrure tentait de soulever une grosse enclume de forgeron pour la déposer sur un solide établi.

Le souvenir me vint que j'avais déjà assisté à une semblable épreuve dans mon jeune âge. Je souris en me rappelant qu'un des compétiteurs avait fait asseoir sur l'enclume un assistant d'une bonne centaine de kilos. Il avait ensuite soulevé le tout avec une surprenante facilité.

La sonnerie du réveil me sortit de ces agréables souvenirs et je me levai pour entreprendre ma journée.

J'oubliai rapidement ce petit fait cocasse du matin. L'ordre du jour était bien chargé et nous devions également nous préparer, ma femme et moi, pour la fête d'anniversaire d'un de mes gendres à laquelle nous étions invités.

Pendant la soirée, je pus échanger avec le grand-père de mon gendre. Âgé de plus de quatre-vingts ans, il plongeait dans ses souvenirs, me rapportant des faits que très peu de gens connaissaient. Au fil de la riche description qu'il m'en donnait, il me confia à deux reprises qu'il s'était mesuré à de bons gaillards dans une épreuve qui consistait à soulever et à déplacer une lourde enclume de forgeron. Pendant qu'il me livrait les détails de cette prouesse, la vision du matin me revint en mémoire. Je compris alors pourquoi j'avais reçu toutes ces images que je croyais bien banales.

En fait, elles prenaient un grand intérêt, car elles me confirmaient encore une fois que les événements les plus petits de notre route étaient bel et bien tracés avant même que nous en prenions connaissance. Les images du matin m'annonçaient un fait précis que j'allais vivre dans ma journée. Pourtant, au moment de les recevoir, je n'aurais jamais pensé que, quelques heures plus tard, quelqu'un me parlerait de cette épreuve de force presque oubliée.

Les petits événements aux allures les plus banales revêtent une grande importance, car ils tapissent la majeure partie de notre vécu terrestre. Nous avons à nous réaliser en tout temps, trouvant, dans le total du petit quotidien, le portrait global de nos forces et de nos faiblesses.

C'est donc une grave erreur de croire qu'une existence monotone et sans histoire est inutile. Chacune de ces séquences est calibrée dans la pleine mesure des objectifs d'évolution que nous poursuivons. Même l'ennui a sa raison d'être, favorisant l'éclosion de forces intérieures qui doivent se développer. La vie n'est donc jamais sans goût pour aucun d'entre nous. Son assaisonnement peut grandement différer d'une personne à l'autre, mais le menu où elle apparaît est toujours soigneusement adapté à la diète spirituelle que nous nous sommes donnée pour mieux grandir vers Dieu.

***

Le dernier témoignage sur cet aspect de notre réflexion nous met en contact avec une femme qui a toujours fait confiance à la sagesse de son incarnation malgré les grandes difficultés qu'elle dut surmonter. Son témoignage est très intéressant pour nous, car il rappelle que nous devons toujours garder confiance en regardant vers l'avenir.

UN AMOUR PRÉDÉTERMINÉ

Grace avait connu une enfance et une adolescence très difficiles. Devenue adulte, les problèmes conjugaux qu'elle connaissait la convainquaient qu'elle était née pour ne manger que le pain de la misère.

Après plusieurs années d'une vie d'enfer, le décès de son mari la libéra d'un grand poids, mais les difficultés financières qui s'ensuivirent la plongèrent dans une autre forme de calvaire. Seule, Grace devait voir aux besoins de ses quatre enfants. Elle devait travailler de nombreuses heures pour gagner un maigre revenu qui parvenait tout juste à boucler les fins de mois.

Grace lutta ainsi contre les obstacles de la vie pendant sept longues années. Elle perdait parfois courage, mais sa victoire sur chacune de ses journées lui confirmait la force dont elle disposait pour répondre aux difficiles défis de la vie monoparentale.

La foi de Grace n'était pas très axée sur les principes religieux de son entourage, mais elle croyait fermement en l'existence divine et en l'utilité de notre pèlerinage terrestre. Soucieuse de toujours bien accomplir son devoir d'état, elle évaluait que tout le reste n'était que du superflu. Cette foi intuitive décupla d'un seul coup pendant une période éprouvante qu'elle devait traverser. Elle fut alors l'objet d'une manifestation de l'au-delà tout à fait inattendue.

Grace avait perdu son parrain lorsqu'elle était âgée d'à peine huit ans. Cet homme lui avait toujours exprimé beaucoup d'amour. Sa mort avait privé Grace d'une importante source de réconfort et d'affection dont elle aurait bien aimé profiter.

Depuis le décès de son oncle, Grace n'avait jamais reçu de ses nouvelles. Elle ne se souvenait pas de l'avoir rencontré dans ses rêves. Pourtant, cette nuit-là, elle se retrouva en sa présence directement dans les sphères lumineuses de l'autre monde.

Il avait l'apparence exacte de ses derniers jours. Grace était impressionnée de voir son parrain avec l'apparence du même âge qu'elle. Il portait toujours sa barbe rousse et sa moustache aux courbes prononcées. Une belle lumière l'entourait. Il avait l'air calme. La grande sérénité de son regard accentuait la bonté de son sourire.

L'Esprit se tenait debout devant elle. Il s'approcha lentement. Il posa une main sur son épaule. Le contact semblait très physique. Grace ressentait un grand bien-être. La regardant directement dans les yeux, il lui exprima toute la tendresse qu'il avait toujours éprouvée pour elle, malgré la mort qui les avait séparés. Il la félicita pour les héroïques efforts qu'il observait de là-haut avec beaucoup d'admiration. Esquissant un sourire plus élargi, il lui annonça que la période difficile de sa vie prendrait fin très bientôt. Il ajouta: « Demain matin, lorsque tu sortiras sur ton balcon pour déguster les premiers rayons du jour, ferme tes yeux et laisse entrer la belle énergie de l'astre de vie. En ouvrant les paupières, tu regarderas à ta droite. »

Grace fut surprise d'entendre ces propos, car, depuis l'arrivée du printemps, à chaque matin ensoleillé, elle avait effectivement pris l'habitude de sortir sur son balcon pour saluer le jour qui se levait.

Il lui fit ensuite une accolade en serrant sa joue poilue contre la sienne. La densité rugueuse de sa barbe la fit légèrement reculer. À cet instant, Grace retourna directement dans son corps en sommeil.

Le lendemain matin, Grace suivit les conseils qu'elle avait reçus. Le souvenir précis qu'elle en gardait lui donnait la nette impression d'avoir vécu cet événement dans un monde matériel.

Le soleil réchauffait ses paupières fermées. Son cœur s'accélérait par l'attente de ce qu'elle allait découvrir. Ouvrant les yeux, elle regarda à sa droite. À sa grande surprise, elle vit sur le palier voisin un homme qui faisait la même chose qu'elle. Il la salua avec beaucoup de politesse. Ils échangèrent quelques mots et rentrèrent dans leur logement respectif.

Plus tard, en mi-journée, ils se rencontrèrent dans la cour arrière. Ils firent ainsi plus ample connaissance. Grace apprit alors que son voisin était célibataire et qu'il habitait l'immeuble depuis quelques semaines. Ils ne s'étaient pas rencontrés puisque leurs horaires de travail et leurs occupations n'avaient jamais permis à leurs routes de se croiser.

Une longue histoire amoureuse, à la fois profonde et poétique, prit ainsi naissance. Tel que l'avait indiqué l'Esprit de son parrain, Grace connut dès lors la fin de ses tourments.

Lorsque Grace me fit part de cette expérience, treize années de bonheur s'étaient déjà écoulées depuis le premier jour de leur rencontre. Elle était venue me faire partager ce vécu pour me confirmer la justesse des explications que je donnais dans mes ouvrages sur le plan de vie. Grace venait de découvrir mes écrits et elle voulait, de cette manière, apporter son eau au moulin spirituel.

Pour elle, toute sa vie était l'expression d'une planification soigneusement préparée. Avec le recul, elle voyait que les événements de sa vie avaient toujours suivi une logique sans faille. Ils l'avaient d'abord progressivement amenée à faire le point sur elle-même. Elle avait ensuite connu la profondeur de ses acquis. Elle avait alors développé des forces qu'elle n'aurait jamais cru possibles pour elle. Enfin, elle avait connu l'aboutissement de sa longue préparation qui l'interpellait maintenant à s'ouvrir davantage sur les autres en dehors de son cercle immédiat.

Le témoignage de Grace me parut très intéressant pour notre réflexion, car il nous rappelle l'importance de nous fier à la sagesse de notre plan de vie. Dans les moments difficiles, nous devons nous rappeler que nous ne sommes soumis à aucun hasard, ni à aucune bonne ou mauvaise étoile. Le moindre des événements prend sa propre place et toute son importance pour chacun d'entre nous. Nous grandissons à travers eux par l'application de nos efforts et de notre volonté. C'est ainsi que nous nous approchons progressivement des hautes vibrations divines qui nous attendent patiemment à chacun des paliers que nous gravissons. La vie terrestre est donc un réel privilège qui nous donne, par ses joies et ses peines, de précieuses possibilités de grandir et de nous affranchir de nos erreurs passées. Puisse Dieu nous l'inspirer sans arrêt et puissions-nous avoir la sagesse de ne pas nous ralentir davantage.

3. LE RETOUR DES ACTES PASSÉS

Si nous commettions une faute grave qui causerait du tort à autrui, nous ne serions pas surpris de devoir un jour en assumer des contrecoups, même s'ils n'étaient pas à la mesure du mal que nous avons pu causer. Il en est également ainsi pour tout le bien que nous semons autour de nous et qui peut nous réserver une réciprocité des plus agréables.

Or, il arrive souvent sur notre Terre de voir des gens qui ont exprimé beaucoup de bonté et de droiture pendant de longues années et qui deviennent victimes des pires situations ou qui doivent subir de grandes cruautés. Leur sort difficile fait profondément réfléchir ceux qui les entourent, car, à première vue, ils s'expliquent mal que Dieu puisse autoriser de pareils tourments à des gens qui Lui sont si fidèles. L'autorité divine peut alors leur apparaître comme étant cruelle et insensible. Il y en a même qui vont jusqu'à se demander si Dieu n'est pas un genre de psychopathe qui s'amuserait à voir souffrir ses créatures.

Si nous nous basons uniquement sur les apparences directement observables, il est vrai que ce type de question peut sembler pertinent, mais, dès que nous dépassons ces limites et que nous évaluons la situation avec un regard plus étendu, les malheurs observés prennent un sens logique tout à fait compatible avec la bonté infinie de Dieu.

L'ignorant qui croit que l'existence humaine ne dure que le temps de la présente incarnation raisonne forcément comme le primitif de jadis qui croyait que le Soleil tournait autour de la Terre. Seules ses perceptions brutes nourrissent sa réflexion. Ses conclusions ne peuvent donc atteindre les subtilités nécessaires à la compréhension éclairée. Il ne peut y parvenir, même avec beaucoup d'intelligence, car les données qu'il analyse sont trop partielles et trop primaires.

Pour atteindre cette compréhension, il faut d'abord savoir que notre existence a débuté bien avant notre présente vie terrestre. Il faut aussi comprendre que nous sommes arrivés en ce bas monde avec un long vécu porteur de conséquences souvent plus négatives que positives. Bref, il faut connaître notre vraie nature spirituelle qui est en processus d'épuration progressive.

Mes expériences médiumniques des vingt dernières années m'ont confirmé de façon absolue la réalité indéniable de nos vies antérieures. Toi qui lis ces lignes, tu possèdes déjà une longue histoire qui recule très loin dans les temps anciens. Chacun revient avec ses propres acquis pour franchir une autre étape de son épuration périspritale et poursuit ses propres objectifs dans les conditions qu'il a jugées propices à sa réussite. C'est ce qui explique les innombrables inégalités entre nous. Ce n'est donc jamais une question de supériorité ni d'infériorité, mais simplement de particularité que chacun peut connaître à son tour. Bien saisir cet aspect est très important pour notre réflexion spirituelle, car il constitue une autre clé qui nous ouvrira les portes de notre compréhension.

Les conséquences de nos actes passés se retrouvent dans la trame de notre plan de vie qui s'en est directement inspiré. C'est pour cela que des gens justes et bons peuvent subir des conditions si difficiles. Ce sont souvent des Esprits qui n'ont pu se pardonner des fautes très lointaines qu'ils traînaient comme des boulets. Malgré leurs nouveaux acquis, ils se sentaient indignes de se rapprocher davantage de Dieu. Ils ont donc voulu revenir se laver de leurs erreurs anciennes en subissant à leur tour le mal que leur ignorance de jadis avait engendré.

J'ai rencontré, en consultation, plusieurs cas de personnes présentant une belle luminosité aurique. Elles vivaient de grandes difficultés malgré leur dévouement sincère envers Dieu et envers leurs semblables. Rien dans leur présente vie ne pouvait expliquer leurs déboires. Certains d'entre eux se questionnaient beaucoup sur la sagesse divine, mais leur foi reprenait toujours le haut du pavé dans la pleine force de leurs acquis éternels. Dès que je leur transmettais les informations que je recevais pour eux, ils les accueillaient avec une sérénité qui démontrait une connaissance intuitive de l'histoire intime qu'ils portaient en eux.

L'aide que j'ai pu offrir, avec mes modestes moyens, à ces gens en souffrance, m'a permis de conclure à l'importance de connaître le processus d'épuration que nous venons subir sur cette Terre. Je me souviens du cas bien particulier d'une dame qui subissait une hantise très sévère depuis plusieurs années. Dès le premier contact téléphonique que j'eus avec elle, j'appris qu'elle avait elle-même été un Esprit qui avait hanté dans une lointaine erraticité. Elle s'en était prise aux membres de sa famille envers qui elle entretenait beaucoup de rancunes amères. Elle les avait harcelés pendant de nombreuses années jusqu'à ce que la lumière jaillisse dans son cœur.

Elle avait fait de très grands pas depuis ce temps lointain, mais elle avait voulu revenir pour se soumettre à l'effet de ses propres erreurs. Comme les Esprits qui l'attaquaient refusaient de profiter de son épreuve pour s'amender et reprendre la montée, ses souffrances se prolongeaient dans la mesure que leur laissait son plan de vie.

Lorsque je voulus lui expliquer la raison de ses souffrances, elle protesta au nom de ses croyances et refusa de faire les gestes qui l'auraient délivrée. Elle ne voulait pas accueillir la connaissance qui lui aurait fait comprendre que Dieu entendait très bien ses prières et qu'Il la soutenait dans son épreuve. Sa foi rétablie aurait décuplé sa force intérieure et elle aurait même pu aider les Invisibles malveillants qui se préparaient le même retour. Son analyse se limitait malheureusement à sa vie actuelle qui donnait l'impression d'une grande injustice envers elle. Elle sombrait donc progressivement dans le découragement, doutant de plus en plus de la justice de Dieu et de sa compassion.

Ces trompeuses apparences d'injustice se rencontrent régulièrement sur notre Terre. Elles prennent cependant un tout autre sens pour ceux qui connaissent le principe qui régit le retour de nos actes passés. Ils savent que leurs difficultés ont leur raison d'être et qu'il est à leur grand avantage de bien les surmonter. Le cas qui suit nous en donne un exemple bien précis.

DES ENFANTS MERVEILLEUX

Angéline avait eu deux enfants qu'elle avait éduqués avec tout son amour. Tout petits, ils exprimèrent une surprenante maturité qui se maintint en constante avance sur tout ce qu'on pouvait observer chez leurs compagnons du même âge. Ils étaient la fierté d'Angéline qui entretenait de grandes ambitions pour leur avenir. Leur comportement faisait l'éloge de tout leur entourage. Tous convenaient qu'Angéline avait été bien favorisée par la volonté de Dieu.

Quelques mois après avoir fêté ses dix-huit ans, Michel, le cadet de la petite famille, ressentit de cinglants malaises qui l'obligèrent à consulter un médecin. La nature des symptômes indiqua à ce dernier que Michel devait subir des examens beaucoup plus approfondis. L'investigation mena à un diagnostic épouvantable: Michel était littéralement ravagé par un cancer galopant. Le mal était déjà très avancé. Aucune intervention ne pouvait le sauver.

La nouvelle eut l'effet d'un profond déchirement dans le cœur d'Angéline et des siens. Nul ne pouvait se faire à l'idée qu'un homme si vigoureux et si gentil puisse quitter notre monde aussi subitement.

Michel fut chaleureusement supporté par l'amour de chacun. Son courage et sa sérénité étouffaient tous les élans de révolte qui pointaient parfois dans les pensées d'Angéline. C'était comme si elle devait suivre la route de lumière que son fils lui indiquait. Michel rendit l'âme quelques semaines à peine après l'annonce fatidique.

Angéline eut beaucoup de peine à se remettre du départ de son fils. Son époux se refermait sur lui-même. Elle était comme laissée seule avec sa douleur. Sa fille Victorine l'entourait du mieux qu'elle pouvait, mais c'était comme si le feu qui la consumait ne pouvait s'éteindre que de l'intérieur. Heureusement, elle trouva dans les affaires de Michel un exemplaire de mon premier livre, *Messages de l'au-delà*. Pensant qu'il l'avait lu pour mieux se préparer à la mort, elle voulut le lire à son tour. Pour elle, c'était comme refaire le dernier bout du chemin avec lui. Nous apprîmes plus tard que Michel avait acheté le volume sous l'inspiration de son Ange gardien pour que sa mère le retrouve après sa mort et qu'elle profite de son enseignement. Or, sa lecture lui apporta effectivement les connaissances dont elle avait besoin pour réussir l'épreuve qui s'imposait.

Les mois qui suivirent furent très difficiles, mais Angéline remonta la pente. Se souvenant du courage dont Michel avait fait preuve, elle cherchait vaillamment à s'en montrer digne.

Dix-huit mois s'étaient écoulés et la vie reprenait lentement son cours. Angéline et Victorine s'étaient beaucoup rapprochées. Elles étaient déjà de grandes amies, mais la douleur qu'elles avaient partagée les avait élevées à un niveau de relation dépassant les limites de leurs conditions d'incarnées.

Cette consolation ne dura cependant pas assez longtemps pour cicatriser la plaie qu'avait ouverte la mort de Michel. Vingt mois après le décès de son frère, Victorine trépassa à son tour. Elle fut emportée par le même cancer qui avait eu raison de Michel. Elle n'avait que vingt-trois ans. Angéline pleura jusqu'à la dernière larme de son corps. Elle ne pouvait comprendre que Dieu soit si cruel envers elle et son mari. Sa vie perdait tout le sens qu'elle lui avait donné. Depuis la naissance de ses deux enfants, elle s'était consacrée à eux, s'oubliant chaque jour pour leur mieux-être immédiat et futur. Toute son échelle de vie s'écroulait sous ses pieds.

Lorsque Angéline vint me consulter, sa fille était décédée depuis un peu plus de deux ans. Elle venait chercher les explications de l'au-delà pour comprendre la raison de toutes ses souffrances.

Elle me parla de son désarroi. Elle m'expliqua qu'elle s'était fait une carapace qui la rendait dorénavant insensible à tous les déboires que la vie voudrait lui imposer. Elle me dit alors de ne pas craindre de lui annoncer les épreuves éventuelles qu'on pourrait me dévoiler.

Je commençai mes invocations avec la photo de Michel. Je fus immédiatement projeté dans de beaux effluves de lumière. Le défunt vivait dans les vibrations élevées où ne règne que le bonheur. Je le vis entouré d'Esprits encore plus lumineux qui l'assistaient dans sa réflexion. Je fus subitement surpris d'apercevoir une entrée donnant sur les mondes du bas astral. Je m'inquiétai un bref instant. Michel se déplaça lentement vers elle. Il m'indiqua alors qu'il s'y rendait dès qu'on le lui permettait pour tenter d'assister un Esprit suicidé qui endurait de grandes souffrances. Lorsque je transmis cette information à Angéline, elle me confirma qu'un ami de Michel s'était suicidé un an avant la mort de ce dernier. Michel cherchait donc à le soulager, lui qui jouissait déjà de l'ultime bonheur à la portée de tous les Esprits qui ont respecté la volonté divine.

Avant même que j'aie pu tenir la photographie de Victorine, celle-ci se présenta dans toute sa lumière. Elle se tenait debout derrière sa mère. Je le signalai immédiatement à Angéline qui s'en émut.

Victorine nous dévoila d'intéressantes précisions sur ses conditions d'après-mort. Nous y apprîmes, entre autres, qu'elle était très heureuse qu'ils se retrouvent tous ensemble pendant les heures de sommeil d'Angéline et qu'elle étudiait dans les grandes bibliothèques de l'au-delà.

Après le départ de Michel et de Victorine, l'Ange gardien d'Angéline vint livrer les réponses aux questions de sa protégée. Celle-ci reçut l'information que les Esprits de ses deux enfants étaient déjà avancés. Ils avaient accepté de servir pour qu'Angéline s'affranchisse d'une vieille dette d'un lointain passé. Dans une vie antérieure, Angéline avait provoqué la mort des deux seuls enfants d'un couple miséreux. Ne pouvant se le pardonner, elle avait elle-même demandé de se libérer de cette faute en venant souffrir le même sort.

Le plan de vie avait donc simplement suivi son cours, tel que Dieu l'avait autorisé et selon ce qu'Angéline elle-même avait désiré. Ses souffrances avaient un sens bien précis et une pleine raison d'être. Dieu n'avait jamais été injuste envers elle, lui accordant, bien au contraire, les conditions qui pouvaient lui permettre enfin de reprendre sa montée.

D'autres informations nous firent comprendre qu'Angéline reprendrait son souffle et que la vie lui réservait sa part de bonheur. Mais le plus important pour elle, c'était de se rendre compte qu'elle avait réussi à complètement s'affranchir en cherchant à comprendre et en étouffant la révolte stérile qui l'aurait invitée à faire de très mauvais choix.

Il est donc important pour nous de lever notre regard bien au-delà des limites de notre présente incarnation. Plusieurs de nos déboires prennent leur source dans nos erreurs actuelles, mais bien d'autres trouvent leur origine loin en arrière, sous le voile qui fait oublier. Il est donc important de bien analyser nos souffrances et tous les malheurs qui semblent nous poursuivre. Si notre réflexion ne nous indique pas de causes bien identifiables dans les événements qui tissent notre vie présente, il faut comprendre que nous assumons un retour de nos actes passés qui furent marqués de notre ignorance d'autrefois.

4. LES ÉPREUVES À FRANCHIR

Un autre aspect très important du processus de notre épuration spirituelle concerne les épreuves que nous devons franchir pendant notre vie terrestre. Leur rôle premier est de nous permettre de vérifier le degré d'enracinement de certains acquis en développement. C'est ce qui les distingue des retours de nos actes passés que nous venons tout juste d'aborder. Dans notre quotidien, nous pouvons confondre facilement les épreuves aux difficultés que nous devons affronter suite à nos erreurs, car souvent leurs visages présentent de grandes ressemblances. Le fait n'est pas surprenant, mais la raison de leur présence est fondamentalement différente.

Nous pouvons comparer les épreuves terrestres à des examens qu'un enseignant ferait passer à ses élèves. Lorsqu'il les soumet à ses questions, le pédagogue n'a aucune mauvaise intention à leur égard. Il le fait en toute bienveillance, sachant que l'examen les incitera à étudier pour bien se préparer et qu'il permettra à chacun d'évaluer les apprentissages réalisés et de cerner ceux qui restent à maîtriser.

Il en est ainsi des épreuves de notre vie. Tous les défis qui nous permettent d'évaluer nos acquis ne visent qu'à faire le point sur notre cheminement pour mieux en orienter la direction.

Il est donc bien déplacé de se révolter contre les épreuves qui sollicitent nos efforts, car elles ne visent qu'à améliorer notre sort en favorisant l'atteinte de nos objectifs d'évolution spirituelle.

La nécessité de leur présence vient du processus de l'acquisition de nos connaissances. Dans le monde astral, nous pouvons accéder à de multiples données, autant pendant nos périodes d'erraticité qui séparent nos incarnations que pendant chacune de nos actuelles périodes de sommeil. Nous pouvons y apprendre à volonté, et ce, à une vitesse fulgurante. Par contre, plusieurs de ces nouvelles acquisitions ne peuvent s'enraciner définitivement qu'en venant se confronter au monde de la matière qui les sollicite. Ce procédé permet de les incruster dans notre périsprit pour l'éternité. Or, à des points précis du plan de vie, nous devons vérifier où en sont les stades d'acquisition. C'est là que les épreuves apparaissent en nous forçant à exprimer ce qui est vraiment ancré en nous.

Le plus souvent, les épreuves terrestres font souffrir. Que ce soit pour vérifier le développement de notre volonté, notre patience, notre persévérance, notre générosité, notre tolérance, notre honnêteté, notre vaillance, notre dévouement et bien d'autres encore que notre cœur pourrait citer, le contexte de passation exige des efforts particuliers qui sont difficiles à rencontrer. Nous demanderions à chacun de décrire sa propre vie actuelle et tous ne tariraient pas d'exemples qui en démontreraient l'évidence.

Il y a, par contre, des épreuves qui semblent plus faciles à supporter. Prenons par exemple celle de la générosité et de la compassion. Ces deux acquis placent généralement l'Esprit dans un contexte de facilité matérielle qu'il doit partager avec les moins bien nantis qui l'entourent. Ces derniers auront facilement tendance à envier son sort, mais, en y regardant de plus près, ils se rendraient compte que toutes les épreuves qui impliquent une incarnation de ce genre sont les plus difficiles à réussir, du fait qu'elles nécessitent beaucoup d'acquis antérieurs. C'est pour cela que nous voyons des personnes riches et puissantes rater leurs objectifs d'incarnation. Leurs faiblesses trop sollicitées par la facilité les aveuglent au point d'en oublier la raison première de leur retour sur Terre. Ces échecs sont heureusement récupérés lorsqu'ils font leur bilan d'après-mort et qu'ils voient les nouvelles dettes à rembourser. Ils en tirent alors des leçons éternelles.

Il ne faut donc pas se méprendre sur les intentions divines en se comparant à ceux dont le sort semble plus favorable. Il ne s'agit toujours que de variations de contextes intimement adaptées à des épreuves bien précises découlant des objectifs de notre plan de vie. De plus, comme nous l'avons vu plus haut, chacun est confronté à des exigences qui sont à la mesure de ses forces. Ainsi, une épreuve difficile à supporter pour nous-mêmes pourrait s'avérer facile pour un autre qui posséderait déjà tous les acquis que nous cherchons à développer. Cette relativité de la difficulté est très importante pour nous, car elle nous assure que nous pouvons pleinement réussir chacune des épreuves de notre vie terrestre.

Bien sûr, tout ce que nous venons de dire n'allège pas le poids des épreuves que nous avons choisies, mais ces connaissances nous permettent de mieux les aborder. En sachant leur importance dans notre vie et leur pertinence dans notre cheminement spirituel, nous cessons de les regarder avec pessimisme. Or, cette ouverture est très importante, car elle favorise grandement leur réussite et, par conséquent, leur disparition. Dans chaque plan de vie, une même épreuve peut revenir plus d'une fois pour nous permettre de racheter certains échecs. La sagesse nous dicte donc de tout faire pour réussir le plus tôt possible. L'Ange gardien peut alors nous éviter celles qui deviennent inutiles du fait que nous avons déjà franchi les étapes visées. Notre route s'en trouve ainsi améliorée par l'effet de la lumière que nous avons projetée sur son parcours.

Nous devons donc apporter une attention particulière à l'attitude que nous adoptons lorsque nous entrons dans une phase d'épreuves, car elle pourrait devenir déterminante pour sa durée et même sa réédition. En fait, il faut ouvrir notre cœur à la lumière divine et le fermer à tous les appels de la révolte qui n'apportent pas grand réconfort et qui ont la fâcheuse tendance à bloquer notre rationnel. Il faut donc apprendre à les repousser pour ne pas s'enfermer dans un stérile défoulement émotif qui nous empêcherait de bien franchir nos étapes d'évolution spirituelle.

5. L'APRÈS-MORT

Comme nous l'avons vu dans mes écrits antérieurs et particulièrement dans *Messages de l'au-delà*, la mort physique nous permet d'accéder à des mondes de densités différentes du nôtre, mais où la vie est encore plus trépidante et beaucoup plus agréable, du moins pour les Esprits qui ont respecté le plan divin. L'idée du néant que certains ignorants se font de la mort n'a donc aucun fondement. Mes propres expériences médiumniques et toutes celles qui me furent rapportées nous confirment la réalité absolue de la survivance d'après-mort.

Comme nous l'avons vu plus haut, la mort survient lorsque se rompt la corde d'argent qui permet au fluide vital de passer du périsprit au corps physique. Dès cet instant précis, l'Esprit perd définitivement le contrôle de son véhicule charnel. Il fait désormais partie de ceux que nous appelons les défunts, du moins jusqu'à ce qu'il juge opportun de reprendre un autre corps pour continuer sa montée vers Dieu.

Pour nous faire une idée bien concrète de ce que peut nous réserver l'après-mort, nous en aborderons les principaux aspects en nous référant à des témoignages bien précis. Ceux-ci nous permettront de découvrir un visage très vivant de cette réalité qui nous attend tous sans exception, au-delà de tous nos doutes et de toutes nos incroyances. Nous n'aborderons cependant pas immédiatement ce que la mort provoque chez les suicidés, nous réservant une analyse plus approfondie au cinquième chapitre de notre réflexion sur cet aspect central.

Lorsque nous pensons à l'après-mort, nous nous référons souvent à des notions très abstraites représentant l'au-delà comme un monde évaporé n'ayant aucun point commun avec notre contexte d'incarnés. Or, mes expériences médiumniques m'ont clairement démontré qu'il en était tout autrement.

La mort physique libère notre Esprit qui est le siège de notre personnalité avec notre moi bien conscient, nos acquis, nos faiblesses et tous nos souvenirs. L'Esprit reprend alors ses pleines facultés et peut enfin se réintégrer dans un monde qui lui est naturel. Selon son degré d'épuration périspritale, il accédera à des niveaux vibratoires qui correspondront à celles qui caractériseront son propre stade d'évolution.

Ainsi, certains défunts très avancés s'élèvent dans des mondes subtils où l'énergie malléable qui les compose est très éthérée. Cette énergie s'appelle la pseudo-matière. Elle est de lumière très vive dans les mondes de l'astral où les Esprits les plus heureux se retrouvent et elle peut devenir très opaque dans les mondes les moins évolués.

La connaissance de la pseudo-matière est importante pour comprendre les mondes de l'au-delà, car c'est elle qui permet l'existence des contextes de vie d'après-mort. Sans la pseudo-matière, l'au-delà ne serait qu'un vide monotone total.

De notre vivant, nous connaissons déjà très bien la pseudo-matière, car c'est elle qui meuble les rêves que nous expérimentons directement dans l'au-delà. Notre adaptation à cette énergie malléable est donc très rapide, les souvenirs de son utilisation nous revenant très tôt après notre décès. Elle est d'ailleurs très facile à manipuler. Il suffit de visualiser le contexte que nous souhaitons et la pseudo-matière se met en mouvement. L'Esprit peut ainsi recréer la maison exacte où il habitait avec tout son mobilier. Il peut même matérialiser autour de lui les montagnes, les lacs et les rivières qu'il a déjà connus. Certains se regroupent ainsi dans des quartiers urbains qu'ils reconstituent par la manipulation de cette énergie plastique. La pseudo-matière est également utilisée pour reconstituer les vêtements que portent les défunts dans l'au-delà. Au début, ils se réfèrent à leur dernière incarnation, puis ils élargissent le champ de leur créativité.

Lorsque je me rends dans l'au-delà pour obtenir des nouvelles de certains défunts, je rapporte régulièrement des descriptions d'objets ou de contextes de vie que les proches reconnaissent avec stupéfaction. Il s'agit alors de reconstitutions pseudo-matérielles réalisées par le défunt dans son monde d'erraticité et qu'il m'est permis de percevoir.

Une caractéristique particulière de la pseudo-matière est sa non-permanence. Elle ne dure que le temps de sa nécessité. Ainsi, lorsque le défunt passe à un niveau plus éclairé dans sa conscience d'après-mort, le contexte, qui lui était jusque-là nécessaire, s'évanouit pour prendre une forme qui convient mieux à la nouvelle étape qu'il commence. Il en est ainsi jusqu'à ce qu'il atteigne la pseudo-matière lumineuse où nous retrouvons les Esprits vraiment heureux. Lorsque, dans nos prières pour les défunts, nous leur conseillons d'aller vers la lumière, c'est dans ces niveaux de pseudo-matière subtile que nous les dirigeons. Seuls les Esprits méritants peuvent y accéder. Ces mondes de lumière où ne transpire que le bonheur sont donc à notre portée. Il suffit de faire de notre mieux tous les jours de notre vie et nous devenons assurés d'accéder à ces mondes lumineux qui baignent dans l'amour véritable.

Pour les Esprits moins avancés qui s'entêtent à végéter dans les impuretés de leur périsprit, l'après-mort peut leur imposer des contextes beaucoup moins enviables. Certains d'entre eux sont même littéralement prisonniers dans des vibrations très basses où la lumière n'existe pratiquement pas. Il s'agit des zones vibratoires que nous appelons le bas astral, du fait qu'elles ne s'élèvent pas plus haut que notre monde d'incarnés. Il ne s'agit cependant pas réellement d'un lieu en tant que tel, mais bien d'un contexte pseudo-matériel que partagent les défunts souffrants et malheureux. Ces Esprits ont un grand besoin de prières pour accélérer leur éveil spirituel qui, seul, peut les libérer du joug de leur ignorance.

L'après-mort est donc bien concret et nous permet une continuité très réelle de notre existence consciente, laquelle est intimement liée à notre vécu d'incarnés. Ce lien intime est même très étroit. C'est lui qui nous garantit que nous retrouvons un contexte de vie d'après-mort qui nous convient.

Voyons un fait médiumnique bien précis qui nous le démontre de façon particulière. Il nous rapporte une expérience que j'ai personnellement vécue lors d'une lecture de photo. Moins d'un an plus tard, je visionnai un film classé dans la catégorie des drames fantastiques qui décrivait une expérience d'après-mort qui lui ressemblait de façon frappante. Sans doute le scénariste avait-il reçu des informations très pertinentes sur la réalité d'après-mort.

UNE DOUBLE CASCADE

Laula venait prendre des nouvelles de l'Esprit de sa mère. Elle avait patiemment attendu que s'écoulent trois années pour ne pas nuire à l'adaptation *post mortem* de la défunte. Elle espérait calmer enfin certaines craintes qu'elle continuait d'entretenir par rapport au sort que nous réserve l'au-delà. Ses lectures hétéroclites et certains avis contradictoires de prétendus spécialistes de l'après-mort nourrissaient un doute sur le niveau de conscience que nous pouvions conserver après notre mort physique.

Laula me donna une photographie de la défunte. Je me concentrai. Les premières images se formèrent rapidement. J'eus à peine le temps d'adresser mes prières à mes amis de lumière. Une scène merveilleuse s'anima dans de formidables effluves de couleurs. Un véritable coin de paradis se dévoilait sous mes yeux.

Je vis un paysage luxuriant de verdures et de fleurs. Deux ruisseaux s'y rejoignaient dans une double cascade. L'eau qui s'écoulait laissait s'échapper de beaux éclats argentés qui miroitaient une lumière dont je ne percevais pas la source. J'entendais très nettement le bruit de l'eau qui s'engouffrait dans une écume d'un blanc immaculé. Le lieu était magnifique.

En balayant du regard les détails que je décrivais à Laula,

j'aperçus enfin sa mère. La défunte était assise sur un rocher qui surplombait toute la scène. Elle portait une belle robe garnie de dentelles. Ses jambes repliées s'allongeaient dans une position confortable. Elle fredonnait un air qui m'était inconnu. Il semblait prendre sa cadence dans le ronronnement de l'eau tombant en chute libre. À cet instant précis, on me fit comprendre qu'elle aimait se reposer dans ce coin pseudo-matériel qu'elle reproduisait dans son au-delà.

Mon attention fut ensuite attirée par le ciel d'une couleur très particulière. De magnifiques teintes de bleus dégradés s'entremêlaient à de belles lueurs chargées de plusieurs nuances rosées. L'ensemble donnait une impression presque magique d'un perpétuel lever de soleil.

Dès que j'eus terminé de décrire ces derniers détails, un long corridor lumineux apparut à la droite de la défunte. Elle se leva et, comme obligée, me quitta par cette ouverture invitante.

En ouvrant les yeux, je vis Laula qui tenait un mouchoir. Ses yeux ruisselaient de larmes. Elle les avait tant retenues depuis toutes ces années. Elle m'esquissa rapidement un grand sourire qui me fit comprendre que la joie les nourrissait maintenant plus que la douleur.

Reprenant ses sens, Laula m'exprima tout l'émerveillement qu'elle ressentait. Elle avait été très impressionnée par les détails que j'avais pu lui décrire des images que j'avais reçues.

Tout d'abord, elle me confia que sa mère et elle aimaient se tenir près d'un ruisseau qui tombait dans une petite cascade. Le bruit de la chute était une véritable musique à leurs oreilles. Elles passaient de longues heures à écouter ainsi cette belle mélodie orchestrée par les caprices de notre Terre. Elles échangeaient en ce coin de repos sur différents sujets qui leur tenaient à cœur.

Elle m'expliqua ensuite que le paysage que la défunte m'avait montré avait un sens encore plus particulier, car il était la reproduction exacte d'un tableau que sa mère avait peint juste avant sa mort. Tous les détails correspondaient sans aucune erreur. La défunte avait réalisé cette œuvre pour la donner en cadeau à sa fille. Laula en était alors à ses derniers mois de grossesse et la défunte voulait ainsi souligner cet heureux événement. Elle n'avait malheureusement pas eu le temps de la lui donner en main propre, la mort venant la chercher subitement sans autre forme d'avertissement.

Laula avait reçu les réponses à ses questions. La manifestation de sa mère lui confirmait non seulement le bonheur qu'elle méritait, mais aussi sa pleine lucidité et l'entière possession de tous ses souvenirs. La défunte avait su choisir les éléments qui seraient les plus révélateurs pour sa fille. Elle voulait la rassurer et donner un nouvel élan à sa vie terrestre dont elle confirmait la pleine valeur spirituelle.

Laula se montra très satisfaite de sa consultation. Je lui suggérai de remercier Dieu de l'avoir permis et sa mère d'avoir bien voulu y participer.

Nous échangeâmes finalement quelques mots sur les faux enseignements qui avaient semé le doute dans sa pensée. Elle ne comprenait pas que Dieu puisse les autoriser. Je lui répondis qu'il appartenait à chacun d'entre nous de reconnaître le vrai du faux. Dieu avait laissé à chaque incarné une relative liberté qu'il pouvait utiliser autant pour lui-même que pour les autres, et ce, autant dans le positif que le négatif. Les faussetés n'étaient donc qu'une des conséquences de ce libre arbitre nécessaire à notre évolution volontaire. Je lui conseillai enfin de prier pour tous ces Trompeurs incarnés dont la route s'annonçait encore très longue pour se rendre jusqu'à Dieu.

***

L'après-mort est une réalité qui touche tous les incarnés de la Terre. Le gros bon sens nous dicte donc de bien nous y préparer. Toi qui lis ces lignes en comprends d'ailleurs toute l'évidence, car tu possèdes déjà les éléments qui démontrent la réalité de tous ses fondements.

L'ouverture spirituelle et la connaissance de ce que les expériences médiumniques nous rapportent sur l'après-mort s'avèrent parfois cruciales pour l'Esprit fraîchement décédé. Elles peuvent devenir des outils importants qui lui permettront de se ressaisir rapidement et de reprendre sa route sans souffrances inutiles. Il nous appartient donc de faire ce qu'il faut pour nous assurer une après-mort agréable. Négliger cet aspect peut même engendrer de regrettables désagréments chez les proches qui pleurent le départ du défunt. Voyons-en un exemple révélateur.

SURPRIS PAR LA MORT

Vincent et Monique filaient le parfait bonheur. Leur vie terrestre se voulait très prometteuse. Un avenir doux et agréable semblait les accueillir à bras ouverts. Leur vie amoureuse faisait l'envie des proches encore en quête de l'âme sœur qui les accompagnerait sur le chemin de la vie.

Ce bonheur de vivre prit fin brusquement un matin d'avril. Comme d'habitude, Vincent se rendait à son travail par une route secondaire qui faisait gagner de précieuses minutes à son sommeil matinal. Les rayons du soleil printanier achevaient de libérer les derniers amoncellements de neige qui s'impatientaient de reprendre la route des vents sur les cumulus invitants. L'air était enivrant. Sans trop s'en rendre compte, Vincent roulait à une allure de plus en plus vive. En s'engageant dans une courbe prononcée, il perdit le contrôle de sa voiture. Il percuta un immense rocher. La violence de l'impact fut épouvantable. Vincent mourut sur le coup sans se rendre compte de rien.

L'annonce de la mort subite de Vincent provoqua un véritable choc dans le cœur de Monique. En un instant, elle perdait ses rêves, son bonheur et même le sens de son existence.

Les trois jours d'exposition de la dépouille furent très durs à passer. Le salon funéraire était bondé. Chacun y allait de ses commentaires et, sans le vouloir, ravivait chez Monique la prise de conscience que toute sa vie venait de basculer.

Après les funérailles, Monique réalisa encore plus qu'elle était revenue au point de départ de sa jeune vie d'adulte. Elle trouvait cela d'autant plus difficile qu'elle se sentait prisonnière des événements. Les obligations quotidiennes continuaient comme si rien ne s'était passé. Les jours se succédaient dans l'indifférence à son sort douloureux. Les journaux et les nouvelles télévisées étaient passés à d'autres drames faisant le délice des spectateurs qui grossissaient leur cote de rendement financier. Monique se disait qu'au fond chacun était foncièrement seul avec lui-même. Elle se voyait accompagnée de parents, d'amis et même d'étrangers, mais eux-mêmes n'étaient-ils pas en cheminement solitaire malgré toutes les apparences trompeuses de la vie sociale?

Monique jonglait avec cette réflexion philosophique depuis trois semaines lorsqu'elle reçut une visite tout à fait inattendue.

Monique venait juste de se coucher. Seul le mouvement cadencé de son réveille-matin mécanique rompait le silence qui semblait lui crier sa lourdeur. Elle entendit subitement une voix masculine qui prononçait son nom. Stupéfaite, elle alluma immédiatement sa lampe de chevet. Elle demanda qui était là. Aucune réponse ne se fit entendre. Monique se leva. Elle vérifia si tous les postes de radio et de télévision étaient fermés. Elle regarda par la fenêtre si des gens ne rôdaient pas près de la maison. Ne trouvant rien d'anormal, elle se recoucha, mettant cela sur le compte de son imagination.

Monique s'endormit rapidement. Dès qu'elle fut plongée dans le sommeil, elle se retrouva bien consciente dans l'au-delà. Elle y rencontra l'Esprit de Vincent qui semblait paniqué. Il cherchait à comprendre ce qui se passait. Il venait tout juste de reprendre sa lucidité. Il demanda des explications à Monique qui, en fait, était aussi surprise que lui. Monique n'avait jamais accordé beaucoup d'importance à la question de la survie d'après-mort. Elle avait toujours préféré se réfugier dans le trompeur réconfort du doute rationnel qui étouffait toutes ses angoisses spirituelles.

Dès que Monique annonça à Vincent qu'il était mort, elle le vit protester fortement. Il refusait cette réalité qui anéantissait toute sa conception intime de lui-même et de son existence. Il tenta de raisonner Monique. Il lui rétorqua que ce n'était pas possible, qu'il était toujours bien vivant. Il lui expliqua qu'ils faisaient tous les deux le même mauvais rêve et qu'ils se réveilleraient très bientôt.

Dès cet instant, le contact prit fin. Monique retourna directement dans son corps en sommeil. Elle s'éveilla aussitôt. Elle ouvrit rapidement les yeux. Elle se sentit soulagée d'être sortie d'un aussi curieux songe. Elle replaça ses oreillers, regarda quelle heure il était et referma les yeux.

À son grand désarroi, elle entendit de nouveau prononcer son nom. Cette fois, elle se rendit bien compte qu'elle ne dormait pas. La voix lui parla encore. Monique reconnut clairement Vincent. Elle lui adressa directement la parole, en lui demandant ce qu'il voulait. Il lui répondit qu'elle devait l'aider à se sortir de son cauchemar. Elle lui dit clairement qu'elle ne pouvait rien faire. Elle lui précisa qu'il était mort dans un accident de la route depuis plus de trois semaines et que son corps avait été incinéré. Elle ajouta qu'il devait partir.

Vincent cria de rage. Il refusait d'être décédé. Tous les projets qu'il avait en tête étaient à sa portée. Ses ambitions n'avaient pas de limite. Il était impossible d'être mort avec cette vie qui l'animait de toutes parts. Il se calma en pensant qu'il devait être victime d'un phénomène psychique dont il se sortirait bientôt. Pour se réconforter, il douta même de la réalité de Monique.

Malgré le caractère tout à fait impressionnant de ce qu'elle vivait, Monique se rendormit rapidement, comme entraînée irrésistiblement dans le sommeil. Elle fila jusqu'au matin.

Pendant qu'elle prenait sa douche, elle entendit Vincent lui parler de nouveau. Cette fois, Monique prit peur. L'insistance de la manifestation lui faisait penser qu'elle était devant un phénomène qu'elle ne pouvait contrôler. Pendant son petit déjeuner, elle entendit les pas de Vincent, qui semblait tourner en rond comme un lion en cage. Puis, juste avant de partir, il lui cria qu'il n'était pas mort.

Au retour de son travail, Monique hésita avant de pénétrer dans son logement. Ses craintes se confirmèrent dans la soirée. Vincent se manifesta de nouveau, exigeant de Monique qu'elle l'aidât à revenir près d'elle comme avant sa perte de conscience.

Il en fut ainsi pendant les jours et les semaines suivantes. Les manifestations prenaient parfois une tournure très désagréable qui minait lentement le moral de Monique. Elle ne pouvait se départir du défunt qui la suivait même chez les amis où elle cherchait à se réfugier pour retrouver le calme dont elle avait tant besoin. Il la rejoignait autant dans ses heures de veille que de sommeil.

Les manifestations cessèrent subitement lorsque le père de Vincent décéda à son tour. Trois mois s'étaient alors écoulés depuis le premier signe du défunt.

Cette expérience poussa Monique à en savoir davantage sur la nature spirituelle de l'être humain et sa survie d'après-mort. Sa recherche lui fit découvrir mes ouvrages qu'elle lut avidement. C'est ainsi qu'elle me téléphona quelques mois plus tard pour me consulter à propos de ce qu'elle avait vécu.

Le contact médiumnique que je pus établir avec l'au-delà

nous apprit que Vincent avait enfin compris sa nouvelle réalité d'existence. Grâce à son père, il avait retrouvé la sérénité dont il avait besoin pour se prendre en main.

Le père de Vincent avait toujours cru en sa survie *post mortem.* Il put donc s'ajuster rapidement après sa mort aux changements qui s'opéraient autour de lui. Fidèle à la volonté divine, son existence terrestre lui conférait des mérites dont il pouvait profiter rapidement.

C'est lorsqu'il apprit la persistance des tourments de son fils qu'il s'empressa de venir à son aide. Jusque-là, Vincent avait repoussé toute l'assistance que les Esprits de lumière lui avaient offerte, mais le respect qu'il vouait à son père l'avait décidé à écouter ce qu'on cherchait à lui faire comprendre. Plus serein, Vincent pouvait enfin se reposer de sa peine.

Quant à Monique, elle se remettait progressivement de ses émotions. Elle sortit très enrichie de cette lourde épreuve. Sa vision de l'existence avait pris une dimension spirituelle qu'elle n'aurait pas soupçonnée quelques mois plus tôt. Dorénavant, elle était vraiment prête à vivre pleinement sa vie, autant sur Terre qu'au-delà de la mort.

***

Un aspect particulièrement important à considérer pour favoriser un retour harmonieux dans l'au-delà concerne les mauvais penchants que peut prendre notre caractère. J'ai très souvent pu constater que les défunts entêtés, qui n'avaient pas exercé leur souplesse intellectuelle et émotive, avaient tendance à se fermer à l'aide précieuse qui leur était offerte. Parfois surpris par la mort ou simplement déconcertés par ce qu'ils y trouvent, ils se cambrent dans une réaction défensive qui empêche même les Initiateurs de les atteindre. Nous en avons vu quelques exemples dans mes autres écrits, mais voyons le suivant qui nous fait bien comprendre l'erreur à éviter.

UN HOMME ENTÊTÉ

Lucille vint me consulter pour savoir si son père avait trouvé le bonheur dans son après-mort. Le défunt avait trépassé depuis plus de quatre ans. Certaines manifestations avaient semé la crainte dans les jours qui avaient suivi son décès et c'est ce qui faisait croire à Lucille que son père n'était peut-être pas très heureux. Tout était cependant rentré dans l'ordre dès que Lucille et ses proches avaient utilisé la prière pour les défunts que Lucille avait trouvée dans mes livres. Elle en avait fait part aux autres membres de sa famille et, formant une véritable chaîne de prières, le petit groupe avait réussi à neutraliser l'Esprit tapageur dont ils ne connaissaient pas vraiment l'identité.

Dès que je pris la photographie que Lucille me présenta, je sentis comme une résistance qui venait du défunt. Les premières images me révélèrent qu'il ne s'était pas encore dégagé de son dernier monde d'incarnation. L'Esprit de son père errait toujours dans sa maison. Les lieux que je percevais étaient toujours habités. Il ne pouvait donc s'agir d'une reconstitution dans la pseudo-matière de l'au-delà. Lucille me confirma la justesse des détails que je lui décrivais.

Malgré mes prières, je ne voyais toujours pas l'entité. Elle semblait refuser de se montrer. Deux Esprits très lumineux apparurent subitement. Ils étaient tournés dans la même direction. Ils semblaient échanger des pensées avec quelqu'un que je ne voyais pas. Après quelques instants, je perçus nettement le défunt. Il se tenait à la gauche de ce qu'on me montrait.

L'Esprit avait un air beaucoup plus bourru que sur la photographie. Je conclus qu'il devait avoir un très mauvais caractère. Je ressentis nettement qu'il avait été un homme très entêté qui se fermait à tout ce qui ne cadrait pas avec ses conceptions personnelles. Je fis part à Lucille de ce que je recevais en lui demandant si son père avait bien ces caractéristiques psychologiques. Après un long soupir, Lucille me confirma que tout ce que je lui transmettais était juste. Son père avait souvent fait souffrir les siens à cause de ses traits qui créaient comme une barrière éloignant de lui ceux et celles qui l'aimaient.

Un des Esprits de lumière qui accompagnaient le défunt me fit comprendre que ce dernier subissait les conséquences de son fichu caractère. Dès son décès, il s'était entêté à repousser son Ange gardien et les Esprits initiateurs qui lui indiquaient ce qu'il devait faire. Il leur rétorquait qu'il n'était pas mort puisqu'il vivait toujours. Il leur ordonnait de le sortir de la situation bizarre dans laquelle il se retrouvait, les accusant d'en être la cause. Aucune explication ne l'atteignait. Il s'était convaincu toute sa vie qu'il entrerait dans un paradis céleste après sa mort, mais refusait bêtement de suivre les consignes qui l'y auraient dirigé. C'est là qu'il avait tenté de montrer sa présence dans sa maison, en provoquant des bruits de toutes sortes. Il cherchait maladroitement à signaler sa présence pour que les siens puissent le secourir. Il s'était finalement résigné à se taire, voyant la peur qu'il provoquait et les forces que les prières de Lucille attiraient vers lui.

Je tentai de parler directement au défunt, lui expliquant que je m'adressais à lui au nom de sa fille Lucille, mais il ne voulut aucunement coopérer. Je mis donc fin à notre échange.

Lucille se montra déçue d'apprendre que son père vivait tous ces tourments, mais elle me confia qu'elle n'en était pas vraiment surprise. Malgré ses belles qualités, son père s'était le plus souvent montré froid et renfrogné. Il se fermait à toutes les discussions et principalement celles qui portaient sur la dimension spirituelle. Ses croyances religieuses avaient figé en lui une conception bien arrêtée qu'il avait littéralement cimentée avec toute l'énergie de son mauvais caractère.

Le défunt avait pourtant de beaux acquis. Sa dernière vie terrestre avait été un modèle de courage, de vaillance et d'honnêteté. Il avait donc droit à de belles récompenses qui l'auraient rapidement comblé de bonheur. Malheureusement, il avait encore besoin d'une autre leçon pour être en mesure de les accueillir.

J'indiquai à Lucille les prières qu'elle devait adresser à Dieu pour aider le défunt à reprendre le chemin de la lumière. Les mérites qu'il avait courageusement gagnés devaient leur conférer une grande efficacité. Lucille nota soigneusement mes conseils, en me précisant qu'elle demanderait aux siens de se joindre à elle.

Trois semaines plus tard, comme je l'avais espéré, Lucille reçut la visite de son père dans un rêve très agréable. Il lui manifesta toute sa reconnaissance pour l'aide qu'elle lui avait apportée. Il la serra doucement dans ses bras. Avant de partir, il lui fit un tendre sourire comme Lucille n'avait jamais vu de son vivant. Il la quitta dans un bel effluve de lumière. Après quatre longues années, il pouvait enfin goûter aux joies que réserve l'au-delà à tous les Esprits méritants.

Ce témoignage apporte un précieux enseignement à notre réflexion spirituelle. Nous voyons l'importance de cultiver l'ouverture intellectuelle sur des connaissances qui peuvent heurter nos convictions profondes. Il faut bien comprendre que cette ouverture ne nous oblige aucunement à changer notre opinion. Elle peut même la renforcer par la réflexion qu'elle nous apporte. Ce qu'elle permet d'abord, c'est de développer une capacité d'écoute et d'analyse qui peut nous être grandement utile dans notre évolution d'après-mort.

Cette attitude peut d'ailleurs nous être profitable dès le moment présent, car elle nous permet d'accélérer l'enrichissement de nos connaissances. Toute l'histoire terrestre nous confirme cette vérité. Regardons ceux et celles qui ont fait progresser l'humanité. Nous constaterons rapidement qu'ils avaient tous cette ouverture en commun. C'est elle qui leur permettait de s'ouvrir sur l'inconnu et de faire reculer les frontières de l'ignorance. Jamais un seul sceptique fermé n'a fait faire le moindre pas en avant, trop occupé à se mettre en valeur en niant systématiquement ce qui pousse l'humanité à franchir les étapes progressives de son évolution.

***

Comme sur Terre, l'entourage de ceux que nous chérissons revêt une importance primordiale qui dépasse tout ce que la pseudo-matière pourrait nous permettre dans la mesure de notre avancement. C'est que les liens d'amour, que nous tissons pendant notre incarnation, survivent à notre mort physique. Même dans l'au-delà, nous continuons à aimer ceux qui nous ont entourés. Ce champ d'amour tend même à s'élargir considérablement avec tous ceux qui ont partagé l'affection des nôtres. Nous formons ainsi une véritable grande famille qui s'agrandit au rythme de nos incarnations successives. Chaque membre y est lié par une sympathie vibratoire commune.

Ces liens d'amour servent souvent d'élément de motivation pour l'Esprit en croissance. Il s'agit généralement d'entités qui veulent rattraper un être aimé dans ses conditions d'après-mort. Certains peuvent demander de se réincarner pour grandir plus vite ou simplement tenter de rejoindre un Esprit qui s'est déjà dégagé vers les mondes de lumière. Dans tous les cas, nous voyons l'amour qui pousse l'Esprit à s'améliorer pour côtoyer un parent, un ami ou encore un conjoint qui a compris avant lui. Voyons deux témoignages qui nous en rapportent la pleine exactitude.

UN BIEN BEAU LOGEMENT

Dès sa petite enfance, Ginette exprima une médiumnité qui se développa harmonieusement au fil des années. À vingt-deux ans, grâce à ses contacts avec l'au-delà, elle avait à son actif une belle expertise sur les échanges positifs et négatifs que nous pouvons entretenir avec nos frères de l'invisible.

Lorsqu'elle perdit son grand-père, sa médiumnité lui permit de maintenir avec lui une certaine relation consciente dont elle put même profiter dans des moments difficiles.

Un an après ce décès, sa grand-mère rendit l'âme à son tour. Ginette eut beaucoup de chagrin. Depuis la mort de son grand-père, elle l'aidait de son mieux à surmonter la difficile épreuve de son veuvage. Ses grands-parents avaient toujours vécu très unis et la séparation physique avait enlevé à sa grand-mère tout le charme de la vie terrestre.

Six mois après les funérailles, Ginette rencontra l'Esprit de sa grand-mère pendant son sommeil. Elle se retrouva dans la pseudo-matière opaque de l'au-delà, dans les dimensions où la défunte se réadaptait à la vie d'outre-tombe.

Elle occupait un splendide logement comme celui qu'elle avait toujours désiré dans son incarnation terrestre et qu'elle n'avait jamais eu les moyens de se payer.

Ginette fut surprise par la présence des nombreuses commodités qu'elle retrouvait dans ce lieu. Elle reconnut le goût particulier de sa grand-mère qui s'exprimait à travers cette reconstitution d'énergie malléable. Énergie qui rappelait à s'y méprendre la matière lourde de la Terre.

Tout le mobilier ressemblait à ce qu'avait toujours aimé sa grand-mère. L'ensemble, du salon jusqu'aux meubles de la salle à manger, le confort dénudé de luxe exagéré, invitait à la détente et au repos bien mérité. Tous les murs étaient d'une blancheur immaculée, du même blanc qu'on retrouvait dans la vieille maison de sa grand-mère. L'éclairage était omniprésent, donnant l'impression qu'un soleil baignait les lieux de ses rayons chaleureux.

Ginette comprit subitement ce que j'expliquais dans mes livres sur la pseudo-matière de l'au-delà. Elle vit comme tout paraissait bien réel.

Se tournant vers sa grand-mère, Ginette lui demanda si elle était heureuse. Celle-ci lui répondit: « Mon logement est bien beau, mais ton grand-père me manque énormément. » Ginette lui demanda alors s'il lui arrivait de le voir. Sa grand-mère lui répondit avec un peu de tristesse qu'il venait la visiter régulièrement, mais que ses occupations dans les zones plus lumineuses prenaient une grande partie de son temps. Ginette déduisit que son grand-père, qui était décédé plus tôt, avait déjà quitté le niveau de la pseudo-matière lourde. Elle se souvint alors que ce niveau est généralement utilisé pour favoriser une adaptation à la pleine mesure du nouvel arrivant et finit par être abandonné par l'Esprit qui comprend que seule la lumière peut apporter le vrai bonheur d'outre-tombe.

Ginette lui parla de son grand-père et des liens qui survivaient entre eux. Les propos de la défunte firent réaliser à Ginette que, dans l'au-delà, la richesse de l'amour et l'entourage des êtres aimés étaient aussi importants que sur Terre. Elle parla alors de la fameuse lumière vers laquelle les Esprits devraient aller après leur mort. Sa grand-mère lui répondit que des Esprits très lumineux lui avaient offert de la conduire dans ces lieux, mais qu'elle ne se sentait pas prête à changer encore de milieu, celui où elle vivait lui convenant très bien. Ginette lui rappela qu'elle pourrait y retrouver l'Esprit de son grand-père de façon permanente. Sa grand-mère la regarda sans dire un mot. À cet instant, Ginette se sentit comme aspirée à l'extérieur des lieux. Elle tenta de résister, mais une force incontrôlable la tirait sans cesse.

Ginette se retrouva finalement dans son corps de chair. Elle s'éveilla instantanément. Les souvenirs de son expérience demeuraient nets et précis. Elle remercia Dieu d'avoir autorisé ces moments privilégiés. Puis, elle Le pria de permettre à son grand-père d'aider sa grand-mère à prendre le chemin de la lumière. Elle n'était certes pas malheureuse, mais elle dégusterait ainsi le plein retour de sa vie tant dévouée.

Ginette était un peu déçue de ne pas avoir pu entendre la réponse de sa grand-mère, mais elle était quand même soulagée de la savoir déjà heureuse et sur le point de connaître un bonheur encore plus grand. Bien sûr, la présence de son mari lui manquait beaucoup, mais elle savait ce qu'elle devait faire pour y remédier et connaître un sort meilleur.

UN VIEIL AMI

Éliette venait de souligner le deuxième anniversaire de la mort de son père, décédé subitement, sans avoir eu le temps de revoir tous ceux qu'il aimait. Éliette en avait gardé une certaine inquiétude sur son bonheur dans l'au-delà. Elle craignait que son tempérament affectueux le retienne sur la Terre, pour le dernier contact qu'il n'avait pu établir.

Ses craintes s'envolèrent une nuit de janvier 1998. Éliette s'était endormie depuis peu. Son corps se reposait de la fatigue accumulée. Contrairement à ce qu'elle avait connu dans ses quarante ans de vie terrestre, Éliette se retrouva dans l'au-delà avec la pleine conscience de ce qu'elle vivait. Elle y rencontra Anne, la veuve d'un vieil ami de son père décédé un an plus tôt d'un cancer de la gorge. Éliette fut surprise de retrouver Anne dans un tel lieu. Comme il y avait longtemps qu'elle ne l'avait vue, elle lui demanda de ses nouvelles. Elle apprit ainsi les derniers développements qui lui furent confirmés plus tard dans ses heures de veille.

Croyant qu'Anne était au courant du cheminement de son défunt mari, Éliette lui demanda comment il allait. Surprise par la question, Anne lui répondit: « Mais il est mort! Tu le sais bien! » Éliette lui précisa qu'elle était bien au courant, mais qu'elle voulait simplement savoir si elle avait eu des nouvelles de son évolution d'après-mort. Prenant l'expression de celle qui reconnaît sa méprise, Anne lui dit qu'il allait bien. Elle s'empressa d'ajouter que son époux se tenait avec le père d'Éliette. Les deux amis s'étaient retrouvés dans un monde à vibrations semblables. Ils avaient ainsi pu harmoniser leur monde pseudo-matériel dont ils partageaient le même contexte.

Éliette fut heureuse d'apprendre cette bonne nouvelle. Les deux hommes s'étaient toujours bien entendus et leur proximité ne pouvait qu'être une source de bonheur.

À peine eut-elle fini de formuler cette pensée que deux silhouettes s'approchèrent lentement. Les deux formes se précisèrent. Éliette reconnut son père qui arrivait avec son vieil ami.

Un large sourire éclairait son visage. Son attitude fit comprendre à Éliette que ce n'était pas la première fois qu'elle rencontrait ainsi son père. De brefs souvenirs surgirent alors dans sa tête.

Elle se précipita pour prendre son père dans ses bras, oubliant de saluer son vieil ami qui se tenait tout près de lui. Elle voulut rapidement se reprendre, mais elle sombra dans une forme de sommeil qui lui fit perdre le fil de ce qui se passait.

Éliette aurait bien aimé approfondir davantage son échange dans la pleine conscience de l'au-delà, mais Dieu en avait décidé autrement. Éliette se montra quand même reconnaissante d'avoir pu chasser toutes ses inquiétudes.

Après cette expérience, Éliette commença à lire sur le sujet. Sachant désormais que l'existence d'après-mort était une solide réalité, elle voulait en connaître davantage pour mettre à profit ce que d'autres avaient vécu avant elle. C'est ainsi qu'elle aboutit à mon bureau et que je pus partager avec vous cette belle expérience.

***

Comme nous le voyons, l'après-mort nous réserve une vie étroitement reliée à celle que nous menons sur Terre. Nous y retrouvons même les animaux que nous avons continué d'aimer. Je fus personnellement témoin de la pleine réalité de la survivance des animaux que nous chérissons. J'eus un chien pendant plusieurs années. Des liens particuliers unissaient cet animal à chacun des miens. Il mourut il y a plus de vingt ans. Depuis son décès, il m'arrive régulièrement de recevoir de ses nouvelles. Au moment d'écrire ces lignes, je venais à peine de le rencontrer de nouveau, directement dans le monde astral. Comme toujours, il était enjoué et aussi affectueux que de son vivant. Nous pouvions communiquer directement par télépathie. Il m'exprima sa joie de me rencontrer et sa hâte de me retrouver dans l'au-delà. D'ici là, il fréquenterait les défunts que je continuerais d'aimer et qui m'en exprimeraient la pleine réciprocité.

***

La conservation de notre personnalité, avec les pleins souvenirs de notre vécu d'incarné, s'observe de façon constante dans les échanges médiumniques. Chaque fois, nous voyons clairement que la mort physique ne détruit rien de notre moi intime. Nous poursuivons notre existence avec tout ce que nous sommes, autant dans nos forces que dans nos faiblesses. Il est donc à notre avantage de nous améliorer le plus que nous pouvons, pour arriver dans l'au-delà avec la plus grande sérénité possible.

Ces souvenirs s'incrustent très tôt dans la mémoire du périsprit. Le processus s'enclenche dès les premiers instants de notre incarnation, au stade même de la conception où s'établit la connexion de l'Esprit avec son corps qui commence. L'Esprit y est pleinement conscient de tout ce qu'il vit et de tout ce que sa venue fait vivre à son entourage d'incarné. Il y accumule les nouvelles données qui marqueront l'étape d'évolution qu'il commence.

Le témoignage suivant nous démontre clairement à quel point l'Esprit peut être en pleine possession de sa conscience pendant le développement intra-utérin.

IL DÉVOILE SON IDENTITÉ

Martine en était à sa quatrième grossesse. Ses deux premiers enfants, Luc, âgé de trois ans, et Linda, d'à peine deux ans, faisaient la joie de toute la maisonnée. Martine remerciait Dieu tous les jours pour ces deux beaux êtres d'amour qu'Il lui avait confiés.

Une seule ombre assombrissait parfois ses pensées. C'est qu'elle songeait à sa troisième grossesse qui n'avait pu se rendre à terme, l'enfant rendant l'âme avant la fin de son développement fœtal.

Martine songeait souvent à ce petit être qu'elle ne verrait jamais grandir. Elle priait même pour lui, sachant par ses nombreuses lectures que l'Esprit est bien relié au corps de chair dès les premiers moments de la conception. Elle vivait un véritable deuil qu'elle oubliait très difficilement.

Mis à part une certaine inquiétude de revivre le même cauchemar, Martine connaissait une belle grossesse. Les cinq mois écoulés n'avaient donné aucun signe alarmant. Tous les examens confirmaient un bon déroulement de tout le processus biologique.

Un soir de mars, alors qu'elle se préparait à se coucher, Martine vit une belle lumière apparaître devant elle. Sachant qu'une telle luminosité fluorescente ne pouvait être négative, elle garda son calme et fit quelques prières.

Quelques instants plus tard, Martine alla jeter un dernier coup d'œil aux enfants avant de s'endormir. Rendue dans leur chambre, elle aperçut de nouveau la lumière argentée qui resplendissait sans éclairer la pièce. Elle jeta un regard dans le miroir de la commode juste devant elle. Elle distingua nettement derrière elle un bébé vêtu d'une petite robe lumineuse. Elle reconnut immédiatement celle qu'elle avait achetée pour son défunt bébé. L'enfant était tout lumineux. Il la regardait avec des yeux d'adulte bien-pensant faisant contraster ses traits de nouveau-né.

Martine se retourna très rapidement pour le regarder bien en face. Au moment même de son mouvement précipité, l'Esprit disparut. Martine se rendit compte, à cet instant, que Luc et Linda s'étaient éveillés. Il n'y avait pourtant eu aucun bruit. Martine comprit plus tard ce qui les reliait à l'Esprit venu se montrer.

À demi endormi, Luc dit à sa mère que le bébé ne pourrait plus jouer avec lui. Il précisa que ce dernier lui avait annoncé qu'il était maintenant trop grand, puis il ajouta qu'il était parti avec le monsieur de la croix. Luc pointa alors le crucifix fixé au mur de sa chambre.

La petite Linda restait immobile. Elle les regardait avec ses yeux grands ouverts comme si elle ne s'était jamais endormie.

Martine voulut questionner le garçonnet sur les propos qu'il tenait, mais l'Esprit apparut de nouveau. Il entra ensuite dans le ventre de Martine. Une sensation agréable très particulière s'empara d'elle. Des frissons lui parcouraient le corps. En se regardant dans le miroir, elle se rendit compte qu'une faible lueur émergeait d'elle. Celle-ci se concentrait sur son ventre, mais recouvrait aussi son torse et ses deux bras. Le phénomène dura un bref instant, puis tout disparut. Martine sentit son bébé bouger dans son ventre, mais il se calma très rapidement.

Lorsque Martine me rapporta ce phénomène, je crus d'abord que le bébé qu'elle portait pouvait être le même qui lui était apparu, mais je reçus une autre information de nos amis de lumière.

L'Esprit qui s'était manifesté était celui qui avait accepté d'animer le corps du bébé que Martine avait perdu. Elle et son conjoint devaient subir cette épreuve dans l'affranchissement karmique qu'ils s'étaient fixé avant de naître. Sa générosité l'avait poussé à accepter cette difficile tâche pour aider le couple à se libérer d'un vieux poids provenant d'un lointain passé. Recevant les prières de Martine depuis son décès, et bien conscient de l'amour qu'elle lui portait, l'Esprit avait reçu la permission de lui exprimer sa reconnaissance.

Sa manifestation fut très profitable, car, tout en calmant sa peine, il lui exprimait sa totale survivance. De plus, il lui donnait l'énergie fluidique dont elle avait besoin pour poursuivre sa grossesse sans aucune difficulté.

Quant au petit Luc, il lui avait simplement signifié qu'ils devaient se quitter, en lui précisant qu'il retournait dans les sphères de lumière. L'Esprit du mort-né s'était souvent amusé avec Luc qui aurait pu être son frère. Le voile qui fait oublier devant se refermer, il ne pouvait plus le fréquenter aussi directement. C'est pourquoi il lui avait précisé qu'il était devenu trop grand pour continuer.

Cette expérience nous apporte une pertinente information sur le niveau de lucidité que nous conservons après notre mort. Même pour ceux qui décèdent pendant le développement fœtal, le souvenir de leur antériorité demeure entier et le souci pour ceux qu'ils ont quittés peut prendre une grande importance à leurs yeux.

Imaginons maintenant l'ampleur que peut atteindre cette conscience chez celui ou celle qui décède à l'âge adulte. Il est donc important pour nous de ne jamais oublier que nous apporterons le souvenir de notre vécu, nous réjouissant du bonheur que nous aurons semé, mais nous reprochant et regrettant le mal que nous aurons engendré.

***

Comme nous le voyons, les liens d'amour se font bien avant l'étape de l'accouchement. Voyons maintenant un second témoignage où nous comprenons encore mieux la survivance de l'amour bien présent dans les tout premiers moments de l'incarnation.

UNE MORT PRÉMATURÉE

Six ans s'étaient écoulés depuis que Julia avait perdu son jeune fils âgé d'à peine quelques semaines. Elle s'en était toujours voulu, car elle se sentait indirectement responsable de sa mort. Julia souffrait de problèmes de santé qui l'obligeaient à prendre certains médicaments. Or, lorsque son enfant décéda, le médecin qui le soignait déclara à Julia que l'anomalie qui l'avait emporté devait sans doute découler de la médication qu'elle avait dû continuer pendant toute sa grossesse.

Lorsqu'elle vint me consulter, Julia me fit part de sa douleur comme si le drame qui l'avait déchirée ne datait que de quelques jours. La vivacité de sa peine semblait intacte, comme immunisée contre l'influence du temps.

Je me concentrai sur l'Esprit de l'enfant, en demandant à Dieu d'autoriser le contact, et à mes amis de lumière de me protéger.

Les premières lueurs apparurent rapidement. Je vis aussitôt un Esprit très lumineux. Il se présenta à la droite de Julia. L'Esprit était de grande taille. Son visage exprimait une grande douceur. Il se déplaça vers l'arrière de Julia. Il s'immobilisa tout près d'elle.

Des effluves de lumière traversaient toute la pièce où nous nous trouvions. L'Esprit me projetait d'intenses émotions qui me donnaient de véritables frissons.

Après un bref instant, il posa ses mains sur les épaules de Julia. C'est là que je reçus la confirmation qu'il s'agissait bien de l'Esprit de son bébé qu'elle pleurait tant. Il se montrait avec l'apparence qu'il aurait eue si le plan de vie de Julia lui avait permis de grandir auprès d'elle.

Après deux ou trois secondes, une lumière argentée sortit du corps de Julia. On aurait dit que l'entité l'avait projetée à travers elle. Un cœur d'une belle luminosité se transforma sous mes yeux et s'éleva lentement vers le ciel. Dès qu'il disparut, un couloir d'énergie à peine perceptible se forma au-dessus de la tête de Julia. Une fine pluie de petits cristaux de lumière s'y introduisit et pénétra doucement dans le périsprit de Julia. À peine eus-je le temps de décrire ces derniers détails que la manifestation se retira dans les zones subtiles de l'au-delà.

Julia essuyait ses larmes, mais son regard n'exprimait plus la douleur du début. Une paix avait commencé à prendre sa place. Julia me confirma son soulagement. Elle avait toujours craint que son enfant lui en veuille. Elle voyait enfin que son amour avait un plein retour au-delà des pauvres limites de notre monde trompeur.

Julia venait de franchir les derniers instants d'une lourde épreuve terrestre. Son plan de vie lui avait exigé de subir cette mort prématurée. Elle avait su la surmonter en empruntant la seule voie pour y parvenir, soit celle de la spiritualité qui mène jusqu'à Dieu.

***

En conservant notre pleine personnalité avec tous nos souvenirs, nous maintenons automatiquement les liens affectifs qui nous unissent à ceux que nous aimons. Ces liens sont d'ailleurs éternels, se renforçant avec notre progression spirituelle qui nous fait de plus en plus comprendre et apprécier leur pleine richesse. C'est la survivance de ces liens d'amour qui explique les manifestations où des défunts viennent exprimer leur affection à ceux qu'ils ont quittés. Les lignes suivantes nous démontrent cette pleine continuité des liens que nous établissons pendant notre incarnation et nous font comprendre la précision que conservent nos souvenirs après notre mort.

UNE FLEUR LUMINEUSE

Andrée reçut la confirmation de la pleine réalité de la vie consciente et *post mortem* lors du décès de sa nièce Françoise.

Depuis sa naissance, Françoise avait exprimé une affection privilégiée envers sa tante qui le lui rendait bien. Les liens qui les unissaient se développèrent harmonieusement au cours des années qui s'enfleuraient des rires et des peines du quotidien.

Au seizième anniversaire de Françoise, Andrée lui fit cadeau d'une magnifique lampe de chevet. L'appareil était très particulier. De forme futuriste, le boîtier transparent qui le constituait renfermait une magnifique fleur faite d'un matériau synthétique qui réfléchissait une lumière aux multiples couleurs qu'un mécanisme activait en séquences successives. L'ensemble donnait une impression de mouvement à la fleur qui prenait des teintes changeantes toutes plus belles les unes que les autres.

Ce présent fut grandement apprécié par Françoise. Il n'y avait pas un soir où elle n'allumait pas sa lampe avant de s'endormir. Elle aimait admirer les pétales et les pistils qui semblaient s'amuser à prendre de multiples coloris.

Quelques mois plus tard, la vie sonna le retour de Françoise dans les sphères de l'au-delà. Une maladie impitoyable l'emporta en moins de deux semaines.

L'annonce de sa mort secoua durement Andrée. Elle la savait gravement malade, mais elle avait cru que la force de sa jeunesse l'emporterait sur l'implacable assaillant.

Debout devant le cercueil, Andrée ne pouvait retenir le chagrin qui grugeait toutes ses pensées. L'inertie du corps, dont la rigidité avait figé les traits, rappelait durement la grande fragilité de notre enveloppe temporaire. Les souvenirs des bons moments remplissaient l'esprit d'Andrée. Elle oublia la présence de ceux qui l'entouraient et qui cherchaient à sécher ses larmes.

Les trois jours qui suivirent nourrirent une profonde réflexion dans le cœur d'Andrée. Pour la première fois, elle se questionnait vraiment sur l'après-mort. Elle y avait déjà pensé, un peu comme tout le monde, mais cette mort prématurée la faisait se questionner sur le sens réel de la vie et sur son aboutissement dans l'au-delà.

Andrée reçut sa réponse dans la nuit précédant les funérailles. Le soleil allait bientôt projeter ses premiers rayons sur la nuit qui étirait son sommeil. Andrée fut brusquement éveillée par une voix qui l'appelait. Elle ouvrit les yeux. Une lueur fluorescente se forma devant elle. Le rythme cardiaque d'Andrée s'accéléra. Elle demanda s'il y avait quelqu'un. La lueur prit de plus en plus de consistance. Une forme humaine se dessina, puis devint progressivement plus claire. Andrée reconnut sa nièce Françoise qui la regardait calmement. Une grande douceur se lisait dans son regard. Aucune tristesse n'y apparaissait. Elle lui fit un tendre sourire. Après deux ou trois secondes, elle adressa la parole à Andrée.

Françoise la réconforta d'abord dans sa peine, l'assurant de son grand bien-être dans les vibrations subtiles de l'au-delà. Elle lui enjoignit de transformer ses pleurs en réjouissance pour elle. Son plan de vie était terminé et elle avait bien accompli tout ce qu'elle devait faire. Elle signifia à Andrée qu'elle devait chasser de sa pensée l'idée du cadavre inerte. Elle était toujours vivante et même beaucoup plus.

Andrée lui fit part de sa crainte qu'elle soit un Esprit trompeur. Françoise lui présenta alors une magnifique fleur lumineuse qu'elle tenait dans ses mains. C'était la même que renfermait la lampe qu'Andrée lui avait donnée. Elle lui montra ensuite la belle lumière qui l'entourait. La vision de la fleur lumineuse dissipa toutes les peurs d'Andrée. Elle se sentit soudainement convaincue d'être en présence de sa nièce tant aimée.

Françoise demanda à Andrée de chercher une lettre qu'elle avait écrite dans les premiers moments de sa maladie. Elle lui indiqua où elle l'avait rangée. Elle demanda alors à Andrée de bien vouloir la lire à l'église pendant la cérémonie des funérailles. Elle lui dicta également un autre message à livrer à l'assistance.

La défunte quitta sa tante adorée en la remerciant pour les bons moments passés ensemble et en l'assurant de sa protection.

Dès le départ de l'Esprit de Françoise, Andrée se leva. Elle ne ressentait plus aucun besoin de sommeil. Elle éveilla rapidement les siens, ne pouvant garder pour elle l'expérience extraordinaire qu'elle venait de vivre.

Andrée suivit les instructions données par Françoise. Elle trouva la lettre dont elle lui avait parlé à l'endroit précis qu'elle lui avait indiqué. Françoise y adressait des messages de reconnaissance envers tous ceux qu'elle avait aimés. Les premiers assauts de la maladie lui avaient fait rapidement comprendre que la mort était au rendez-vous et elle s'était empressée de laisser un mot pendant qu'elle le pouvait.

À l'église, Andrée exécuta les consignes de Françoise. Elle lut la lettre et livra le dernier message verbal qu'elle lui avait confié. Andrée dévoila également l'expérience qu'elle venait tout juste de vivre. Elle espérait ainsi appuyer davantage la volonté de Françoise que l'assistance comprenne que la mort physique était trompeuse dans ses sinistres apparences. Certes, le corps putréfiable était étendu sans vie dans le cercueil lugubre, mais Françoise vivait toujours dans la pleine conscience d'elle-même avec tous ses souvenirs gravés en elle pour toujours.

***

Lors d'une consultation, je fus témoin de la manifestation d'un défunt qui vint montrer sa présence à une personne qui ne l'avait jamais connu. Je vous en fais part, car elle exprime très clairement que la survie de nos souvenirs et des liens affectifs que nous conservons est bien indépendante des survivants que nous quittons. C'est le défunt lui-même qui conserve sa pleine personnalité. Elle subsiste en toute autonomie d'existence, sans aucun lien inconscient ou télépathique qui pourrait engendrer une illusion quelconque.

UN COMPLET RAYÉ

Joanie me consultait pour un problème de santé que la médecine traditionnelle ne parvenait pas à régler. Les entités guérisseuses nous entouraient. Le transfert de leur énergie réparatrice s'effectuait dans une belle harmonie.

Plusieurs minutes s'étaient écoulées depuis le début de leur intervention lorsqu'un Esprit se présenta à moi. Il s'agissait d'un homme à forte carrure. Sa posture rigide et artificielle me rappelait celle qui caractérisait les photographies typiques du début du vingtième siècle. L'entité portait un complet rayé. La coupe du vêtement à devant croisé rappelait la mode d'il y a cinquante ans.

L'Esprit me regardait fixement. Ses yeux sérieux accentuaient la sévérité de l'ensemble. Aucun sourire ne s'échappait de sa bouche hermétiquement fermée. Dès que me vint l'idée qu'il s'agissait d'une image fixe, il se tourna légèrement vers Joanie, comme pour me démontrer qu'il était bien vivant.

Je décrivis à Joanie ce que je voyais. Rien dans les détails que je lui donnais ne lui rappelait le moindre personnage qu'elle avait connu. La réponse négative de Joanie sembla faire fuir l'Esprit qui disparut aussitôt.

Lorsque nous eûmes terminé, Joanie nota soigneusement les informations que je lui avais transmises. Elle me dit qu'elle s'informerait auprès des siens et qu'elle m'en donnerait des nouvelles lors de son rappel de traitement fluidique.

Trois mois plus tard, comme nous l'avions convenu, Joanie revint chez moi. Dès que nous fûmes entrés dans mon bureau, elle sortit une vieille photographie légèrement jaunie. Elle datait de plus de cinquante ans. À ma grande surprise, je reconnus l'Esprit qui s'était montré à moi. Il portait exactement les mêmes vêtements. Les rayures de son complet contrastaient avec le fond trop sombre qui permettait à peine à l'image de ressortir de l'ensemble. Sa position exagérément rigide reproduisait fidèlement celle que j'avais perçue lors de son apparition.

Joanie m'expliqua qu'elle avait découvert cette photographie sans vraiment l'avoir cherchée. Elle était en visite chez sa belle-mère. L'époux de Joanie demanda alors à sa mère de sortir les vieux albums de photos presque oubliés dans un tiroir de la bibliothèque. C'est ainsi qu'elle trouva le portrait en question. Dès le premier regard, Joanie avait reconnu les détails que je lui avais décrits.

Il s'agissait du beau-père de Joanie. Le père de son époux était décédé depuis plusieurs années. Elle-même ne l'avait pas connu. C'était même la première fois qu'elle voyait de quoi il avait l'air.

Joanie dévoila à son époux ce qui s'était passé lors de sa visite chez moi. Il fut surpris d'apprendre la manifestation de son défunt père. Il n'aurait jamais pensé qu'il pourrait encore les accompagner après toutes ces années.

En fait, j'appris par mes amis de lumière que le défunt avait insisté après sa mort pour obtenir la permission d'accompagner les siens pendant leurs heures difficiles. Fidèle à son sens de l'engagement, il partageait son temps d'erraticité entre les deux mondes, ne parvenant pas à couper complètement les liens qui le retenaient dans la matière lourde. L'Esprit n'était cependant pas malheureux, car la sensation d'utilité que cela lui donnait suffisait à combler le vide dont il aurait pu souffrir.

Suivant mes recommandations, Joanie adressa des prières pour le défunt. Il devait comprendre qu'aucune obligation ne le forçait à se priver des bienfaits de la lumière. Il devait bien prendre conscience de la pleine liberté que lui conféraient ses mérites et ses acquis.

Comme nous le disions plus haut, cette expérience est fort éloquente de la pleine réalité d'une survivance autonome de nos souvenirs d'incarnés. Plus encore, elle nous démontre que, malgré la mort, nous conservons notre pleine personnalité avec toutes nos tendances, nos forces et nos faiblesses. Par le fait même, cette manifestation confirme la grande importance d'établir un ordre dans nos valeurs de vie, lesquelles doivent s'inspirer de notre véritable nature : celle de notre Esprit.

***

Cette survivance des souvenirs de notre vie terrestre nous amène à nous pencher quelques instants sur la présence des défunts parmi nous. Après notre mort, peut-on continuer à côtoyer nos proches dans l'invisibilité de notre périsprit?

Toutes les expériences médiumniques que je livre dans mes publications antérieures nous confirment que l'Esprit possède un pouvoir d'action qui est directement relié à son degré d'épuration périspritale. Selon son avancement, il sera bienveillant ou malveillant, continuant à exprimer ses acquis ou végétant dans son infériorité spirituelle. Motivé par les souvenirs qu'il a conservés, le défunt pourra ainsi entretenir, avec ceux et celles qu'il a quittés, des liens directs dont certains seront parfois physiquement perceptibles.

En soi, cette proximité que le défunt peut entretenir avec les siens n'est pas négative. Le phénomène trouve le plus souvent son origine dans l'amour qui relie le trépassé aux proches qu'il a quittés. La présence de l'Esprit se fait alors de façon discrète et ne laisse place à aucune manifestation qui pourrait déranger les vivants concernés. Comme nous l'avons vu dans mes autres ouvrages, les cas contraires découlent d'une malveillance déjà bien ancrée dans le cœur de la personne décédée ou d'une simple maladresse stimulée par l'angoisse de l'après-mort. De façon générale, cette présence active de ceux qui nous ont précédés dans l'au-delà se fait sans heurt et sans bruit.

La réalité de cette possibilité pour nos défunts de nous côtoyer dans notre quotidien me fut démontrée en de très nombreuses occasions. Je fus d'abord moi-même un témoin direct du phénomène en percevant la présence d'un de mes proches. Il s'agit alors toujours de courtes manifestations qui démontrent que le défunt n'est pas resté prisonnier de son milieu d'incarnation.

UNE COURTE VISITE

Nous étions à quatre semaines de Noël, le premier que nous passerions sans la présence de mes deux parents.

Tous mes enfants étaient à la maison. À cette époque, seul le petit Guillaume représentait la troisième génération. Une ambiance extraordinaire régnait dans la demeure. Chacun s'affairait à préparer le souper selon la tâche qui lui était assignée. La joie d'être ensemble et l'amour exprimé par chacun donnaient une touche de féerie à la scène qui se déroulait sous nos yeux. Je sentais nos amis de lumière partager avec nous ces moments privilégiés que permet chacune de nos rencontres familiales.

Suivant la coutume appliquée lorsque la fondue chinoise est au menu, j'avais la responsabilité de la salade de chou. Je râpais le légume vert depuis plus d'une minute, lorsque je vis ma mère debout à ma gauche. Elle était tournée vers la table. Je modérai l'expression de mon bonheur, de peur de la faire partir. Elle semblait s'amuser à nous regarder mettre chacun la main à la pâte.

Elle portait une jupe noire qui tombait en plusieurs plis bien égaux. Une blouse fleurie rouge et noir s'agençait avec beaucoup d'harmonie. Elle avait un chapeau de fourrure semblable à celui de son vivant. Ses boucles d'oreilles préférées ornaient son visage resplendissant de bonheur. Je remarquai ensuite ses bottes d'hiver. On aurait dit qu'elle était venue pour une courte visite, ne pouvant prendre le temps d'enlever tous ses vêtements d'extérieur. Il lui arrivait d'agir ainsi lorsqu'elle et papa demeuraient en haut de chez moi. Suivant son expression, elle venait faire une petite « saucette ».

Après quelques instants, je me tournai directement vers elle pour lui parler et signaler sa présence, mais elle disparut immédiatement comme s'il lui eût été interdit d'aller plus loin dans la manifestation.

Je m'empressai alors de décrire à mes proches ce qui venait de se passer. Une grande émotion envahit chacun d'entre nous. Mes deux filles ne purent retenir leurs larmes. Elles étaient heureuses de sentir leur grand-mère près de nous. Depuis leur naissance, elles avaient tissé des liens très profonds avec elle et sa visite leur confirmait la survivance de l'amour qui les avait toujours unies. Après l'expression de notre remerciement, nous continuâmes nos tâches respectives.

Pendant le souper, nous échangeâmes sur l'après-mort. Le fait de voir ma mère si heureuse et si proche de nous nous confortait dans notre foi en la justice divine. Nous pouvions constater que la mort rend à chacun selon ses œuvres, dans la pleine mesure de ses mérites et de ses efforts. Ma mère avait été un être dévoué pendant toute son incarnation terrestre et elle dégustait la récompense de sa progression. Cette manifestation réconfortait également notre peine, car nous voyions encore une fois que notre personnalité et nos souvenirs demeuraient intacts après notre mort, poursuivant dans la subtilité de la lumière l'amour qui ne finit jamais de grandir.

***

Cette présence du défunt parmi les siens est très courante chez les Esprits nouvellement décédés. Il s'agit d'une forme de transition qui convient au défunt et qui lui permet d'entrer progressivement dans sa nouvelle vie plus subtile. La proximité des siens l'empêche de vivre un trop grand choc que pourrait engendrer une coupure trop draconienne avec le monde temporel auquel il s'était identifié. Le processus cesse dès que l'Esprit comprend toutes les extraordinaires possibilités que lui offre sa nouvelle condition d'existence. Il comprend alors qu'il pourra rejoindre facilement ses proches pendant leurs périodes de sommeil et il saisit la plénitude du travail à accomplir dans l'au-delà qui lui ouvre ses bras.

Cette période de transition est vécue différemment chez les Esprits les plus avancés, mais, pour l'incarné moyen de notre planète, elle peut durer de quelques jours à quelques années selon les connaissances du défunt, son degré d'élévation spirituelle, sa personnalité et son ouverture aux conseils des Esprits venus l'accueillir. Voyons un témoignage qui nous démontre un cas typique de ce genre de présence transitoire.

UNE BELLE SALUTATION

À cette époque, mon petit-fils Guillaume était âgé de trois ans et demi. C'était le seul enfant qu'avait ma fille Mélanie à ce moment-là. Pendant ses vacances estivales, comme son mari travaillait, elle aimait faire de belles randonnées pédestres dès que la température se montrait clémente. Elle assoyait le petit dans une poussette conçue à cet effet et partait avec lui marcher pendant une heure ou plus. Son parcours variait d'une fois à l'autre. Comme Guillaume était déjà volubile à cet âge, elle ne s'ennuyait jamais, répondant avec amusement aux nombreuses questions qu'il lui adressait.

Au début de juillet, une dame que Mélanie connaissait décéda après un pénible combat contre le cancer. La défunte était la mère d'une ancienne copine de classe. Mélanie avait conservé un très bon souvenir de cette dame toujours aimable et souriante.

Quelques jours après le décès, Mélanie fit sa marche habituelle avec Guillaume. Sans y songer, le trajet qu'elle choisit la conduisit devant la maison où habitait la dame en question.

Mélanie fut émue en voyant la demeure qui semblait avoir perdu sa chaleur et son charme. Elle songea à toute la tristesse qui y régnait. Rendue à la hauteur de la galerie, elle jeta un bref coup d'œil. Elle ne vit personne. Toutes les portes étaient fermées malgré la belle chaleur qui invitait à profiter des courtes largesses de l'été.

En continuant ses pas sur le trottoir craquelé, elle vit Guillaume faire des salutations de sa main. Il regardait vers la maison et faisait un beau sourire. Mélanie lui demanda qui il saluait comme ça. Il répondit qu'il disait bonjour à la dame qui était sur la galerie. Mélanie se retourna et regarda dans la même direction. Elle ne vit personne, ni rien de particulier. Elle demanda à Guillaume ce que la dame faisait. Il lui répondit qu'elle les regardait en souriant et qu'elle leur faisait des salutations avec sa main.

Mélanie continua tranquillement sa route. Elle comprit que la défunte était encore dans sa maison. Elle pria pour elle, l'invitant à se détacher de ces lieux pour mieux profiter des douceurs de l'au-delà.

Le soir même, Mélanie me fit part de ce qui s'était passé. Nous échangeâmes alors sur la période d'adaptation à la vie de l'au-delà et les efforts que nous devions faire pour rejoindre les zones de lumière.

Mélanie continua ses prières pendant quelques jours. Elle invita ainsi l'Esprit de la défunte à prendre la place qu'elle méritait dans les sphères de bonheur. Elle lui expliqua qu'elle pourrait mieux aider les siens lorsqu'elle aurait atteint les vibrations plus élevées.

Plus tard, Mélanie passa de nouveau devant la maison. Cette fois, Guillaume ne vit personne sur la galerie. Sans doute que la défunte avait bien compris le message et qu'elle avait reconnu où était désormais sa vraie demeure.

***

Une fois que le défunt est bien adapté et qu'il a pu rejoindre les mondes de lumière, il peut toujours revenir parmi les siens. Plusieurs le font régulièrement, d'autres privilégient des périodes particulières où ils assistent leurs proches dans leurs joies ou leurs peines. Ils partagent alors des moments qu'ils jugent précieux sans devoir subir les contraintes imposées par la chair.

UN CHIEN DE GARDE BIEN PARTICULIER

À peine entrée dans la trentaine, Sylvaine pleurait cruellement la mort prématurée de son compagnon de vie, décédé d'un accident de la route au volant d'un véhicule qui avait longtemps fait son envie et qu'il venait tout juste d'acquérir.

Sa mort fulgurante avait profondément marqué Sylvaine. Les deux conjoints partageaient des rêves à la portée de leurs moyens. La vie était devenue généreuse depuis leur union. Un soleil radieux éclairait leur foyer intimement imprégné de leur amour partagé. Rien n'avait laissé présager une fin aussi abrupte de leur petit paradis d'amoureux.

Lorsque Sylvaine vint me consulter, un peu plus d'un an s'était écoulé depuis le début de son enfer terrestre. Ses larmes n'avaient rien perdu de leur douleur. Elle me parlait comme si le drame avait eu lieu le matin même.

Sylvaine fut déçue d'apprendre que le décès était encore trop récent pour invoquer directement l'Esprit du défunt. Je lui expliquai les risques que cela pouvait faire courir au disparu sur le déroulement de son adaptation d'après-mort. Je convins cependant que nous pouvions demander de ses nouvelles à l'Esprit qui avait été son Ange gardien.

Les informations reçues touchèrent directement le cœur de Sylvaine. Elle reconnut les signes qui ne lui laissèrent aucun doute sur la lucidité que son conjoint avait conservée dans l'au-delà. Elle se sentit soulagée d'apprendre que les graves blessures qui lui avaient enlevé la vie n'avaient eu aucun impact sur son Esprit.

Dans les derniers moments du contact médiumnique, je reçus une image un peu particulière. Je vis un lapin attaché à une longue laisse. Il faisait quelques pas, s'arrêtait, puis repartait dans une autre direction. Un petit lampadaire éclairait la scène comme si c'était la nuit. Je décrivis les détails qui se présentaient devant les yeux de mon Esprit. Sylvaine écouta avec un air surpris. Elle ne comprenait pas ce que cela pouvait bien signifier. Rien dans ses souvenirs ne lui rappelait un quelconque lapin.

Un mois plus tard, Sylvaine me téléphona. Elle venait de découvrir la signification de la vision que j'avais reçue.

Sylvaine venait tout juste de recevoir la visite de Pierre, un grand ami de son défunt mari. Quelques semaines avant son décès, les deux hommes avaient planifié un voyage aux États-Unis. Chacun possédait une rutilante motocyclette et ils avaient décidé de faire le trajet en compagnie de leur épouse. Ils avaient tracé la route qu'ils emprunteraient. Les arrêts aux différents motels et terrains de camping étaient déjà déterminés. À l'image de leur personnalité, ils avaient tout planifié en ne négligeant aucun détail important.

Pierre avait longtemps hésité avant de réaliser le voyage qu'il avait planifié de faire avec son ami de toujours. C'est après avoir rêvé du défunt qu'il avait décidé de prendre la route en suivant le trajet qu'ils avaient tracé ensemble. Dans son rêve, le défunt lui avait dit qu'il devait le faire pour retrouver la paix dans son cœur.

Lorsqu'il rendit visite à Sylvaine, Pierre était revenu de son périple depuis quelques jours. Évidemment, Sylvaine lui parla de la consultation que nous avions eue et de la curieuse vision que je lui avais décrite.

Pierre sursauta en écoutant la description du lapin. Ses yeux s'agrandirent. Il expliqua à Sylvaine que la scène correspondait à ce qu'il avait vu dans un terrain de camping pendant son voyage, quelques jours avant que Sylvaine me consulte.

Il y était arrivé assez tard, un peu avant vingt-trois heures. Une fois bien installé, Pierre remarqua la présence d'un lapin attaché à une laisse. Il s'approcha. Le lapin fit quelques pas, s'arrêta, puis repartit dans une autre direction. Un petit lampadaire éclairait discrètement la superficie dont la laisse constituait le rayon.

Pierre avait demandé des explications sur la présence de l'animal. Le propriétaire du terrain de camping lui répondit que le lapin était son porte-bonheur. À l'époque où il avait un chien de garde, il subissait régulièrement des vols ou du vandalisme. Or, depuis qu'il avait remplacé son chien par le petit lapin, le coin était devenu un véritable havre de paix. La sympathique bête aux longues oreilles était devenue le gardien officiel des lieux.

Sylvaine se mit à pleurer en entendant ces propos, mais, cette fois, ce n'était pas pour crier sa douleur. Elle ne pouvait retenir les émotions de joie qui remontaient à la surface. Les explications de Pierre lui confirmaient de façon absolue que son défunt mari savait réellement ce qu'elle vivait sur la Terre. Il avait été témoin du voyage de Pierre; il pouvait donc l'être également pour tout ce qu'elle endurait. Elle réalisa que la mort ne coupait aucun lien. Le défunt pouvait continuer à suivre le cours de la vie terrestre qui se poursuivait. La vision que j'avais reçue en était une belle preuve.

Sylvaine me décrivit tous ces détails avec beaucoup de verve. Une lueur d'espoir s'était rallumée. Sa vie demeurait difficile, mais elle pouvait se consoler en sachant que celui qu'elle aimait tant la voyait et même l'accompagnait.

Je conseillai cependant à Sylvaine de ne pas chercher à le retenir près d'elle, lui rappelant que le passage terrestre du défunt était terminé et qu'il avait maintenant droit aux avantages de la vie de l'Esprit.

Ce témoignage est bien rafraîchissant pour notre espérance d'après-mort, mais il apporte un important message à celui qui pense à s'enlever la vie.

Cette conscience de ce que vit notre Esprit après notre décès doit en effet nous faire réfléchir avant de mettre volontairement fin à nos jours. Nous devons bien en comprendre l'incidence réelle sur notre état d'après-mort. Chercher à fuir le monde de l'incarnation par le suicide est inutile, car nous en conservons la pleine conscience avec en plus une lucidité accrue qui ne peut qu'augmenter les souffrances à supporter. Le suicidaire qui a cherché à se soustraire à un contexte indésirable retrouve une situation très décevante, car il conserve les mêmes tourments qu'entretient sa vision du monde qu'il a vainement voulu quitter. C'est comme s'il continuait à vivre dans le monde matériel sans pouvoir faire quoi que ce soit pour améliorer son sort, et cela s'il a la chance de ne pas se retrouver directement dans le bas astral et, même, pire encore, dans un temps qui peut lui paraître cruellement éternel.

DES NOTES MUSICALES

Sabrina m'avait consulté pour obtenir des nouvelles de ses défunts parents. Ses nombreuses lectures l'avaient ouverte aux dimensions de l'au-delà et elle cherchait à savoir si ceux-ci l'assistaient dans son quotidien d'incarnée.

Son père était décédé depuis presque quarante ans. Sabrina se demandait parfois s'il s'était réincarné, espérant secrètement qu'il se retrouve encore dans son environnement immédiat.

Les premières images reçues me révélèrent son contexte d'erraticité. Il vivait dans la pseudo-matière opaque. Il avait reconstitué une copie exacte de son ancienne demeure.

Il me fit visiter d'abord la cave, puis deux grandes pièces du rez-de-chaussée où il semblait se plaire davantage. Mon attention fut attirée par une ouverture qui permettait l'accès de l'une à l'autre. La porte se limitait à un simple rideau fixé à une tige métallique. La tenture semblait légère. De grosses fleurs stylisées imprégnées sur le tissu soyeux lui donnaient une allure très ancienne.

Nous parvînmes ensuite dans une autre pièce. Un lit métallique attira mon attention. Le meuble semblait très vieillot. Sa tête et son pied étaient de forme arrondie. Je distinguai subitement un homme qui semblait y dormir sous les couvertures désordonnées.

Le tour de la maison se termina par un coup d'œil à l'extérieur. Je fus alors surpris par le paysage qui contrastait avec tout ce que je venais de voir. L'habitation de l'au-delà avait extérieurement les allures d'un chalet d'été situé en pleine forêt. Je décrivis l'ensemble du mieux que je pus.

À la suite de ces dernières images, je perçus une petite flamme qui oscillait devant moi, puis la chandelle qu'elle consumait. Une fois qu'elle fut bien visible, je vis comme la lettre *s* qui se dessinait sur la partie allongée. Je m'aperçus rapidement qu'il s'agissait d'une clé musicale. La clé de sol avait l'apparence de l'or. Elle se transforma ensuite en croche, puis en double croche. Les images cessèrent sur cette dernière séquence. En ouvrant les yeux, je vis Sabrina qui pleurait silencieusement. Elle me confirma la justesse de toute la description que je lui avais faite.

Sabrina sortit d'un sac de plastique des photographies d'un album qu'elle avait apporté. J'y reconnus plusieurs détails que j'avais vus. Les photos vieillies par le temps avaient été prises dans l'ancienne demeure de son père, du temps de son enfance. Quant à l'extérieur, il correspondait à son vieux camp de pêche où il passait tous ses étés.

Comme toutes les fois que je reçois ce genre de vision, je fus impressionné par ces informations qui nous démontraient la nature du milieu qu'avait choisi le défunt pour poursuivre sa vie d'outre-tombe. J'étais par contre un peu déçu pour lui, car les images nous faisaient comprendre qu'il avait renoncé jusqu'à ce jour à emprunter l'accès de lumière qui s'offrait pourtant clairement à lui, juste à côté de la partie extérieure qu'il me fit visiter.

Quant à Sabrina, elle reçut la véritable réponse à ses questions par la dernière partie du contact médiumnique.

La chandelle que j'avais perçue, avec les symboles musicaux qui se succédaient, lui confirmait la proximité de l'Esprit de son père dans sa vie terrestre. En fait, elle m'expliqua que, depuis une semaine, elle avait commencé une neuvaine pour obtenir la guérison d'un enfant qu'elle affectionnait. Elle adressait ses prières devant une chandelle allumée. La flamme activait un mécanisme qui mettait en mouvement des petits anges métalliques qui, sous l'impulsion de la chaleur, frappaient successivement des petites clochettes qui jouaient une douce mélodie.

Les dernières images que j'avais reçues lui confirmaient donc le lien conscient que son père entretenait avec elle. Il lui démontrait clairement qu'il la percevait même dans les moments intimes de sa spiritualité.

Les informations reçues sur la mère de Sabrina furent encore plus éloquentes. Se montrant dans une belle lumière, la défunte lui confirma non seulement qu'elle était bien au courant de son vécu et même de ses pensées, mais aussi qu'elle l'aidait directement dans ses difficultés, dans la mesure permise par son plan de vie, mesure que lui signalait scrupuleusement l'Ange gardien de Sabrina.

***

Nous disions plus haut que cette proximité de nos défunts peut parfois devenir physiquement perceptible. Je ne parle pas ici des manifestations de hantises que nous avons déjà approfondies dans mes autres écrits, mais de l'utilisation de notre matière par le défunt pour exprimer sa présence. Il s'agit alors de petits signes émis de façon douce, mais qui ne laissent pas de doute sur la nature de leur origine. Il ne faut pas craindre ce genre de manifestations, car elles ne visent qu'à confirmer concrètement la présence de ceux que nous qualifions faussement de disparus. Contrairement aux cas de hantises, cette utilisation de la matière n'exprime aucune malveillance. Elle se présente comme un petit clin d'œil d'amour de nos amis de l'au-delà. Voyons-en un exemple que mon épouse et moi vécûmes à la maison.

DES CONFETTIS

Quelque temps seulement avant que la mort ne vienne accueillir mes parents, nous fêtâmes l'avènement de leur cinquantième anniversaire de mariage. Toute leur vie conjugale avait été un modèle d'amour profond que le temps n'avait fait que grandir et bonifier. Ils avaient toujours gardé la flamme amoureuse qui illumine le regard dès qu'il rencontre celui de l'autre. Ils étaient unis dans un seul bloc, partageant en véritable communion leurs joies et leurs chagrins.

Cette fête que nous avions organisée venait donc directement du cœur de tous les participants et dépassait largement les motifs dictés par les conventions de la tradition.

Les heures passées ensemble permirent à chacun de leur exprimer toute la reconnaissance et l'admiration qu'ils nous avaient inspirées. Elles gravèrent dans nos cœurs de tendres souvenirs rappelant les touchants témoignages.

Sur la table, de petits confettis de couleur dorée recouvraient la grande nappe blanche. Ils étaient magnifiquement découpés de façon à donner le chiffre cinquante. La lumière des bougies reflétait sur chacun d'eux, comme pour souligner davantage les bons vœux adressés.

Deux ans et demi plus tard, je fis laminer une photographie qui avait été prise ce soir-là. L'agrandissement faisait bien ressortir le bonheur qui se lisait dans leurs yeux. Il permettait un regard plus attentif qui nous faisait découvrir un mélange de nostalgie et de satisfaction du devoir accompli. La jeunesse loin derrière, la vie terrestre déjà bien avancée et le souvenir des disparus bien-aimés semblaient se mêler au bonheur de se retrouver ainsi avec leur descendance, après cinquante années de don de soi partagé.

Le jour même où je reçus la photo, mon regard fut attiré par quelque chose de brillant qui reposait sur le plancher de la cuisine. En y regardant de plus près, j'aperçus deux petits confettis semblables à ceux qui recouvraient la table lors du cinquantième anniversaire de mes parents. Je les ramassai soigneusement et les montrai à mon épouse. Nous fûmes grandement surpris de trouver ces petits objets dorés. Une vérification auprès de tous ceux et celles qui avaient fréquenté la maison nous fit comprendre qu'aucune personne de l'extérieur ne les avait apportés. Nous nous questionnions sur leur provenance, lorsque je reçus la nette pensée qu'il s'agissait d'un message laissé par mes parents. Ils nous signifiaient ainsi leur reconnaissance pour les bons moments passés ensemble. Je les remerciai d'avoir profité de cette occasion pour nous exprimer directement les liens d'amour qu'ils conservaient avec nous. Pour marquer l'événement, je collai les deux confettis sur la partie supérieure de l'encadrement.

Le lendemain, en fixant la photographie sur le mur, une intense sensation de bonheur m'enveloppa. L'impression ressentie venait nettement de l'extérieur de moi. Je m'abandonnai quelques instants à cette impression de bienveillance qui m'étreignait subtilement. Puis, la pensée de mes parents qui m'entouraient devint de plus en plus nette et précise. C'était comme s'ils étaient encore bien vivants dans leur corps de chair. La manifestation dura une dizaine de secondes. J'eus ensuite l'impression qu'ils devaient se retirer pour continuer leur travail dans l'astral de lumière. Je les remerciai du fond du cœur de cette délicate attention.

Comme nous le voyons encore une fois, la survivance

d'après-mort est aussi réelle que notre vie temporelle actuelle. Or, le maintien des liens affectifs positifs ou négatifs fait également partie de cette réalité. Il est donc important pour nous de développer le plus possible nos sentiments d'amour et de les cultiver chez tous ceux qui nous entourent. Ainsi, les souvenirs que nous apportons dans l'après-mort contribueront à notre bonheur, lequel trouvera dans les pensées des survivants une source inépuisable de renforcement continu.

***

Contrairement à ce que plusieurs pourraient penser, la manifestation de cette proximité avec nos défunts peut également s'appliquer de façon interactive à nos deux mondes, dans des sens réversibles. En effet, autant les défunts peuvent-ils venir à nous, autant nous aussi pouvons aller à eux. Il ne faut pas oublier que nous retrouvons notre état d'Esprit chaque fois que nous entrons dans le sommeil. Nous pouvons donc utiliser les mêmes possibilités de contact qui sont à la portée de nos défunts.

RAYONNANTE DE SANTÉ

Dix-neuf jours s'étaient écoulés depuis la mort de maman. Louise et moi nous trouvions sur notre bateau. Nous avions quitté la marina sous un beau soleil radieux qui reflétait doucement ses rayons sur une mer d'huile. Rendus à notre destination, un virement brusque de la température avait réveillé le Saguenay qui prenait progressivement ses airs de tempête. La grosseur des vagues, que soulevait le vent de plus en plus violent, nous décida à demeurer sur place jusqu'au lendemain.

La nuit fut plutôt mouvementée. Les vagues soulevaient sans cesse notre embarcation qui dansait littéralement sous sa cadence effrénée. Je m'endormis tard dans la nuit. À peine une heure s'était écoulée lorsque je me vis dans l'astral de lumière en compagnie de l'Esprit de ma mère. J'eus la nette impression que nous étions sur le point de nous quitter. Je me souviens que je lui demandais de venir se montrer à moi avec ma pleine conscience de veille. Elle était hésitante, comme si l'expérience lui faisait un peu peur. Je l'assurai de la réussite de l'expérience. Là, je perdis subitement la conscience de ce que je vivais. Un bref instant plus tard, je me retrouvai dans mon corps. J'ouvris les yeux. Louise était assise au pied du lit étroit.

Tout à coup, avant même de me souvenir de tout ce qui venait de se passer dans le monde astral, je vis le visage de ma mère se former devant moi. Elle était rayonnante de santé. Ses traits détendus contrastaient avec ceux des derniers moments de son passage terrestre. Elle était très souriante. Elle me regardait avec la même intensité d'amour à laquelle elle m'avait habitué. Une belle lumière l'entourait. Le bonheur transpirait de tout son être. Elle demeura ainsi quelques secondes, puis disparut.

Sans tarder, je fis part de l'apparition à mon épouse. Elle s'était bien rendu compte que quelque chose de particulier venait de se passer.

Je fus spécialement heureux que ma mère vienne se montrer dans mon bateau, car, de son vivant, elle nous manifestait sa désapprobation à l'égard de cette acquisition. Elle avait toujours eu peur de l'eau et elle s'inquiétait chaque fois que nous partions faire une randonnée. Ma plus grande satisfaction fut par contre de constater le grand bonheur qu'elle vivait dans l'au-delà. Enfin libérée de ses souffrances, elle entrait dans une autre vie où les conditions de bonheur et de paix étaient intimement proportionnelles à son haut degré d'élévation spirituelle.

Chapitre 3

Les influences occultes que nous subissons

Comme nous le voyons, la mort ne peut anéantir notre vie psychique avec tout son bagage d'expériences physiques, affectives et spirituelles. Elle met certes fin à notre facilité de contact avec la dimension opaque de la matière terrestre, mais elle n'atteint aucunement l'essentiel de notre être profond, qui survit dans son intégrité complète. Il faut donc vivre notre pèlerinage terrestre avec beaucoup de sagesse, car, après notre mort corporelle, nous ne pourrons pas reprendre dans l'au-delà les erreurs nécessitant l'utilisation du véhicule charnel. Nous conserverons cependant la pleine conscience de tous les manquements que nous voudrons inévitablement combler pour monter vers Dieu. Il faut donc bien comprendre le privilège qui est donné de vivre dans notre chair, car elle permet des apprentissages qui lui sont exclusifs et qui sont des préalables absolus à l'accession aux vibrations divines.

Nos défunts bienveillants le comprennent bien dans la subtilité de l'au-delà. C'est pour cela qu'ils cherchent tant à nous aider, voyant dans leur pleine lucidité le bien-fondé de chacune des difficultés que nous devons surmonter. Quant aux autres qui végètent dans leur infériorité et leur ignorance, ils jalousent leurs frères qui ont eu le courage de revenir faire d'autres pas, cherchant lâchement à leur faire perdre pied pour justifier leur stagnation qui, pourtant, les dévore et les aveugle.

La survivance des défunts et la proximité où ils peuvent évoluer créent autour de nous un monde occulte très actif qui nous côtoie à chaque instant de notre quotidien. Il nous influence positivement ou négativement selon l'orientation que nous décidons de donner à notre incarnation. Par rapport à ce monde, nous fonctionnons, en fait, comme un récepteur radio, captant les ondes bienveillantes ou malveillantes selon le poste syntonisé, c'est-à-dire selon la bonne ou la mauvaise volonté que nous appliquons dans notre vie de tous les jours. Le processus qu'ils utilisent pour nous influencer est fort simple. Ils harmonisent la vibration de leurs pensées avec la fréquence de notre propre périsprit. Ils atteignent ensuite directement le cœur de notre moi. Selon notre degré de réceptivité, notre propre niveau d'évolution et celui de nos intentions, ils pourront nous influencer dans le bien ou le mal, dans la pleine mesure de notre libre arbitre et des limites de notre plan de vie.

La mise en branle du processus est très facile pour eux, car, de façon générale, ils ne se heurtent pas à de véritables résistances, si ce n'est le degré de sensibilité de l'incarné visé. En fait, seule notre propre pensée peut leur ouvrir ou leur fermer la porte par notre vigilance spirituelle. Celle-ci est d'autant plus importante que leurs actions se font sans signe particulier. Voyons un simple aperçu de l'inspiration directe qu'ils peuvent exercer sur nous. Je l'ai retenu, car il nous permet de voir l'intimité qu'ils peuvent prendre dans notre pensée.

UN ANGE AILÉ

France me consultait pour bénéficier de l'intervention des Esprits guérisseurs. Pendant que j'adressais mes prières et que j'invoquais leur bienveillante assistance, je reçus la vision très nette d'un ange ailé qui se présentait devant moi. La présence de ce dernier n'attirait pas mon attention de façon particulière, car il arrive fréquemment que des Esprits lumineux aux allures similaires apparaissent lors des séances de guérison. Ce sont souvent les Anges gardiens de la personne en traitement fluidique qui se montrent ainsi pour mieux s'identifier. Ils cherchent alors simplement à signaler leur présence à leur protégé, tout en leur faisant connaître les traits de leur apparence.

La vision que je recevais avait cependant une nette particularité. L'Esprit qui se montrait semblait immobile. Il me semblait même rigide. L'apparition disparaissant après quelques instants et, obligé de me concentrer sur le transfert énergétique qui devait s'opérer, je ne m'attardai guère plus sur ce détail.

Pendant le processus médiumnique, France me parla du voyage dont elle arrivait à peine. Elle avait séjourné dans sa famille pendant plus de cinq semaines. Comme les siens demeuraient très loin, elle ne pouvait les voir qu'en de rares occasions. Ce voyage avait été un véritable rafraîchissement pour elle. Elle me confiait donc tous les bienfaits que ce précieux ressourcement lui avait procurés.

À la fin de notre rencontre, juste avant de partir, France sortit de son sac à main une carte postale illustrant son lointain village natal. La photographie donnait une excellente vue d'ensemble de l'agglomération. L'angle du cliché révélait à l'avant-plan le clocher de l'église qui dominait l'ensemble, dans une vue aérienne habilement calculée.

Mon attention fut immédiatement attirée par le haut du clocher. Un ange ailé y trônait. Il avait l'apparence exacte de celui de la vision. La même posture, la même forme, le même angle et surtout la même rigidité me confirmaient que c'était bel et bien son image que j'avais reçue.

J'exprimai à France ma surprise de découvrir ainsi la nature de l'apparition. Il était bien évident que le voyage de France revêtait une grande importance pour elle. Nous prîmes donc le temps d'échanger davantage sur ce qu'elle y avait vécu.

Après le départ de France, je repris la carte postale qu'elle m'avait laissée. Ma réflexion fut alors dirigée vers l'analyse d'une grande réalité de notre quotidien. Je songeai à l'expression très claire que je venais encore de recevoir de la grande réalité de l'influence occulte que nous subissons dans notre quotidien d'incarnés. L'au-delà m'avait fait voir concrètement ce que France vivait dans son cœur. Je reçus ainsi la vision très nette d'un coin de notre Terre que je ne connaissais même pas. J'ignorais complètement l'existence d'un tel clocher et même d'un tel village. Pourtant, j'avais très bien perçu les détails qui en faisaient un attrait pour ses habitants.

Je réfléchis ensuite sur d'autres manifestations semblables où l'au-delà dirigeait littéralement notre pensée par le même processus et en contrôlait le contenu. J'eus alors le réflexe de prier Dieu et nos amis de lumière, de protéger tous les habitants de la Terre contre les influences occultes dont les impulsions ne sont pas toujours aussi bienveillantes et anodines que ce que je viens de vous présenter.

En conclusion à ma réflexion, il me vint à l'esprit que le niveau vibratoire de nos intentions prenait une importance tout à fait fondamentale pour nous prémunir contre toute influence occulte négative. Il faut bien se rappeler que les Esprits malveillants jalousent les possibilités d'évolution que nous permettent nos conditions d'incarnation. Plusieurs d'entre eux cherchent donc hypocritement à nous faire dévier de la route qui mène à Dieu. L'efficacité de leur influence peut prendre une grande ampleur, car la grande majorité de leurs victimes ne sont même pas conscientes de l'existence de leur action sournoise. Elles se laissent donc berner par leurs inspirations destructrices que le laxisme spirituel et le manque de volonté appellent à grands cris.

1. L'ASSISTANCE BIENVEILLANTE DONT NOUS POUVONS BÉNÉFICIER

Il nous est tous arrivé un jour ou l'autre, dans les moments les plus difficiles, d'avoir l'impression que nous étions abandonnés par ceux de l'au-delà. Ils nous semblent alors bien loin de nos peines et bien insensibles à nos prières. Comme nous l'avons vu dans *L'Au-delà à l'écoute de nos prières*, ce silence trompeur cache une réalité fort différente. Ceux que nous prions et qui nous chérissent dans les vibrations lumineuses sont intimement liés à la pensée divine. Cette union vibratoire leur confère une compréhension éclairée du processus intime de notre évolution et les pousse à n'agir que pour ce qui est vraiment bon pour nous.

Ainsi, malgré le respect de toutes les conditions d'application, les meilleures prières et les plus sincères invocations peuvent se heurter à des empêchements temporaires d'exaucement qui ont tous une profonde raison d'être fondée sur notre propre réalité. Mais il faut bien comprendre qu'il ne s'agit aucunement d'un refus de nous aider. Bien au contraire, chacune de nos demandes met en branle un processus d'assistance qui agit dans la pleine mesure de notre sincérité et des possibilités de notre plan de vie.

Ces limites et ces ouvertures que permet notre plan de vie sont extrêmement importantes, car elles encadrent une grande partie de la séquence temporelle de nos joies et de nos peines, le reste étant rythmé par l'application positive ou négative de notre libre arbitre, en conséquence de nos bons ou mauvais choix.

Le rappel de cet aspect est impératif, car il nous invite à demeurer confiants dans les périodes difficiles. Le sage qui se rappelle qu'un plan de vie régit son incarnation attendra avec certitude que le soleil brille de nouveau. De plus, il adressera ses prières avec calme et sérénité aux Esprits de lumière qui peuvent l'aider à réussir ses épreuves, sachant que tout arrivera à point dans la pleine mesure de la pertinence de ses demandes.

J'ai retenu un cas bien particulier qui, en plus de bien nous démontrer la réalité de cette assistance bienveillante dont nous pouvons bénéficier, nous confirme qu'elle s'applique dans un processus temporel déterminé par le plan de notre incarnation.

LES TROIS ARCHANGES

David était âgé d'à peine quatre ans. Une banale maladie infantile s'était vicieusement transformée en un grave problème de santé qui risquait d'aboutir à la mort. Les parents de David entretenaient une vive inquiétude qui assombrissait leurs jours et leurs nuits. Les médecins faisaient un excellent travail, mais leurs interventions ne sauvegardaient qu'avec peine la vie du garçon que la mort menaçait sans répit. Le mal offrait une très grande résistance à leurs efforts. Il semblait s'amuser à neutraliser la moindre amélioration que les examens successifs avaient à peine le temps de révéler.

Comme j'avais déjà aidé la tante de David, ses parents songèrent qu'il serait pertinent de faire aussi appel à l'assistance des Esprits guérisseurs de l'au-delà. Ils pensèrent pertinemment qu'en combinant les efforts physiologiques à ceux des énergies réparatrices, il y aurait plus de chances de vaincre la menaçante maladie.

Dès le début de notre première rencontre, David me parla des archanges Gabriel, Michaël et Raphaël, qu'il priait tous les jours. Il m'expliqua qu'il en invoquait un différent chaque jour, leur faisant suivre une séquence successive continue. Il me fit part de sa compréhension de leur importance et de l'efficacité de leur travail. Sa candeur d'enfant imprégnait ses propos d'une spontanéité qui s'exprimait avec beaucoup de justesse. On aurait dit un vieux sage qui pouvait comprendre sans trop se questionner.

Dès que je fis mes prières pour recevoir l'assistance des Esprits guérisseurs, je compris que David faisait l'objet d'une attention particulière de nos amis de lumière. La sincérité des demandes insistantes que ses proches adressaient à Dieu avait attiré vers lui plusieurs Esprits bienveillants qui cherchaient à l'aider. Dans un premier temps, cet appui me fut confirmé lorsque je vis mon nom s'inscrire devant moi. Les lettres très lumineuses se formaient une à une sans aucune hésitation. Lorsque mon nom fut complété, je reconnus l'écriture de mon défunt père. Cette manifestation de sa présence m'indiquait la particulière collaboration de l'au-delà. David recevrait dans la pleine mesure de son plan de vie.

Le soir même, lorsque je me couchai, je reçus une autre confirmation de cette assistance spéciale dont faisait l'objet le garçonnet. Celle-ci était cependant plus spectaculaire.

Je tentais de m'endormir. Je priais Dieu pour Le remercier de l'aide qu'Il apportait à ceux qui me consultaient. Je remerciais également mon père de sa précieuse présence auprès de moi. Tout de suite après la fin de mes prières, j'ouvris les yeux pour vérifier l'heure sur mon réveille-matin. Je perçus alors un immense calendrier qui se formait devant moi, juste à la droite du lit. La dernière semaine du mois représenté devint beaucoup plus claire que l'ensemble. Puis, seuls les deux derniers carreaux conservèrent cette lumière qui contrastait avec le reste plus sombre de la matérialisation. Je vis alors très nettement que le mois comportait trente jours, le samedi 30 terminant la ligne des sept jours de la semaine. Je cherchai à voir le nom du mois, mais seuls les chiffres apparaissaient.

Soudain, l'avant-dernier jour, soit celui du vendredi 29 grossit rapidement et devint très lumineux. Il se détacha du calendrier et s'avança vers moi. Une grande lueur fluorescente s'en dégageait. Le 2 et le 9 se dessinaient avec une grande brillance, qui avait une consistance presque physique. Elle se maintint ainsi pendant quelques secondes et disparut avec le reste de la manifestation.

Je me levai et je notai soigneusement tous les détails que j'avais perçus.

Le lendemain matin, je m'empressai de prendre le calendrier de l'année qui commençait à peine. Je cherchai le mois dont les caractéristiques correspondaient avec l'apparition de la veille. Je trouvai le seul mois qui pouvait être concerné. Septembre 2000 se terminait bien le samedi 30. Comme le calendrier que j'utilisais n'informait que sur les phases lunaires, je dus en chercher un autre plus détaillé. J'en trouvai un où le nom des saints de l'Église catholique était inscrit. À ma grande surprise, j'y découvris que le vendredi 29 septembre était la journée consacrée aux trois archanges Michaël, Gabriel et Raphaël, dont David avait parlé.

Je fus agréablement impressionné par cette manifestation. Il aurait été difficile d'obtenir une plus éloquente confirmation de l'action réelle qu'exerçaient ces entités auprès de David.

Dès que ma femme fut levée, je lui fis part du merveilleux phénomène dont j'avais été témoin. Comme moi, elle y vit une confirmation que les prières de David étaient bien reçues et que ceux de l'au-delà feraient tout leur possible pour l'aider.

Lorsque David revint pour la deuxième séance, je décrivis aux siens ce que j'avais vécu. Les derniers examens médicaux ne donnaient pas encore de signes vraiment encourageants, mais nous recevions une précieuse confirmation que l'enfant n'était pas abandonné et que son plan de vie nous permettait beaucoup d'espoir.

Cette assistance bien réelle des Esprits de lumière est à la portée de tous les incarnés qui leur adressent des prières sincères et soutenues, même s'il n'est pas donné à tous de les percevoir. Il faut cependant que ces prières soient l'expression d'une confiance réelle envers leur dévouement inconditionnel. Malheureusement, pour plusieurs d'entre nous, lorsque l'exaucement semble tarder, les prières adressées prennent rapidement un ton de commandement qui coupe le contact avec les hautes vibrations de ceux qui peuvent nous aider.

Il faut bien se rappeler qu'aucun Esprit bienveillant n'est à nos ordres et encore moins Dieu, qui sait mieux que quiconque ce qui nous convient le mieux pour grandir vers Lui. Il est important de bien comprendre que chercher à imposer notre volonté à ceux qui nous assistent gratuitement exprime un orgueil sournois. De par sa nature même, cet orgueil nous éloigne des instances de lumière qui en sont totalement épurées.

Dès que nous sentons cet élan malicieux monter dans notre cœur, nous devons l'étouffer avec empressement, en nous rappelant simplement que la sagesse divine supervise toutes les joies et les peines qui tissent la trame de notre incarnation. Bien sûr, cela n'empêche pas le sentiment parfois très fort d'être abandonné par Dieu et les siens, mais il faut toujours se rappeler que notre vision des choses est très limitée dans notre chair. Avec la pleine lucidité de l'Esprit, les situations qui nous semblent absurdes sous le voile qui fait oublier prennent une valeur très nette et un sens très logique.

Il est donc tout à notre avantage de maintenir notre cœur ouvert à la précieuse assistance des Esprits de lumière, en développant du mieux que nous le pouvons les vibrations de foi, d'espérance et d'amour. Or, celles-ci s'atteignent simplement par nos efforts soutenus à grandir vers Dieu en accomplissant chacun des devoirs que nous imposent nos conditions d'incarnés.

***

L'attitude que nous prenons lorsque nous demandons de l'aide à nos frères invisibles est d'autant plus importante que chacune de nos souffrances terrestres a sa raison d'être. Malgré les nombreuses apparences de notre monde terrestre, il n'y a jamais d'injustice réelle dans tout ce que nous pouvons endurer. Tout est justifié, soit par nos erreurs passées, soit par des objectifs d'évolution que nous nous sommes fixés et qui nécessitent de sévères conditions d'application. La moindre difficulté possède son importance dans la même mesure que chacune de nos joies.

Il faut donc écarter toutes les pensées qui nous feraient croire que nous sommes victimes de la vie ou d'un quelconque mauvais sort. En fait, chacun grandit dans les conditions qui conviennent le mieux au cheminement qui lui est propre.

Le témoignage suivant montre bien ce lien direct entre nos épreuves et notre histoire intime. Il est doublement intéressant, car il révèle une provenance souvent insoupçonnée de l'assistance bienveillante de l'au-delà dont nous pouvons bénéficier dans les moments difficiles de notre vie.

UN CHAPELET LUMINEUX

Francine me consulta pour comprendre la source de ses problèmes financiers et familiaux. Leur insistance lui donnait la nette impression qu'elle subissait un mauvais sort. Bienveillante et spiritualisée, elle ne comprenait pas que la vie puisse s'en prendre à elle avec tant d'acharnement.

Francine avait perdu son emploi et le seul revenu de son époux ne parvenait pas à boucler convenablement leur budget. De grands sacrifices s'imposaient. Ils devaient impérativement vendre leur maison sans perte d'investissement pour se sortir de leur impasse. Cette situation qui semblait vouloir s'éterniser empoisonnait lentement leur vie familiale, le stress et la tension prenant le pas sur leur sérénité. Heureusement, leurs connaissances spirituelles les guidaient dans leur cheminement.

Les informations livrées par son Ange gardien nous firent comprendre tout le sens de ses déboires. Ils prenaient leur source dans de vieilles erreurs passées que Francine et son conjoint n'avaient pas su se pardonner. Se sentant indignes des largesses de la vie d'outre-tombe, ils étaient revenus subir à leur tour des souffrances semblables à celles dont ils avaient jadis été les instigateurs. Les explications particulièrement intimes qui furent livrées à Francine trouvèrent un écho direct dans son cœur. Ce qu'elle endurait avait bel et bien sa raison d'être. Francine voyait clairement que Dieu n'avait jamais été injuste envers elle.

Pendant que je recevais toutes ces informations, un autre Esprit se présenta dans mon petit bureau. Il se tenait tout près de Francine. C'était une vieille religieuse. Ses traits âgés contrastaient avec la grande vigueur qui en émanait. Elle se montra dans toute sa lumière. Une belle fluorescence immaculée traduisait un haut degré d'épuration périspritale. Son regard bienveillant inspirait la paix alliée à une grande douceur. Mon attention fut particulièrement attirée par un chapelet très lumineux qu'elle portait à la taille. Il était semblable à celui des religieuses qui m'avaient enseigné dans mes premières années de l'école élémentaire.

Lorsque je décrivis l'entité, Francine réagit avec surprise. Elle ne s'attendait pas à une telle présence. Elle me confia qu'elle avait reçu, il y a quelques années, un chapelet qui avait appartenu à une sœur de sa grand-mère maternelle. Cette femme avait vécu presque toute sa vie en communauté jusqu'à un âge avancé. La vieille religieuse avait laissé le souvenir d'une humble sainteté.

Lorsque Francine avait reçu ce chapelet, elle l'avait vu comme une simple relique d'un lointain passé. Elle n'aurait jamais soupçonné que c'était là le signe de la présence bien réelle de cette défunte qui l'accompagnait dans ses peines bien qu'elle ne l'eût jamais connue dans sa présente incarnation.

Francine comprit tout d'un coup toute la complexité et l'intimité des liens qui nous unissaient à nos frères de l'au-delà, les jalons des vies antérieures et des erraticités passées rejoignant ceux de notre existence actuelle.

Avant de retourner dans son anonymat, l'entité protectrice me montra le chiffre 3. Il était très net. Sa grande luminosité me fit comprendre le positif de ce qu'il annonçait à Francine. Je décrivis ce que l'on me montrait. Francine nota ce que je lui disais. En me quittant, elle promit de me faire part de tout éventuel dénouement qui en révélerait le sens précis.

Je ne reçus des nouvelles de Francine que trois ans plus tard. Le ton de sa voix me laissait comprendre que tout allait beaucoup mieux pour elle. Elle venait de vendre sa maison et ses problèmes financiers avaient trouvé leur solution.

Les événements nous avaient enfin révélé la signification du chiffre 3. Francine avait vendu sa maison le 3 septembre, 3 ans après notre rencontre. Le plan de vie avait suivi son cours et Francine avait su grandir à travers lui.

***

Il m'arrive fréquemment que des personnes qui me consultent me demandent de prendre des nouvelles de leur défunt. Malheureusement, je dois souvent leur conseiller de prier pour leur proche qui n'a pas encore rejoint les vibrations de bien-être. Je les instruis alors de la démarche à suivre pour permettre à l'Esprit, demeuré prisonnier de son ignorance, de se libérer le plus tôt possible de cet état qui le prive de bonheur.

Heureusement, il y en a également plusieurs qui m'expriment une qualité d'existence *post mortem* contrastant avec les souffrances qu'ils ont dû subir dans leur pèlerinage terrestre. Ils se montrent alors dans des lieux baignant dans la lumière des vibrations subtiles. Pour plusieurs d'entre eux, ces zones de bonheur ne sont que sporadiques, car ils préfèrent venir assister leurs proches qu'ils ont quittés. Ils cherchent ainsi à les soutenir dans les efforts qui leur permettront de les rejoindre après leur mort corporelle. Ils deviennent alors ce que l'on appelle des Esprits protecteurs dont Dieu Lui-même a autorisé le rôle qu'ils ont choisi. Ils constituent de véritables adjoints de l'Ange gardien dont ils acceptent l'autorité pour déterminer leur champ d'action directe et indirecte.

Les deux témoignages qui suivent illustrent bien la pleine réalité de cette assistance bienveillante dont nous pouvons bénéficier.

UN NOUVEL ESPRIT PROTECTEUR

Mon père était décédé depuis quelques semaines. Ma fille Mélanie et sa petite famille étaient en visite chez des amis. La soirée s'était prolongée. Comme le petit Guillaume, alors âgé d'à peine deux ans, avait dépassé son heure de dodo, Mélanie demanda si elle pouvait le coucher. Heureux de pouvoir ainsi terminer leur partie de cartes, ses hôtes lui indiquèrent leur chambre d'ami.

En entrant dans la pièce, Guillaume exprima de la crainte et signifia à sa mère qu'il avait peur d'y dormir. Mélanie le coucha en le réconfortant. Elle le rassura en lui expliquant qu'elle était tout à côté et qu'elle laisserait la porte ouverte. Le petit Guillaume acquiesça à ses propos.

Quelques minutes plus tard, Mélanie alla vérifier si Guillaume s'était endormi. En entrant dans la chambre, elle le trouva les yeux grands ouverts. Il parlait à quelqu'un d'invisible comme s'il eût été présent. Mélanie lui demanda s'il avait encore peur. Il lui répondit que non. Il lui précisa que son grand-papa Henri était couché à côté de lui et qu'il le protégeait. Comme ses propos étaient plutôt réconfortants, Mélanie le laissa faire sans le contredire. Quelques instants plus tard, Guillaume dormait à poings fermés.

Le lendemain, Mélanie entendit Guillaume parler dans sa chambre. Elle se rendit vérifier ce qui se passait. Il s'amusait tranquillement avec ses jouets. Il tenait une conversation soutenue, à la mesure de son âge, avec un être invisible.

Pendant les jours qui suivirent, Mélanie observa son

enfant. Il n'avait pas cessé de parler à son arrière-grand-père. Il s'amusait même à le promener avec son tricycle, lui enjoignant de se tenir debout sur le petit marchepied. Guillaume disait souvent à Mélanie que son grand-papa Henri riait beaucoup en sa compagnie.

Deux semaines s'étaient écoulées. Mélanie et son époux dormaient. Le petit Guillaume les avait rejoints. Il s'endormit à leurs pieds. Soudain, Mélanie fut sortie de son sommeil. Elle reçut la visite de l'Esprit de mon père. Il lui signifia tout l'amour qu'il ressentait pour elle et sa petite famille. Il l'assura de sa protection. Mélanie comprit alors que Guillaume ne fabulait pas. Il voyait bel et bien son arrière-grand-père.

Lorsque Mélanie me fit part de ce qui se passait, je m'inquiétai pour ma mère. Sa santé tenait bien le coup et elle mettait à profit la force de son caractère pour passer à travers cette dure épreuve, mais je savais que lorsqu'un Esprit déjà lumineux demeure autour des siens après son décès, c'est qu'il attend quelqu'un qui doit bientôt mourir.

Les échanges directs entre Guillaume et l'Esprit de mon père durèrent six mois, soit jusqu'au jour où ma mère nous quitta pour rejoindre son tendre époux dans les effluves de lumière des Esprits heureux. Guillaume ne parla jamais plus de sa présence par la suite.

DES SIGNATURES BIEN RECONNAISSABLES

Quelques mois s'étaient écoulés depuis le décès de mes parents. L'hiver interminable imposait sa froidure par des vents qui semblaient vouloir pénétrer jusqu'au cœur des pierres les plus dures. À cette époque, j'avais confié à mon épouse un souci que je gardais dans mon cœur. C'est que j'aurais bien aimé pouvoir consacrer plus de temps à mes recherches spirituelles. Bien sûr, j'acceptais de devoir assumer les nombreuses occupations que mon plan de vie m'imposait, mais l'intensité des phénomènes vécus m'amenait à cette réflexion intérieure.

Le lendemain matin de ma confidence, en sortant de mon sommeil, j'aperçus des lettres d'une fluorescence incandescente. La première lettre cursive forma la majuscule du prénom de papa, puis je vis tout son nom s'inscrire devant moi. Je reconnus immédiatement la signature de mon père.

L'inscription fluidique demeura suffisamment longtemps pour que je puisse suivre de mon doigt chacune des lettres qui se tenaient à une trentaine de centimètres de moi. Après quelques secondes, elles disparurent. Fermant les yeux, je priai pour mon père qui me manifestait ainsi sa présence.

Lorsque je les ouvris de nouveau, le même phénomène recommença. Cette fois, je vis la signature de ma mère se tracer devant moi. Les lettres étaient aussi lumineuses que celles de mon père. Elles demeurèrent bien visibles pendant un bon moment, puis disparurent à leur tour. J'adressai des prières pour ma mère. Une grande joie envahissait mon âme. Je les remerciai de venir ainsi près de moi me rappeler qu'ils étaient toujours là et que leur amour parental avait conservé toute son ardeur.

Deux heures plus tard, alors que je conduisais ma voiture, mon épouse me reparla de notre conversation de la veille. Dès cet instant, une belle lumière blanc argenté s'alluma devant moi à environ trente centimètres de ma tête. Son intensité était à la fois vive et très douce. Elle demeura ainsi sans bouger pendant quelques secondes, puis disparut. Je décrivis à Louise ce que je venais de voir. Une pensée extérieure très insistante m'inspira alors que je ne devais pas m'en faire pour les limites de travail que mon plan de vie m'imposait. J'exprimai intérieurement mon accord. Il était bien évident que tout avait été prévu pour que je puisse réaliser pleinement tout mon devoir d'état et que je devais chasser toute idée qui pourrait me suggérer le contraire.

L'au-delà me donna la confirmation de ce message quelques jours plus tard lorsque je reçus une autre visite de mon père. C'était à nouveau le matin. Je venais juste d'ouvrir les yeux lorsque je vis son Esprit apparaître devant moi. Il me regardait avec beaucoup de douceur. Sa posture était très droite, comme il aimait se tenir de son vivant. Ses cheveux plus fournis avaient repris leur allure de jeunesse. Il rayonnait de la santé de ses meilleurs jours.

Papa me souriait, mais je voyais dans son regard qu'il était très préoccupé, comme s'il avait beaucoup de choses à faire et qu'il avait eu à peine le temps de me contacter. En le regardant plus attentivement, je me rendis compte qu'il portait une de mes propres chemises, puis je vis bien qu'il portait également un de mes pantalons. Surpris, je le regardai dans les yeux. Il me dit par la pensée qu'il me protégeait, qu'il partageait le souci de mes recherches spirituelles et que je devais avoir la certitude que je posséderais toujours la latitude dont j'aurais besoin pour accomplir ce qui avait été prévu. Je remerciai papa de son généreux message. Il me quitta dès ce moment, retournant aux nombreux devoirs qui l'attendaient.

Cette assistance de nos défunts est beaucoup plus courante que nous ne serions portés à le croire. Tout Esprit décédé qui a atteint les vibrations de lumière peut en demander l'autorisation à Dieu et se la voir accordée.

Bien sûr, il est réconfortant pour nous de pouvoir bénéficier de ce soutien, mais il faut d'abord se rappeler que la joie de pouvoir le faire soi-même, après notre décès, est de loin supérieure. Il est donc important de nous rendre éligibles à ce privilège, en grandissant le plus possible dans notre spiritualité.

Bien accomplir notre devoir d'état, aimer notre prochain, faire notre possible dans la pleine mesure de nos moyens, respecter la volonté divine et suivre vaillamment la route qui mène jusqu'à Dieu nous conduisent directement dans des vibrations lumineuses qui nous permettront d'aider, de l'au-delà, ceux qui nous survivront temporairement dans le combat terrestre. Faire le contraire nous condamnerait à devenir un poids pour les Esprits de lumière qui chercheraient à nous sortir de notre souffrance. Impuissants face aux besoins et aux prières des nôtres, nous retarderions notre montée vers le vrai bonheur de l'Esprit.

***

Lorsque nous parlons de l'assistance bienveillante dont nous pouvons bénéficier, nous référons à une action bien concrète que peuvent engendrer plusieurs Esprits protecteurs.

En fait, l'avancement spirituel donne à l'Esprit le pouvoir de manipuler certaines énergies dont nous ne pouvons profiter sans leur aide. Depuis que j'ai accepté, dans les limites du temps qui m'est accordé, de servir d'intermédiaire aux Esprits guérisseurs, j'ai vécu des phénomènes qui m'ont mieux fait comprendre la nature de cette assistance directe. Il s'agit de forces à la fois concrètes et subtiles, un peu comme l'électricité dont les scientifiques n'ont pas encore cerné la vraie nature. Je l'ai observé directement lors de transferts d'énergie, mais le même phénomène peut s'appliquer à d'autres occasions où nous pouvons avoir besoin d'un support direct de nos frères bienveillants.

UNE ASSISTANCE DE LUMIÈRE

Comme je le disais, lorsque des personnes me consultent pour des problèmes de santé reliés au périsprit ou à l'énergie vitale, je dois faire appel à l'assistance d'Esprits guérisseurs, véritables spécialistes de l'au-delà. Chaque fois, leur présence donne lieu à de sublimes manifestations de lumière.

Tout d'abord, les Esprits guérisseurs sont eux-mêmes très lumineux. Le degré d'épuration de leur périsprit confère à leur aura une teinte dorée fluorescente donnant l'impression que de l'or pur s'évapore de leur être. Certains d'entre eux présentent une intensité presque aveuglante.

D'autres Esprits lumineux montrent également leur présence. Ce sont le plus souvent les Anges gardiens de ceux qui me consultent ou parfois des Esprits protecteurs dont la belle lumière traduit l'efficacité réelle de leur soutien. La luminosité de leur périsprit est d'une blancheur immaculée. Une véritable fluorescence en accentue la beauté.

Enfin, toute la pièce se remplit d'une lumière particulière dont les mouvements rappellent ceux des grandes aurores boréales. Elle est de la même dorure que celle des Esprits guérisseurs, mais avec moins d'amplitude.

Des lumières beaucoup plus vives peuvent également apparaître. Ce sont des lumières de protection qui éloignent les éventuels Esprits malveillants qui voudraient empêcher le travail de se faire.

Plusieurs personnes qui bénéficient de cette intervention ont eu le privilège de percevoir elles-mêmes des phénomènes qui semblaient leur être spécialement destinés. À titre d'exemple, Sylvie perçut trois boules magnifiques flottant dans le bureau. Elles semblaient légères malgré l'intensité de leur matérialisation. Leur transparence dévoilait de belles couleurs. Tout l'intérieur semblait constitué de bleu, en beaux dégradés, avec des filets d'un rouge énergisant. Leur disposition lui rappelait celle des billes de verre avec lesquelles elle s'amusait lorsqu'elle était enfant. Les boules lumineuses d'environ sept ou huit centimètres semblaient tourner sur elles-mêmes, car les couleurs bougeaient en alternances successives. Ces sphères fluidiques demeurèrent en place tant que l'intervention ne fut pas terminée.

Hélène, que je reçus également pour des problèmes de santé, vécut un autre genre de manifestation lumineuse. Je venais à peine de terminer ma prière faisant appel à l'autorisation divine. Hélène me décrivit alors les mêmes lumières que je percevais depuis quelques secondes. De beaux effluves dansaient dans la petite pièce. Ils nous baignaient dans une lueur bienfaisante qui s'imprégnait dans notre périsprit. Elle perçut ensuite comme un couloir fluorescent qui nous reliait l'un à l'autre. Il donnait l'impression d'un pont. Sa luminosité reflétait des éclats dorés. Hélène eut l'impression d'une union vibratoire qui permettait aux Esprits guérisseurs de transmettre leur énergie réparatrice. Elle perçut le phénomène jusqu'à ce que le travail direct fût commencé.

Tania perçut également un phénomène de lumière, bien qu'elle ne fût pas venue pour me consulter. Tania accompagnait une amie qui cherchait des réponses cruciales à son cheminement spirituel.

Tania s'était installée dans la petite salle de télévision attenante à mon bureau. Une heure plus tard, lorsque j'ouvris la porte pour laisser sortir son amie, Tania avait déjà les yeux tournés vers nous. Son regard prit un air de surprise. Elle me fit alors une remarque spontanée, me signalant la grande brillance de la lumière de mon bureau. L'impression fut telle que Tania se leva rapidement et y entra pour en vérifier la source.

Elle se retourna avec une expression interrogatrice. Elle m'expliqua que lorsque j'avais ouvert la porte, une grande lumière comme celle de la jaquette de mon premier livre *Messages de l'au-delà* en était sortie. Elle avait vu une véritable lueur fluorescente qui contrastait avec l'éclairage pourtant généreux de la salle de télévision.

Ses premiers pas dans le petit bureau lui avaient rapidement fait comprendre qu'elle avait vu un phénomène qui dépassait les limites de la lumière matérielle.

D'autres personnes qui me consultaient ont également

vu ce même type de phénomène, mais qui semblait plus directement relié à moi. Ce fut le cas de Sylvaine qui perçut une lumière particulière sur mon visage après avoir bénéficié de l'intervention des Esprits guérisseurs par mon intermédiaire; ou encore le petit Carl, à peine âgé de quatre ans, qui nous en livra une description bien originale.

Carl avait reçu les énergies réparatrices un peu avant Noël. Pendant l'intervention, tout se passa sans incident particulier. Le garçonnet parlait sans cesse à sa grand-mère qui l'accompagnait, sans nous signaler quoi que ce soit de spécial. Quelques jours plus tard, la nuit de Noël, Carl reçut en cadeau un jouet qui projetait des jeux de lumières scintillantes. Dès que ses parents mirent le jouet en marche, le garçonnet s'exclama avec émerveillement. Il leur dit que son cadeau produisait les mêmes lumières que celles qu'il avait perçues dans mes mains et au bout de mes doigts pendant l'action des Esprits de lumière. Il avait donc lui aussi été témoin de la présence de cette lumière d'un autre monde utilisée par nos amis de l'au-delà. Son regard d'enfant lui avait cependant fait accepter comme étant normal un phénomène que notre matérialisme nous fait percevoir bien autrement.

Nous pourrions approfondir avec d'autres témoignages, mais je m'arrête ici, car je voulais simplement vous démontrer la pleine réalité de l'assistance de lumière qui s'enclenche lorsque nous faisons appel aux Esprits avancés. Bien sûr, je sais pertinemment que tous ne peuvent la ressentir avec la même précision, mais je peux vous affirmer avec une pleine certitude que sa présence n'en demeure pas moins aussi réelle et aussi efficace chaque fois que nous prions avec sincérité.

***

Je vous livre également un autre témoignage dont je fus le bénéficiaire direct. Il me permet de vous affirmer, avec une certitude encore plus absolue, la réalité de l'assistance bienveillante de l'au-delà.

UNE LUMIÈRE TRÈS VIVE

Moins d'une année s'était écoulée depuis la mort de ma mère. Son décès, survenu six mois après celui de mon père, avait laissé un grand vide chez tous les miens. Chaque soir, avant de m'endormir, je priais pour eux et je demandais à Dieu l'autorisation de les rencontrer pendant mes heures de sommeil. Des contacts fort intéressants furent ainsi établis avec leur Esprit, dans les sphères subtiles de l'au-delà. En voici un qui prit une tournure très particulière.

Il était environ quatre heures du matin. Je m'éveillai en douceur. J'éprouvai une curieuse sensation, comme si j'étais en relation directe et simultanée avec l'au-delà et le monde matériel.

J'aperçus ma mère qui venait vers moi. Heureux de sa visite, je m'assis dans mon lit. Elle s'approcha lentement. Elle souriait avec une expression d'amour qui n'avait besoin d'aucun mot pour se faire comprendre. Une belle lumière émanait de son périsprit.

Je la pris dans mes bras, comme je l'aurais fait si elle eût été bien vivante. En regardant son visage, mon attention fut curieusement portée sur son œil gauche. Je ressentais comme une poussée irrépressible à le fixer intensément.

Dans un premier temps, le vert de son iris m'apparut comme je l'avais toujours connu de son vivant. Puis, la couleur devint de plus en plus pâle. Après quelques secondes, la membrane devint très claire, laissant à peine voir la teinte dégradée qui s'effaçait progressivement. Finalement, tout l'œil devint complètement lumineux.

À ce moment, je sentis mon épouse qui changeait de position et j'entendis le compresseur du déshumidificateur qui se mit en marche. Je me rendis bien compte alors que je ne dormais vraiment pas.

Une belle lumière, qui semblait vivante, commença à s'activer dans l'œil que je fixais malgré moi avec beaucoup de concentration. La lumière prit de plus en plus d'intensité. De belles couleurs apparaissaient. Elles s'entremêlaient dans un jeu harmonieux. Des éclats plus brillants, d'une fluorescence immaculée, s'échappaient de l'ensemble. Petit à petit, le phénomène lumineux s'agrandit pour finalement occuper tout l'espace de la tête. La lumière qui s'en échappait devint alors plus intense. Elle atteignit rapidement une puissance aveuglante. J'eus beaucoup de difficulté à la supporter.

À mon grand étonnement, la lumière, d'une puissance

incroyable, sortit de la tête de ma mère. J'eus le réflexe spontané de me protéger, mais je ne pus bouger.

La lumière devint tellement aveuglante que je ne percevais plus du tout le visage de maman. La luminosité se concentra comme en un faisceau et pénétra dans ma propre tête. La lumière m'enroba littéralement. Je n'éprouvai aucune sensation physique, mais un grand bien-être m'envahit. Le phénomène dura quelques instants, puis s'interrompit subitement.

Ma mère me regardait toujours avec la même tendresse. J'eus la nette impression qu'elle était épuisée, comme si l'expérience lui avait demandé beaucoup d'énergie.

Elle se releva comme pour s'en aller. Je voulus l'aider, mais elle me dit que ce genre de difficulté n'avait plus d'importance pour elle, maintenant qu'elle était libérée des limites de nos corps physiques. L'Esprit de maman s'éloigna lentement et disparut dans la subtilité de l'au-delà qui nous entoure.

Dès son départ, je m'empressai de la remercier. Je réveillai Louise qui dormait avec une certaine agitation. Je lui fis part de l'extraordinaire expérience que je venais de vivre. Nous nous questionnâmes sur le but d'un pareil phénomène. Ma mère était-elle venue m'éviter des problèmes de santé? Avait-elle aiguisé un aspect particulier de ma médiumnité? Aujourd'hui encore, je n'ai pas de réponse à ces questions.

Je n'ai pas non plus de résultat observable dont je pourrais vous faire part, mais une chose est cependant certaine: l'action posée fut bienveillante et de nature à favoriser mon cheminement que je tente de partager avec vous.

Il ne faudrait pas penser que ce que je vous ai rapporté ici est rare et exceptionnel. Plusieurs personnes m'ont déjà décrit des interventions directes de défunts dont ils avaient bénéficié. Le plus souvent, les gens ne s'en rendent pas compte, mais la réalité de l'aide apportée demeure quand même entière. Ce qu'il faut surtout retenir, c'est que les défunts qui ont atteint les vibrations de lumière possèdent de réels pouvoirs et qu'ils peuvent nous aider. Nous avons donc tous les avantages à les prier dans la pleine mesure que peuvent leur permettre l'autorisation divine et notre plan de vie.

Comme nous l'avons vu plus haut, nous pouvons bénéficier très tôt de l'assistance bienveillante de nos amis de l'au-delà, et cette aide généreuse se poursuit jusqu'au dernier souffle de notre incarnation. Malgré l'inconscience du phénomène, nous pouvons continuellement bénéficier de l'expression d'amour de nos frères de lumière. Il suffit d'ouvrir notre cœur pour bien les recevoir. Leur présence se fait alors sentir même si la douleur doit parfois compléter son terme déterminé par notre plan de vie.

Nous avons de grands avantages à favoriser l'assistance bienveillante des Esprits de lumière, non seulement pour nous assurer une plus grande force et une plus grande sagesse dans les épreuves de notre quotidien, mais encore pour nous permettre de jouir de leur présence dans les derniers moments de notre vie terrestre. Quitter notre monde en leur compagnie peut nous permettre un passage plus harmonieux. Ils peuvent en effet nous faciliter le dernier moment en le conformant à notre conception de la mort, dans la pleine mesure de nos mérites et de ce que peut leur permettre notre plan de vie. Nous bénéficions alors d'un contexte favorable à une transition calme et agréable.

LES DERNIERS SACREMENTS

Pauline avait été hospitalisée pour subir une impérative intervention chirurgicale. En entrant dans la chambre qu'on lui avait assignée, elle reconnut rapidement le lit vers lequel elle devait se diriger. Les trois autres étaient déjà occupés. Des femmes vêtues de la traditionnelle «jaquette d'hôpital» y somnolaient. Elles semblaient trop affaiblies pour la saluer. Celle du lit d'en face paraissait particulièrement affectée. Des appareils aux allures peu réconfortantes étaient branchés à différents endroits de son corps amorti.

Pendant la première nuit, une grande lumière sortit Pauline de son sommeil. Elle ouvrit les yeux. Elle croyait qu'on venait lui administrer un médicament. Après quelques instants, mieux éveillée, elle comprit qu'il s'agissait de la patiente en face d'elle.

Saisissant mal ce qui se passait, Pauline s'assit dans son lit. Les yeux grands ouverts, elle fut témoin d'un phénomène qui s'incrusta profondément dans sa mémoire et dans son cœur.

Un prêtre très lumineux se tenait debout près de la dame. La lumière qui l'avait éveillée venait de ce personnage. D'une blancheur fluorescente, elle ne laissait aucun doute sur sa nature spirituelle. Le prêtre ne faisait pas de cas de sa présence. Il regardait la femme malade avec beaucoup de tendresse. Il était revêtu des traditionnels vêtements sacerdotaux. Une belle chasuble dorée recouvrait une aube d'une blancheur immaculée. Une étole brillante de dorures scintillait à son cou. Un manuterge pendait à son bras qui tenait un livre ressemblant à une bible ou à un gros missel. Le prêtre priait. Pauline ne pouvait distinguer les paroles exactes, mais les coups d'œil répétés qu'il jetait dans le livre ouvert et le ton de la voix traduisaient une intense activité de prières. La dame, bien éveillée, fixait le prêtre. Son regard était calme et sérieux. Une expression de paix adoucissait les traits brisés par la pénible maladie.

Pauline aurait bien voulu contempler la scène jusqu'à son dénouement, mais une irrésistible envie de dormir eut raison de sa curiosité. Elle recoucha sa tête sur son oreiller et s'endormit aussitôt.

Après un temps qu'elle ne put évaluer, des bruits la sortirent subitement de son sommeil. Des infirmières s'affairaient autour de la dame. Elle était décédée.

L'aumônier de l'hôpital était déjà arrivé. Il fit quelques prières près d'elle. À peine eut-il terminé que les deux enfants de la dame se présentèrent.

En regardant leur mère, ils se dirent déçus qu'elle n'ait pu recevoir les derniers sacrements avant de mourir. D'une grande foi catholique, elle avait souvent manifesté ce souhait. Pauline n'osa leur dire ce qui était arrivé, mais savait que le désir de la dame avait été exaucé grâce à l'intervention bienveillante d'un Esprit de lumière venu de l'au-delà.

***

Pour comprendre encore mieux les possibilités d'assistance que possèdent les Esprits bienveillants de l'au-delà, voyons ce que nous pouvons déjà faire nous-mêmes de notre vivant. Combien de fois peut-on voir des gens aider ceux qui souffrent! Le plus souvent, nous sommes témoins d'actions bien matérielles, mais elles peuvent prendre des traits beaucoup plus subtils, de même nature que celles posées par les défunts. Plusieurs témoignages qui me furent soumis m'ont confirmé cette assistance directe dont certains incarnés sont déjà capables.

Pour mieux vous la décrire, je vous livre ici deux phénomènes où je fus directement impliqué. Ils nous révèlent clairement certains pouvoirs d'assistance dont notre Esprit est déjà doté bien avant que la mort nous en révèle l'existence consciente. Ils nous sensibilisent à notre nature fondamentalement spirituelle et nous invitent à découvrir notre force intérieure qui ne demande qu'à servir.

UNE DAME EN PHASE TERMINALE

Un dimanche après-midi, je reçois un appel téléphonique de Doris. Elle me demande d'adresser des prières pour sa grande amie Ginette, hospitalisée dans un lointain centre spécialisé. Les médecins ne lui accordaient que quelques jours de sursis.

Doris avait lu tous mes ouvrages. Elle y avait découvert de précieuses connaissances qui avaient confirmé le sens qu'elle donnait intuitivement à sa vie terrestre. Les expériences médiumniques qu'elle avait elle-même vécues lui inspiraient une grande confiance en moi.

C'est en me l'exprimant clairement qu'elle faisait appel à mon aide. Ses espoirs prenaient cependant des proportions qui ne tenaient pas compte des limites du plan de vie de son amie. Ginette vivait les dernières heures de son incarnation et rien ne pouvait contrer l'aboutissement de cette dernière étape.

Doris voulait que j'intercède auprès de l'au-delà pour obtenir la guérison de son amie. Elle me demanda même de téléphoner à Ginette pour mieux établir le contact et bien enclencher le processus. Je vis immédiatement que cela serait bien inutile, mais je m'engageai à voir ce qui était possible de faire et à prier pour elle de façon soutenue.

J'évitai de téléphoner à Ginette. Elle devait se centrer sur son passage dans l'au-delà. Lui parler n'aurait fait que la perturber, la raccrocher à de faux espoirs qui auraient pu nuire à son arrivée d'après-mort.

Je me concentrai particulièrement sur l'Esprit de Ginette en demandant à Dieu de lui accorder toute l'assistance physique et spirituelle dont elle avait besoin. Je maintins le rythme de mes prières pendant dix jours. J'éprouvais la nette impression que Ginette, que je ne connaissais pas, était en parfaite harmonie avec moi. Je ressentais une certaine déception pour Doris, dont les espoirs seraient déçus, mais je ne pouvais faire davantage pour elle.

Deux semaines après le début de mes prières, je reçus un appel de la sœur de Doris. Ginette venait de décéder. Doris ne se sentait pas en mesure de me parler. Elle avait donc demandé à mon interlocutrice de le faire pour elle.

La sœur de Doris me transmettait les remerciements de la famille pour les prières que j'avais adressées pour Ginette et pour l'aide directe que je lui avais apportée. Pour m'assurer que je comprenais bien ce qu'elle voulait me dire, je lui demandai si elle référait à quelque chose d'autre que les prières que j'avais faites. Elle me rapporta que, juste avant de sombrer dans le coma, Ginette leur avait dit qu'elle ne ressentait plus aucune inquiétude. Elle leur expliqua qu'elle m'avait vu lui apparaître dans sa chambre. Je m'étais matérialisé tout près de son lit. Je me tenais à une certaine distance, comme pour m'assurer qu'elle ne pouvait me toucher. Je lui confirmai qu'elle retournait dans les vibrations de lumière et qu'elle n'avait rien à craindre. Je lui dis de rester calme et que tout irait très bien. Je l'assurai de mes prières et je repartis aussi rapidement que j'étais venu.

Les invocations avaient été exaucées. Elles n'avaient pu répondre aux attentes de Doris, mais elles avaient accordé à Ginette l'assistance dont elle avait besoin pour quitter notre monde dans une belle harmonie.

Si la sœur de Doris ne m'avait pas rapporté les propos de Ginette, je n'aurais gardé aucun souvenir de cette magnifique expérience. Notre échange me permit de remercier Dieu pour l'avoir autorisée, mais elle m'apporta encore plus. Elle me donnait un beau témoignage qui nous rappelait comme la bienveillance pouvait déjà nous donner de grandes possibilités dans notre prison de chair, nous laissant entrevoir du même coup les extraordinaires pouvoirs d'intervention dont nos amis de lumière pouvaient disposer.

UN PONT D'ÉNERGIE

Mon petit-fils Guillaume s'amusait chez lui en ce samedi matin de novembre. Mélanie et Dany prolongeaient leur repos en parlant de choses et d'autres sous la chaleur de leurs couvertures. Il n'était que sept heures et la température maussade n'invitait aucunement à l'éveil matinal.

Guillaume se rendit dans sa chambre pour chercher son édredon. Il s'emmaillota à l'intérieur du couvre-pied et se dirigea vers le salon dans une difficile posture. En passant près de la table à café, il trébucha. Son visage frappa violemment le rebord de la table massive.

Le bruit fit lever ses parents d'un seul bon. En arrivant près de l'enfant, ils constatèrent rapidement qu'il s'était sérieusement blessé. Guillaume semblait très ébranlé. En le relevant, Mélanie s'aperçut qu'il saignait abondamment. Sa bouche semblait pleine de sang. Un écoulement important s'observait dans les deux narines.

La panique s'emparait lentement de Mélanie et de Dany. Mélanie pensa alors à moi. Pendant qu'elle tentait d'enrayer le saignement, elle dit à Guillaume de penser fortement à moi. La narine gauche cessa de couler sur-le-champ, puis la droite arrêta après quatre ou cinq secondes supplémentaires.

Mélanie me téléphona immédiatement. Ma femme et moi dormions encore. C'est Louise qui répondit. Dès qu'elle entendit ce qui s'était passé, elle m'éveilla aussitôt. En sortant de mon sommeil, je remarquai avec étonnement que j'avais un goût de sang dans la bouche. En me levant, je me rendis compte que je saignais du nez.

Je pris le téléphone et je parlai à Mélanie. Elle m'expliqua ce qui venait d'arriver à Guillaume. Mon saignement de nez cessa en quelques secondes.

Rassuré d'apprendre que tout allait bien pour mon petit-fils, je me concentrai sur ce que je venais de vivre. Je reçus alors la confirmation qu'il y avait un lien direct entre mon propre saignement de nez et celui de Guillaume. En faisant appel à moi avec une telle intensité, Mélanie avait enclenché un processus de connexion fluidique qui me relia directement à Guillaume. Cette connexion, véritable pont d'énergie, permit à Guillaume de puiser directement dans mon fluide vital pour réparer rapidement les tissus endommagés. Le saignement que j'avais eu n'en était que l'effet provoqué par le processus dans mon corps de chair, qui avait temporairement souffert d'une carence fluidique bien localisée.

J'ai déjà expliqué en détail les facteurs impliqués dans un tel phénomène dans *L'Au-delà à l'écoute de nos prières.* Ce pouvoir est à la portée de la majorité d'entre nous, à des degrés plus ou moins intenses selon la constitution de notre structure électrique. Il est mis en branle chaque fois que quelqu'un fait appel à notre aide. Ainsi, nous soutenons nos proches, nos amis, et parfois même nos ennemis, en leur donnant l'énergie vitale dont ils pourraient avoir besoin. Évidemment, notre Ange gardien voit alors à ce que notre propre santé soit protégée dans la pleine mesure de notre plan de vie.

L'assistance que nous portons aux autres est donc doublement importante, car, en plus de leur donner le support physique ou psychologique dont ils ont besoin, nous pouvons fournir le carburant énergétique souvent nécessaire à son efficacité.

2. L'ACTION NÉGATIVE DES ESPRITS MALVEILLANTS

L'action bienveillante de nos amis de lumière peut malheureusement se heurter à un obstacle de taille que constituent nos mauvais choix entraînés par toutes nos tendances et nos pulsions intérieures. Elles sont encore très présentes dans le périsprit des incarnés de notre planète. Elles sont les clés qui ouvrent les portes de notre Esprit aux entités malveillantes végétant dans l'astral inférieur qui nous entoure. Leur nombre et leur proximité presque physique avec notre monde leur confèrent de grandes possibilités d'actions malveillantes.

Leur influence négative joue un rôle important dans l'exécution de plusieurs crimes qui pullulent autour de nous. Ils entretiennent de véritables connexions directes avec les incarnés qui les accueillent dans leur cœur. Toutes les pensées malveillantes, les découragements, les colères, l'orgueil, l'égoïsme et les mauvais penchants que nous entretenons les invitent à nous influencer dans ce que nous avons de négatif. Notre libre arbitre complète ensuite les conditions dont ils ont besoin pour continuer à perpétuer leurs vices à travers les gestes négatifs qu'ils peuvent nous encourager à faire.

En ce début du nouveau siècle, ils démontrent une démence incroyable à semer le mal. Partout où ils se sentent bien accueillis, ils étendent leurs tentacules hypocrites en cherchant à contrôler le plus d'êtres humains possible. Ils semblent très bien réussir, mais il ne faut pas oublier que leur efficacité est directement conditionnelle à notre degré de réciprocité. Il suffirait donc de plus de bonne volonté pour qu'ils tombent dans une complète impuissance.

Comme nous le disions plus haut, les Esprits malveillants doivent se connecter directement dans notre périsprit pour nous atteindre. Pour y parvenir, nos vibrations doivent s'abaisser à un niveau qui leur est compatible. Toutes les pensées négatives que nous entretenons provoquent progressivement cette chute vibratoire, mais l'alcool et la drogue sont les meilleurs outils dont ils profitent pour réussir rapidement.

Il leur est relativement facile d'atteindre tous les consommateurs de ces artifices qui affaiblissent ainsi leur lucidité et étouffent leur capacité de résister à leurs pensées vicieuses. Les Esprits du bas astral peuvent alors les utiliser à leur guise, comme de banals outils à leur service. Ils trouvent ainsi une main-d'œuvre à bon marché qui leur sert d'instruments du mal dans notre monde d'incarnation.

Leurs actions deviennent d'autant plus efficaces qu'ils peuvent renforcer leur impact en s'abreuvant dans les réservoirs d'énergies négatives que les pensées humaines malveillantes créent autour de la Terre. Ce sont de véritables masses d'énergies très sombres qui s'agglutinent en formes-pensées très concentrées. Ce sont des « égrégores », visibles pour certains médiums, que seules les prières sincères et les intentions bienveillantes peuvent détruire. Chaque fois que nous émettons une pensée négative contre qui que ce soit, nous enrichissons ces réservoirs d'énergies noires et augmentons le pouvoir d'action des Esprits retardataires du bas astral. Heureusement, nous engendrons l'effet contraire lorsque la bienveillance et l'amour jaillissent de notre Esprit.

En ce début de siècle, leurs assauts se concentrent beaucoup sur le culte de la mort. Leurs efforts portent facilement leurs fruits, car un laxisme répandu sur toute la Terre leur laisse le champ libre. Ils jouent actuellement un grand rôle dans la prolifération du suicide et du meurtre sous toutes ses formes. Ils se délectent de ces manifestations du mal, car elles grossissent directement les rangs des Esprits souffrants du bas astral, avec qui ils partagent l'humiliation de leur échec d'évolution.

Cette influence, que peuvent exercer dans nos vies les

Esprits malveillants de l'au-delà, emprunte parfois des détours pour mieux nous atteindre. Ils utilisent alors tout ce qui est à leur portée dans notre entourage immédiat. Nous voyons ici l'importance de bien choisir notre milieu de vie dans tout son contexte humain et spirituel. C'est là parfois une condition essentielle à la réussite de notre incarnation. Les Esprits malveillants de l'au-delà considèrent toujours scrupuleusement cet aspect lorsqu'il est négligé.

DES EFFORTS DIFFICILES

Léonie avait longtemps stagné dans l'assouvissement des pulsions qui s'incrustaient encore dans son périsprit. S'entourant d'amis dont les mœurs n'invitaient guère à l'élan spirituel, elle ne cherchait qu'à satisfaire ses mauvaises tendances et ses faiblesses.

Lorsque son plan de vie arriva au terme d'une étape où elle devait se prendre en main, Léonie sortit de sa torpeur. Son rythme de vie ayant changé, elle commença à s'ouvrir sur une réflexion profonde qui lui fit remettre en question les choix qu'elle avait jusque-là trouvés conformes à sa conception de l'existence. Redécouvrant la dimension spirituelle qu'elle avait si longtemps négligée, Léonie se mit à lire des ouvrages traitant de la raison de notre présence sur Terre. C'est ainsi qu'elle découvrit mes livres qu'elle lut avidement.

Les nouveaux concepts qu'elle comprenait de mieux en mieux commencèrent à s'imprégner dans son quotidien. Sa conduite contrasta de plus en plus avec son entourage qui continuait à végéter dans les bas-fonds de l'instinct primaire.

Lorsqu'elle se rendit compte qu'elle avait besoin d'une aide pour se prendre en main, elle m'appela et nous convînmes d'une date de consultation.

Dès les premiers instants de notre rencontre, Léonie me confia sa longue feuille de route de négligence. Elle m'avoua qu'elle consommait de la drogue depuis plusieurs années, mais qu'elle cherchait à s'en libérer.

L'échange médiumnique avec son Ange gardien lui permit d'apprendre qu'elle était bien assistée des Esprits de lumière dans tous les efforts sincères qu'elle faisait pour s'améliorer. Elle apprit également que des Esprits noirs la suivaient sans cesse, surveillant le moment où ils pourraient l'entraîner de nouveau dans les abîmes. Elle s'en inquiéta, mais je lui expliquai qu'ils ne pouvaient rien faire tant qu'elle conserverait le nouveau cap qu'elle s'était donné.

Léonie revint deux mois plus tard. Elle m'apprit que son conjoint lui faisait des scènes terribles pour qu'elle redevienne la femme dépendante qu'il aimait tant. Devant sa résistance, Léonie dut se résoudre à rompre leur vie commune.

Elle continuait ses efforts en priant régulièrement Dieu et son Ange gardien de lui venir en aide.

Plusieurs mois plus tard, elle me demanda un nouveau rendez-vous. Elle avait vécu une rechute, mais elle s'était relevée. Elle m'expliqua que la situation était devenue très difficile, car, depuis sa résolution de grandir, elle recevait régulièrement des offres qui l'invitaient à succomber.

C'est là que mon Guide me confirma que les Esprits noirs qui la suivaient utilisaient les gens de son entourage pour la ramener dans le giron de leurs influences. À leur insu, ils leur inspiraient l'idée d'offrir leurs stupéfiants gratuitement.

Je conseillai à Léonie de changer d'amis et de bien évaluer la qualité des gens qu'elle fréquentait. Je lui expliquai qu'elle devait court-circuiter ainsi l'action des Esprits malveillants qui ne pourraient plus agir directement sur elle. Ils utilisaient les outils qu'elle leur fournissait elle-même par ses mauvaises fréquentations.

***

Il peut parfois arriver que leurs actions négatives se fassent au grand jour. Ils n'hésitent pas alors à manipuler la dimension matérielle pour nous influencer négativement. Leurs actions peuvent ainsi ressembler aux cas de hantises que nous avons vus dans mes livres antérieurs, mais le but poursuivi s'avère toujours fort différent. Le plus souvent, lorsqu'ils en viennent à dévoiler ainsi leur présence, ils cherchent, dans un recours ultime, à empêcher leur victime d'échapper à leur emprise ou de prendre leur envolée spirituelle.

UNE LETTRE MANUSCRITE

Sylvette subissait les foudres d'Esprits sans scrupules qui s'étaient introduits dans sa vie par l'intermédiaire du Ouija.

Son inconscience et son ignorance des Esprits malveillants qui nous entourent l'avaient poussée à tenter des expériences qu'elle jugeait passionnantes.

Comme il arrive le plus souvent avec ce jeu aux allures inoffensives, les premiers contacts parurent intéressants. Les Esprits hypocrites trompaient allègrement Sylvette et ses amis en prenant plusieurs identités qui convenaient aux attentes de l'assistance. Ils s'appliquaient même à leur formuler de précieux conseils, tromperies bien emballées ne cherchant qu'à mieux appâter leur subtil hameçon.

C'est lorsque Sylvette et ses amis décidèrent de mettre fin à leur activité de médiums amateurs que les choses commencèrent à se gâter. Sylvette fut la plus touchée du groupe. Sa médiumnité, dont elle ignorait l'existence, faisait d'elle un instrument alléchant pour les entités qui cherchaient à se l'approprier.

La santé de Sylvette déclina rapidement. Une fatigue permanente l'empêchait de plus en plus de vaquer à ses occupations quotidiennes. Des examens médicaux approfondis ne décelèrent rien de physiquement anormal. Dans leur ignorance, les médecins diagnostiquèrent une dépression nerveuse due au stress vécu à son travail.

Les médicaments prescrits ne donnèrent pas les résultats espérés. Sylvette sombrait lentement dans ce qu'elle appelait une impuissance à agir. Pendant ce temps, les Esprits malveillants, à qui elle avait ouvert sa porte, s'abreuvaient directement dans sa réserve de fluide animalisé, carburant de sa vie terrestre.

Des idées suicidaires se faisant de plus en plus insistantes, elle se décida à m'écrire. Elle avait obtenu mon adresse sur le site Internet de mon éditeur.

Sylvette prit place devant son ordinateur. À peine eut-elle inscrit mon nom sur son écran que l'appareil refusa toutes les commandes qu'elle tapait sur son clavier. Elle fit les manœuvres d'usage pour ce genre de panne, mais rien n'y fit. Elle ferma l'appareil et l'ouvrit de nouveau. Devant les piètres résultats, elle le débrancha complètement. Elle remit le courant et essaya encore. L'ordinateur refusait toujours d'obéir. Sylvette se décida alors à me faire parvenir une lettre manuscrite.

Dès qu'elle prit le crayon pour trouver les premiers mots sur la feuille vierge, elle sentit une force extérieure tenter de prendre le contrôle de sa main. Quelqu'un d'invisible cherchait à l'empêcher d'écrire sa lettre. Sylvette comprit dès ce moment que son ordinateur était sous son emprise.

Sylvette se concentra avec force et pria Dieu de lui venir en aide. Après une certaine résistance, l'Esprit malveillant lâcha prise. La lumière et la sincérité de Sylvette avaient eu raison de la rage négative de ceux qui l'assaillaient.

Dès que je reçus la lettre de Sylvette, je lui téléphonai. Le cas nécessita de nombreuses prières pendant une assez longue période. Le calme revint facilement dans sa vie. Cependant, sa réserve énergétique avait été lourdement affectée, ce qui pouvait sérieusement hypothéquer sa santé physique pour de nombreuses années.

Au moment d'écrire ces lignes, je n'avais pas encore rencontré Sylvette. Je ne peux donc vous dire si l'intervention des Esprits guérisseurs a pu faire quelque chose pour l'aider à reprendre ses forces vitales.

Un fait est cependant certain : Sylvette tira de profondes leçons de cette pénible expérience. Tout d'abord, elle se rendit douloureusement compte qu'on ne pouvait contacter les défunts sans une sérieuse préparation. Des règles précises doivent être respectées et une grande prudence s'impose toujours. Ensuite, Sylvette comprit une réalité encore plus quotidienne : l'action directe qu'ils avaient exercée sur elle lui fit prendre conscience de la terrible influence que les Esprits du bas astral pouvaient avoir sur notre vie. Elle saisit ainsi l'importance de leur fermer la porte par une vie saine et bienveillante, l'élévation de notre Esprit nous rendant incompatibles avec leurs inspirations hypocrites.

UNE DERNIÈRE TENTATIVE

Marcelle et ses amies s'étaient procuré un livre de magie qui expliquait différents modes d'incantations auprès des morts. Il spécifiait également les résultats qu'elles pouvaient donner selon le type de demande adressée.

La naïveté de leurs dix-huit ans, associée à une grande ignorance et à une grande légèreté, faisait de ces jeunes des victimes idéales pour les Esprits malveillants du bas astral qui se délectent du mal qu'ils sèment autour d'eux.

Les premières séances furent décevantes pour les hautes

attentes que le groupe s'était fixées, mais l'au-delà inférieur qu'elles invoquaient, sans le savoir, ne tarda pas à leur faire signe.

Leur emballement innocent les fit d'abord bien rire, mais leur enjouement se transforma en méfiance, puis en peur bien réelle. Lorsqu'elles virent que l'expérience ne prenait pas du tout la tournure escomptée, elles décidèrent immédiatement de mettre fin à leurs activités d'apprenties sorcières.

Une fois le calme revenu, chacune voyait bien qu'elle s'en était tirée de justesse. Elles regrettaient la légèreté de leur conduite. Une d'entre elles devait cependant en assumer les conséquences et eut ainsi bien des problèmes.

Contrairement à ses amies, Marcelle possédait une structure électrique qui lui conférait une médiumnité utilisable par les Esprits opaques du bas astral. Ceux-ci s'étaient rapidement désintéressés de celles qui ne possédaient aucune faculté spéciale, mais Marcelle, avec la sienne, devenait maintenant l'objet de leur convoitise.

Dès le début, les premières manifestations prirent un caractère dramatique. Une nuit, Marcelle dormait calmement. Tout à coup, ses couvertures se levèrent d'elles-mêmes. Marcelle fut tirée brutalement de son sommeil par le mouvement des pièces d'étoffe. Elle poussa un cri d'horreur lorsqu'elle aperçut une femme au visage exsangue qui se tenait debout dans son lit. Elle tirait les couvertures avec ses mains. Elle regardait Marcelle béatement, avec un sourire exprimant une grande déficience mentale.

Alertée par les cris de Marcelle, sa mère, tout essoufflée, arriva rapidement dans la chambre. L'Esprit disparut aussitôt. Les couvertures tombèrent lourdement sur le corps tremblant de Marcelle. Sa mère eut alors très peur à son tour, car elle eut amplement le temps de voir le phénomène devant elle. Elle comprit immédiatement que quelque chose d'anormal se passait et écouta attentivement les propos de Marcelle.

Les jours suivants, des bruits de pas résonnèrent dans la maison, se concentrant principalement dans l'escalier qui accédait aux chambres à coucher.

Marcelle, son père et sa mère firent de nombreuses prières, mais toutes semblaient sans effet contre les attaquants invisibles qui s'en prenaient à eux.

Trois jours plus tard, les Esprits recommencèrent leur manège.

Ils soulevèrent à nouveau les couvertures du lit de Marcelle, forçant ainsi toute la maisonnée à passer la nuit sans sommeil.

La mère de Marcelle confia son problème à une de ses amies qui lui conseilla de faire appel à moi. C'est ainsi qu'elle me téléphona et que nous convînmes d'un rendez-vous.

La veille de notre rencontre, Marcelle et ses parents furent éveillés en plein milieu de la nuit par un fort bruit de papier chiffonné. C'était comme si des dizaines de personnes froissaient des centaines de feuilles à la fois. Le bruit venait nettement de la salle à manger. Les trois témoins se levèrent rapidement et se dirigèrent ensemble vers la pièce du rez-de-chaussée. Chacun de leurs pas était hésitant.

Une fois sur place, ils se rendirent compte que le bruit venait de la table. Ils allumèrent et le chiffonnement cessa subitement. En s'approchant, ils trouvèrent sur le meuble le papier sur lequel la mère de Marcelle avait inscrit mes coordonnées et l'heure de notre rendez-vous.

Une grande peur s'empara de Marcelle et de sa mère. Leur jugement s'embrouilla. L'expérience leur inspira curieusement qu'elles ne devaient pas venir me voir si elles ne voulaient pas en subir de fâcheuses conséquences.

Ce n'est que le lendemain que le père de Marcelle réussit à les raisonner et à les convaincre que la manifestation démontrait, bien au contraire, que les assaillants craignaient qu'elles ne me rencontrent.

Lors de la consultation, je procédai, par l'intervention directe des Esprits de lumière, à l'application des croix de protection sur le périsprit de Marcelle. Cela était devenu nécessaire, car elle avait ouvert des portes qui ne pouvaient se refermer d'elles-mêmes. Je lui expliquai la démarche d'évolution qui lui incombait. Elle devait tenter de s'améliorer du mieux qu'elle pouvait, pour développer une sympathie vibratoire avec les croix de lumière qu'elle avait reçues. Je l'avertis alors des conséquences possibles qui pouvaient survenir si elle décidait de faire autrement.

Marcelle me parut un peu hésitante face à un tel engagement, mais je crus que le choix était facile à faire si elle désirait vraiment retrouver le calme et la sécurité dans sa vie de veille et de sommeil.

Cette nécessité de devoir faire des efforts d'évolution

spirituelle, pour contrer l'action hypocrite des Esprits inférieurs, ne s'adresse pas seulement à ceux qui bénéficient de la protection des croix de lumière. La même condition s'adresse également à toute personne qui désire neutraliser les influences négatives qu'elle pourrait subir. Faire tout son possible pour soi-même et pour les autres, c'est nous garantir une protection de base contre les mauvaises inspirations qui ne trouvent alors aucune emprise dans notre cœur. En fait, ce qu'il faut retenir, c'est que le bien n'engendre toujours que le bien et que toute la volonté qui le soutient se prémunit automatiquement contre son contraire.

***

Dans d'autres circonstances plus particulières, les Esprits malveillants qui manipulent directement la matière cherchent à exprimer clairement leur haine, leur jalousie ou leur rancune. Ils s'immiscent alors directement dans le quotidien des incarnés visés et empoisonnent ouvertement leur existence pour arriver à leurs fins.

UN CADEAU INATTENDU

Ghyslaine et Tony adoraient le cachet chaleureux des meubles d'autrefois. Dès l'achat de leur maison, ils avaient commencé à donner un air ancien à leur nid d'amour, au rythme de leurs trouvailles et de leur budget.

Plusieurs pièces étaient déjà complétées. Ils étaient maintenant à la recherche de tout ce qui pouvait servir à transformer convenablement l'étage supérieur. C'est ainsi que, depuis un an, le jeune couple aménageait progressivement sa chambre à coucher dans un style du dix-neuvième siècle.

Lorsqu'un vieil oncle de Tony apprit les goûts particuliers de son neveu, il lui offrit un lit de style très ancien qui traînait dans son grenier depuis longtemps. Le meuble était en fer adroitement travaillé. Son allure raffinée lui donnait des airs de noblesse. L'épaisse poussière qui le recouvrait dissimulait une peinture émaillée qui avait conservé son éclat de jeunesse. De magnifiques dorures en ornaient la tête et le pied. Chacune des composantes était en excellent état. On aurait dit un lit neuf qui avait été oublié.

Ghyslaine et Tony furent ravis de recevoir ce cadeau inattendu. Les deux amateurs d'antiquités le nettoyèrent avec précaution. Ils connaissaient la valeur d'un tel meuble et s'estimaient privilégiés d'en devenir si facilement les propriétaires.

Lorsque leur travail de restauration fut terminé, ils montèrent le précieux lit dans leur chambre à coucher. Les modifications qu'ils avaient déjà apportées à la pièce s'harmonisaient merveilleusement bien avec leur nouvelle acquisition. C'était comme si elle avait fait intégralement partie de leur plan d'aménagement.

Comme leur matelas convenait bien aux dimensions du lit ancien, ils purent l'étrenner le soir même.

Vers minuit trente, Ghyslaine fut éveillée par un bruit curieux. En ouvrant les yeux, elle crut reconnaître le craquement typique d'une chaise berçante en bois. Le son insolite semblait provenir de la droite du lit, juste derrière elle.

Très surprise, elle se retourna brusquement. Une frayeur indescriptible s'empara d'elle. Ghyslaine aperçut un homme assis dans un fauteuil berçant qu'il balançait d'un mouvement régulier. L'Esprit lui était totalement inconnu. Il la regardait fixement avec une grave expression de colère. Ghyslaine cria d'effroi. Tony sortit instantanément de son sommeil. Tout confus, il demanda nerveusement à Ghyslaine ce qui se passait. L'apparition disparut sur-le-champ.

Ghyslaine décrivit à son époux ce qu'elle venait de vivre. Elle tremblait de peur. Elle lui donna les détails qui l'avaient frappée, affirmant qu'elle était alors bien éveillée et que la présence de l'inconnu était tout à fait réelle.

Tony tenta de réconforter Ghyslaine qui n'avait encore jamais été témoin d'un phénomène d'apparition. Il se leva et alla vérifier le coin de la chambre où se tenait l'intrus, mais, évidemment, il ne trouva rien d'anormal. Il expliqua à son épouse qu'elle avait fait un mauvais rêve et que tout rentrerait dans l'ordre dès qu'elle aurait retrouvé son calme. Ghyslaine demanda à Tony de prendre son côté de lit et finit par se rendormir jusqu'au matin.

Dès les premières lueurs du jour, Ghyslaine sortit de sa couchette. Elle s'empressa d'ouvrir les persiennes pour bien faire pénétrer les rayons du soleil matinal. Tony se leva à son tour. Après sa toilette, il rejoignit Ghyslaine qui s'affairait dans la cuisine.

Ils commencèrent à préparer leur petit déjeuner, mais tous les appareils électriques qu'ils voulaient utiliser tombèrent en panne. La cafetière, le presse-jus, le grille-pain et le four à micro-ondes refusèrent de fonctionner.

Ghyslaine fit immédiatement un lien avec ce qu'elle avait vu, mais Tony lui rappela que ce n'était qu'un rêve. Il l'invita alors à se rendre dans un restaurant et à en profiter pour reparler de tout cela calmement.

Dès leur retour, ils se rendirent compte que la grande horloge grand-père s'était arrêtée. Tony tenta de redonner le mouvement au balancier, mais il s'immobilisa de nouveau. Un peu plus tard, Ghyslaine s'aperçut que le réfrigérateur ne fonctionnait plus. Ce fut ensuite la cuisinière, puis la laveuse et la sécheuse. Tony vérifia les circuits électriques, mais tout semblait bien en ordre. C'était les appareils eux-mêmes qui semblaient s'être donné le mot pour cesser leur service.

Lorsque le téléviseur se mit à s'allumer de lui-même et à changer de chaîne au gré de ses caprices, Ghyslaine éleva la voix. Elle somma Tony de se rendre à l'évidence et d'admettre qu'ils étaient la cible d'un phénomène qui dépassait les limites de son rationnel matérialiste.

Tony fit appel à des techniciens qui ne trouvèrent aucune explication à l'entêtement des appareils électriques de la maison. Ghyslaine et Tony devinrent de plus en plus nerveux. Une lourdeur agressive s'installait dans la maison. Le couple se disputait de plus en plus fréquemment sur des peccadilles de plus en plus insignifiantes.

Après quelques jours de cette ambiance empoisonnée, Ghyslaine rendit visite à sa belle-mère. Elle cherchait à comprendre leur surprenante attitude agressive.

Au cours de leur conversation, il fut question de l'enfance de Tony. Cette incursion dans le passé amena sa belle-mère à sortir l'album de photos. En tournant les pages où s'étaient fixés les souvenirs des plus belles années, Ghyslaine reconnut l'Esprit qui lui était apparu. Il avait les mêmes sourcils épais qui donnaient une expression de dureté à son regard froid. Il portait les mêmes vêtements que dans l'apparition. Sans livrer aucune explication, Ghyslaine demanda qui il était. Sa belle-mère lui répondit qu'il s'agissait d'un oncle bourru qui s'était toujours tenu loin des siens. Une profonde dispute avait rompu les liens. D'un caractère très rancunier, il était mort en emportant dans la tombe les ressentiments que son manque d'amour avait nourris jusqu'au dernier moment.

Ghyslaine retourna chez elle très satisfaite. Elle avait l'explication de tous les problèmes qui s'étaient subitement installés chez elle.

Dès son retour, elle démonta le lit princier. Elle le sortit rapidement de la maison et le jeta directement au rebut. Elle retourna dans la maison et s'adressa à haute voix à l'Esprit du vieil oncle qu'elle soupçonnait. En le nommant clairement, elle lui ordonna de sortir, lui signalant qu'elle avait jeté le lit et qu'elle ne voulait aucun lien avec lui. Ghyslaine sentit un déplacement d'air qui souffla sur son visage et un grand calme envahit toute la pièce.

Dès son arrivée, Tony fut surpris du geste de sa femme. Il s'empressa de lui dire qu'elle avait fait une erreur de se débarrasser ainsi d'un si beau meuble, mais il dut bien admettre que l'horloge et tous les appareils électriques avaient miraculeusement retrouvé leur fonction depuis son intervention radicale.

Pour en avoir le cœur net, Ghyslaine s'informa auprès de celui qui leur avait donné le lit. Elle lui demanda si le meuble lui avait toujours appartenu. Il lui répondit par la négative, lui précisant qu'il l'avait rangé dans son grenier depuis la mort de son véritable propriétaire. Il s'agissait bien de l'oncle de sa belle-mère, comme l'avait pressenti Ghyslaine.

Le défunt, encore tiraillé par de vieilles rancunes, ne pouvait accepter que le fils de sa nièce qu'il détestait puisse utiliser un bien qui lui avait appartenu. Il avait donc profité de la médiumnité inconnue de Ghyslaine pour manifester son désaccord et les empêcher de jouir de leur acquisition.

Il est bien triste de voir que la haine et la rancune peuvent prendre une pareille emprise sur le cœur d'un humain. Ces énergies négatives suivent l'Esprit au-delà de la mort et le forcent à souffrir des tourments qu'elles engendrent malicieusement. La rage qu'elles suscitent étouffe toute émergence de sérénité qui ferait comprendre au défunt le bonheur dont il se prive. Souvent, seule la prière des survivants pourrait leur permettre de se sortir de leur aveuglement, mais, malheureusement pour eux, les ressentiments qu'ils ont nourris dans le cœur de leurs proches portent ces derniers à les oublier et à ne pas chercher à les aider. Il est donc impératif, pour nous qui avons la chance d'en connaître l'importance, de semer le pardon dans notre cœur et d'en répandre la moisson auprès de ceux et celles que nous n'aimons pas assez.

***

Bien que l'action des Esprits malveillants soit le plus souvent dépouillée d'une véritable subtilité, elle demeure quand même porteuse d'une impressionnante sournoiserie qui accroît l'efficacité de leurs interventions.

UN ÉPOUX TRÈS DÉPRESSIF

Claire et Julien faisaient vie commune depuis trente-cinq ans. Jusque-là, leur mariage avait permis de connaître un grand nombre de bons moments qui faisaient vite oublier les difficultés qu'ils devaient rencontrer. Unis par un amour sincère, ils franchissaient leurs épreuves en se soutenant mutuellement et partageaient généreusement les périodes plus heureuses pour mieux reprendre leur souffle.

Lorsque Claire fit appel à mon aide, son existence avait pris un tout autre visage. Julien s'était littéralement transformé. Depuis plusieurs mois, une grave dépression avait pris possession de sa personne. Il n'était plus le même homme. Son naturel optimiste avait disparu. Même son tempérament calme avait des soubresauts laissant monter des colères démesurées que Claire ne parvenait pas à expliquer.

Le médecin consulté avait savamment donné son point de vue, mais Claire ne trouvait pas d'explications logiques à ce changement subit.

Lorsque je demandai comment avait commencé cette métamorphose négative, Claire me dévoila une piste qui me fit soupçonner l'intervention hypocrite des Esprits malveillants du bas astral. Julien avait commencé à entretenir certaines relations avec des gens un peu particuliers qu'il avait connus à son travail. Comme Claire éprouvait une vague antipathie envers eux, elle avait demandé à Julien de cesser de les fréquenter. Son mari, convaincu de la valeur de l'intuition de Claire, avait immédiatement acquiescé à sa demande. C'est après cela que le malheur avait commencé à s'installer dans la maison.

Je conseillai à Claire de faire la prière pour mettre fin aux hantises, quatre fois par jour, pendant cinq semaines. Je lui expliquai ensuite les signes qui lui démontreraient que la solution convenait bien au problème qu'ils connaissaient. Nous convînmes qu'elle m'en donnerait des nouvelles à la fin du délai prescrit.

Onze jours plus tard, Claire me téléphona. Sa voix exprimait beaucoup d'émotions. Elle et Julien avaient été témoins d'un impressionnant phénomène.

La veille, en fin de soirée, alors qu'ils regardaient les nouvelles télévisées, Claire aperçut deux gros yeux rouges qui les observaient par la fenêtre du salon. Claire cria à Julien d'observer ce qui se passait. Julien, qui était assis devant, s'en éloigna instinctivement. Il distingua nettement les deux yeux lumineux. C'était comme si un feu incandescent se projetait des orbites d'un animal. Les yeux les fixaient, puis bougeaient comme s'ils cherchaient quelqu'un ou quelque chose. Claire et Julien récitèrent leur prière. Malgré la peur qui les paralysait, ils ordonnèrent fortement à cet être de partir. Les yeux quittèrent la fenêtre.

Prenant tout leur courage, Claire et Julien s'avancèrent. Ils regardèrent à l'extérieur de la maison. Ils aperçurent un très gros serpent qui rampait sur la galerie. Le reptile descendit le petit escalier et s'éloigna par l'étroit chemin qui menait au trottoir. Julien ouvrit les lumières extérieures et courut pour suivre le trajet de l'animal. À sa grande surprise, le gros serpent disparut devant lui. Il se volatilisa en ne laissant aucune trace. L'Esprit malveillant, qui s'était montré sous sa forme coutumière du bas astral, avait capitulé. Julien retourna dans la maison. Il reprit sa prière avec Claire pour redemander une pleine protection.

Le lendemain, dès son réveil, Julien se sentit libéré d'une pression intérieure. Ses idées avaient retrouvé leur pleine liberté. Il eut la nette impression qu'il sortait d'une torpeur qui avait paralysé son jugement.

Les événements confirmaient que leurs prières avaient eu

raison des forces occultes négatives qui s'en étaient prises à eux. Je leur conseillai de poursuivre quand même leur prière pendant la période dont nous avions convenu.

À la fin de la dernière semaine, Claire me téléphona pour me donner des nouvelles sur les résultats de leur prière. Le calme était définitivement revenu. Julien avait retrouvé son sourire. Il avait pu cesser ses médicaments. Claire reconnaissait enfin l'homme qu'elle avait toujours aimé.

Cette expérience nous montre certes l'importance de la prière pour contrer les influences négatives dont nous pouvons être victimes, mais elle nous rappelle également l'importance de bien choisir ceux que nous fréquentons. Il peut toujours arriver qu'un Esprit familier négatif qui accompagne un incarné retardataire fasse des ravages auprès des gens qui entrent dans leur cercle. Il faut donc bien s'assurer que ceux que nous appelons des amis portent la lumière dans leur cœur, dans leurs pensées et dans leurs gestes.

***

Cette dégradation de la personnalité sous l'influence malveillante des Esprits retardataires est beaucoup plus répandue que nous ne pourrions le croire. Pour y parvenir, ils imbibent les pensées de leur victime des effluves de leur mauvaise volonté. La personne visée présente souvent des troubles du comportement qui peuvent contraster grandement avec son humeur habituelle.

UN ESPRIT MALHEUREUX

Rita était venue me consulter pour trouver une solution aux graves problèmes de comportement de sa fille Julie, à peine âgée de quinze ans. De nombreux intervenants s'étaient déjà emparés du dossier. Malheureusement, aucune de leurs actions ne semblait pouvoir régler la problématique qui prenait de plus en plus d'ampleur.

Rita avait apporté une photographie de Julie. Je l'utilisai pour mieux entrer en contact avec son Ange gardien.

Les premières images reçues de l'au-delà me confirmèrent la présence d'un Esprit malveillant. Il était la source des graves écarts de conduite de Julie. Mes amis de lumière obligèrent le fautif à se montrer, pour que je puisse clairement l'identifier. Son apparence était masculine. Son périsprit très sombre contrastait avec la lumière dorée qui se répandait dans mon petit bureau. Ses traits à peine perceptibles présentaient des déformations qui traduisaient son infériorité vibratoire. Une lueur rouge émanait de ses yeux comme pour me faire comprendre la rage qui grugeait son intérieur. C'était sans contredit un Esprit de niveau semblable à ceux qui errent dans le bas astral de notre Terre. Je livrai à Rita tous les détails que je percevais. En écoutant ce que je lui disais, elle prit un air surpris, comme quelqu'un qui venait subitement de comprendre. Elle me rapporta alors qu'elle avait elle-même perçu cette entité quelques mois plus tôt.

C'était au milieu de la nuit. Rita s'était levée pour se rendre aux toilettes. C'est là qu'elle avait aperçu l'Esprit. Il passait lentement devant la porte restée ouverte, puis avait accéléré son déplacement comme pour se cacher. Il avait réagi comme s'il avait été pris en flagrant délit.

Je reçus d'autres informations nous expliquant que l'Esprit malveillant s'en prenait à Julie depuis sa petite enfance. Il avait toujours cherché à lui nuire. Les problèmes de conduite et de comportement de l'adolescente avaient pris leur ampleur actuelle parce qu'il la suivait désormais partout où elle se rendait. Il ne lâchait plus Julie d'une semelle.

Voyant la gravité du phénomène, j'expliquai à Rita les urgentes prières qu'elle devait faire. Quatre fois par jour, pendant les trente jours suivants, elle devait réciter, avec le plus de ferveur possible, une prière pour mettre fin aux hantises. Rita nota soigneusement toutes les instructions que je lui livrai. Nous convînmes finalement de procéder à l'application des croix de protection, si cette approche s'avérait insuffisante.

Dès le premier soir, l'Esprit noir tenta de faire peur à Rita. Il commença par produire des bruits imposants qui retentissaient dans sa chambre. Puis, il lui apparut dans toute sa laideur. Une haine indescriptible semblait s'être incrustée dans son visage déformé.

Dans les premiers instants, Rita eut peur, mais, se souvenant de ce que je lui avais dit, elle reprit son calme, comprenant que la manifestation lui confirmait l'efficacité de ses prières. Elle les reprit alors avec plus d'ardeur et d'insistance. L'Esprit se retira finalement, voyant que sa haine n'était pas de taille devant l'amour de Rita qui cherchait à protéger sa fille.

Rita me téléphona dès le lendemain matin pour me faire part de ce qui s'était passé. Comme elle l'avait elle-même compris, je lui confirmai que l'Esprit lui avait ainsi maladroitement confirmé l'efficacité de ses demandes de protection.

Deux jours plus tard, Rita se rendit à une certaine séance de méditation. Une de ses amies l'y avait amenée. L'expérience s'était bien déroulée. Rita n'avait rien ressenti de très spectaculaire, mais elle en avait retiré un calme intérieur qui était le bienvenu.

Tout juste avant de quitter les lieux, un inconnu qui avait participé à la même séance se dirigea vers elle. Il lui rapporta qu'il venait de recevoir un message médiumnique pour elle. D'un seul trait, il lui expliqua que les problèmes de hantise dont était victime Julie provenaient de l'Esprit de l'enfant dont Rita avait volontairement avorté quelques années avant la naissance de sa fille. Rita lui avait enlevé la seule chance qu'il avait de revenir grandir avant une longue période. L'Esprit avait tenté de se réincarner par sa deuxième grossesse, mais les conditions ne convenaient plus pour le plan qu'il devait vivre ici-bas. Ses défauts encore très vifs, dont une jalousie ravageuse, l'avaient poussé à se venger sur sa sœur de chair qui prenait ainsi sa place. Bien que Julie ne fût aucunement responsable de ce qu'il subissait, il apaisait, par elle, la hargne qui lui dévorait le cœur. Il voyait Rita en souffrir et tirait du plaisir de la voir ainsi payer pour l'empêchement de grandir qu'elle lui avait égoïstement imposé.

Rita fut fortement ébranlée par ce témoignage. Comment cet inconnu pouvait-il savoir qu'elle s'était fait avorter et que sa fille subissait ces sévices occultes? L'ensemble de ce qu'il rapportait lui parut donc véridique.

Rita me téléphona dès son retour chez elle. Je fus d'abord surpris d'entendre ses propos, car je n'avais rien reçu en ce sens pendant notre rencontre.

La voix de mes amis de lumière me confirma alors la valeur du message que Rita avait reçu. Ils m'expliquèrent qu'ils n'auraient pas dévoilé eux-mêmes l'identité de l'Esprit vengeur, car le cheminement spirituel que Rita avait entrepris, depuis ces heures sombres, rendait moins nécessaires les souffrances que l'information pouvait engendrer. Ils me confirmèrent ensuite que l'inconnu avait reçu son message directement de l'Esprit coupable qui cherchait à faire souffrir Rita que les prières éloigneraient pour très longtemps. Il agissait sur un réflexe de panique, cherchant un dernier assaut avant de subir la défaite totale.

Rita paraissait très bouleversée. Elle pleurait à chaudes larmes, se sentant directement responsable de toutes ces souffrances. Je m'appliquai à soulager sa peine par les propos qu'on m'inspirait directement. Rita ne pouvait refaire son passé. Elle devait donc considérer ce qui était à sa portée pour le présent et l'avenir de sa route. Faire le contraire ne pouvait aboutir qu'à la stérilité. La seule façon de réagir, pour continuer sa propre libération, était de poursuivre l'évolution spirituelle qu'elle avait déjà entreprise.

Rita continua ses prières pour contrer les actions malveillantes de l'Esprit pendant le délai dont nous avions convenu. Julie reprit progressivement le contrôle de ses pensées et de ses gestes. Libérée des stimulations négatives que l'Esprit exerçait directement dans son périsprit, elle redevenait elle-même avec toutes ses possibilités.

Cette affaire me laissa un peu songeur, du moins pendant quelques jours. Bien sûr, je recevais une autre confirmation de la valeur de tout ce que l'au-delà m'avait enseigné; je constatais à nouveau la force de nos prières pour compenser notre fragilité, mais je voyais aussi comment notre vue était limitée ici-bas, soumise à l'aveuglement de nos faiblesses et aux balises de notre plan de vie qui en restreignaient l'horizon.

***

Comme nous le voyons, les Esprits malveillants influencent facilement ceux et celles qui sympathisent avec leur infériorité spirituelle. Notre rectitude morale est donc très importante pour échapper à leur action sournoise.

Chacun de ces cas, dont je me suis occupé, m'a révélé une frappante particularité : les Esprits ignorants se considèrent comme les propriétaires de leurs victimes. Ils s'imposent à eux sans scrupules, amplifiant leurs assauts au moindre signe de résistance, comme ils le feraient si ceux-ci les avaient déjà rejoints dans le bas astral.

UN COLOCATAIRE INVISIBLE

Depuis leur adolescence, Patrice et Marjolaine vivaient du fruit lucratif de leurs activités illicites. Le moindre de leurs scrupules ayant été bâillonné depuis longtemps, ils exploitaient la faiblesse des autres en s'adonnant au trafic de la drogue. Eux-mêmes adeptes de la substance trompeuse, ils se vautraient dans l'exploitation de leur infériorité spirituelle, faisant fi des conséquences désastreuses auprès d'eux-mêmes, de leurs proches et de tous ceux qu'ils fournissaient.

La dimension spirituelle ne trouvait aucune place dans leurs pensées. Obnubilés par l'emprise de leurs pulsions, leur réflexion ne pouvait dépasser les limites de notre pauvre matière. Ils se moquaient facilement de tous ceux et celles qui leur suggéraient l'existence d'une raison d'être de notre présence sur la Terre, ne voyant en la vie qu'une occasion de jouir bêtement en profitant de tout ce qui était à leur portée. Leur point de vue perdit de son assurance et prit des allures d'interrogations lorsque l'au-delà s'imposa à eux.

Patrice et Marjolaine venaient de s'endormir. Pour la première fois de leur vie, ils se retrouvèrent tous les deux en pleine sortie astrale consciente. Debout près de leur lit, ils voyaient leurs corps qui dormaient côte à côte. Patrice entendait même ses ronflements dont se plaignait tant Marjolaine. L'effet de surprise les empêcha d'abord de vraiment réagir, puis, réalisant qu'ils ne dormaient pas, une peur les envahit rapidement.

Un bruit impressionnant capta promptement leur attention. Il semblait provenir du salon. Sans penser à leur état particulier, ils se dirigèrent rapidement vers la pièce adjacente à leur chambre. À leur grande surprise, ils virent un Esprit très noir bien installé sur le divan. Ses traits étaient fort repoussants. Toute son infériorité spirituelle s'exprimait par des déformations lui donnant des allures bestiales. Ses yeux émettaient une lueur rouge d'une vive incandescence. C'était comme si un feu se consumait à l'intérieur de sa tête et jaillissait par les pupilles fortement dilatées.

Prenant tout son courage, Patrice lui ordonna de partir.

L'entité se mit à rire grassement. Prenant un air très menaçant, elle lui répondit grossièrement de se taire, ajoutant qu'elle n'avait aucun ordre à recevoir de lui.

Marjolaine, affolée par la présence imposante d'un être si vil, lui ordonna à son tour de quitter leur demeure, lui précisant qu'il n'était pas chez lui.

Dans un grand rire, se levant d'un bond, l'Esprit malveillant leur apprit qu'il y avait déjà longtemps qu'il les côtoyait. En fixant Marjolaine, il ajouta qu'elle et Patrice n'étaient pas suffisamment élevés pour le chasser des lieux. Prenant un air dédaigneux, il leur dit qu'ils n'étaient pas mieux que lui.

S'approchant de façon menaçante, il ajouta qu'ils devraient plutôt le remercier pour la clientèle qu'il attirait vers eux. Riant de nouveau, l'Esprit leur signifia qu'ils se rejoindraient tous ensemble dans quelques années, au terme de leur courte vie terrestre. Plantant son regard de feu dans les yeux de Patrice, puis de Marjolaine, il leur dit qu'il les aurait au bout du chemin. Il leur affirma qu'ils ne pourraient lui échapper.

Au son de ces dernières paroles, Patrice et Marjolaine furent littéralement aspirés vers leur chambre à coucher. Ils se retrouvèrent subitement dans leur corps charnel et s'éveillèrent sans perdre le moindre souvenir de ce qu'ils avaient vécu.

Dès les premiers propos qu'ils échangèrent, ils comprirent qu'ils n'avaient pas rêvé. Ils se levèrent et se dirigèrent vers le salon. Ils pénétrèrent dans la pièce avec beaucoup d'hésitation. Une peur presque paralysante s'était emparée d'eux. Ouvrant la lumière, ils ne virent rien d'anormal. Tout était calme. L'Esprit semblait parti.

Pendant toute la journée qui suivit, Patrice et Marjolaine tentèrent de se convaincre qu'ils avaient fait un rêve éveillé. La sécurisante lumière du jour redonnait progressivement de l'ardeur à leur rationnel fortement soutenu par l'influence directe de l'Esprit malveillant qui poursuivait subrepticement sa manipulation hypocrite.

Des bruits insolites, qui se produisirent pendant quelques jours, leur rappelèrent cependant la pleine réalité de ce qu'ils avaient vécu. Patrice et Marjolaine cherchèrent des explications à ce qui s'était passé. C'est ainsi que leur expérience parvint jusqu'à moi.

Les deux conjoints avaient reçu un véritable cadeau de

leur Ange gardien respectif. Voyant le très probable échec de l'incarnation de leur protégé, leurs Protecteurs avaient laissé leur colocataire invisible dévoiler sa présence. Ils avaient voulu démontrer à Patrice et à Marjolaine que la dimension spirituelle existait bel et bien au-delà de ce que leurs sens physiques leur apportaient.

Évidemment, les Anges gardiens ne pouvaient accomplir le cheminement de Patrice et de Marjolaine. Il appartenait au couple de prendre conscience de leurs erreurs, d'approfondir leurs connaissances et d'appliquer les correctifs nécessaires à la réussite de leur incarnation. Grâce à eux, ils savaient maintenant toute l'influence qu'ils pouvaient subir par ceux de l'invisible qui partageaient leurs mauvaises intentions. Ils connaissaient également le cruel aboutissement de leurs fautes. Il ne leur restait plus qu'à agir en conséquence de leur conclusion, comme il en est pour chacun d'entre nous, dans la pleine mesure de sa volonté.

***

Le cas suivant prend des allures plus tragiques, car il nous montre une situation où l'action occulte s'imprégna directement dans la vie de la victime.

DE PIÈTRES COLLABORATEURS

Gisèle me consulta pour une grave hantise dont elle était victime. Des Esprits s'en prenaient à elle de façon permanente autant le jour que la nuit. Les Invisibles lui criaient des insanités, la rabaissant sans cesse. Ils la dérangeaient même en plein milieu de la nuit, ouvrant ses paupières et hurlant pour qu'elle s'éveille en sursaut. Ils puisaient directement dans son fluide vital l'énergie dont ils avaient besoin pour s'en prendre à elle. Très affaiblie, Gisèle avait épuisé tous les moyens qu'elle connaissait. Elle aboutit finalement à mon bureau.

Je procédai à l'application des croix de protection avec l'aide des Esprits lumineux venus à la suite de mes prières. Gisèle me quitta avec un grand soulagement.

Quelques jours plus tard, elle me téléphona. Elle me confirma que ses assaillants ne pouvaient plus l'atteindre dans ses forces vitales, mais ils pouvaient continuer à lui parler sans cesse, en lui adressant les mêmes horreurs à toutes les heures du jour et de la nuit.

C'est là qu'elle m'avoua qu'elle ne m'avait pas tout dévoilé sur l'origine de ses déboires. C'est son époux qui la convainquit qu'elle devait me révéler tous ses agissements.

Gisèle avait cherché à faire du mal à un de ses anciens collègues de travail. Elle avait utilisé les quelques connaissances qu'elle possédait sur les échanges médiumniques pour obtenir l'assistance des Esprits retardataires du bas astral. C'est à la suite de ses incantations malveillantes qu'ils s'immiscèrent dans sa vie, exploitant vicieusement la belle occasion qu'elle leur avait fournie d'assouvir leurs basses passions. Comme celui qu'elle visait était foncièrement bon et animé de bonnes intentions, ils comprirent rapidement qu'ils ne pouvaient rien contre lui. Ils se retournèrent alors contre Gisèle dont la méchanceté momentanée avait annihilé toute protection divine dont elle aurait pu bénéficier. Même son Ange gardien se voyait très limité dans la mesure du mal que Gisèle avait elle-même engendré. Presque laissée à elle-même, elle devint une proie facile pour ses faux alliés de l'astral inférieur.

Gisèle fut obligée de mettre en branle tout un ensemble de prières spéciales et elle dut sérieusement se remettre en question avant de pouvoir se libérer définitivement du mal qui s'était retourné contre elle. Elle avait abaissé ses vibrations au point où elle était devenue un canal ouvert n'offrant plus de résistance aux Esprits sans scrupules. Elle devait donc inverser le processus spirituel et rejoindre ainsi la main tendue plus haut par son Ange gardien.

Finalement, après des efforts continus, elle retrouva le calme que lui apporta sa bienveillance renouvelée.

***

Nul n'est à l'abri de l'influence négative des Esprits malveillants. Je vécus un phénomène particulier lors d'une conversation téléphonique qui me fit comprendre la facilité avec laquelle ils pouvaient agir sur nous, en passant directement par notre périsprit. Ce phénomène nous révèle encore une fois l'importance de notre bienveillance.

DE LA MOISISSURE DE BOIS

Je conversais au téléphone. Mon interlocutrice me faisait part des manifestations qui perturbaient la quiétude de son existence depuis l'acquisition de sa nouvelle maison. Maryse avait hérité de la demeure ancestrale qui avait vu naître et mourir plusieurs générations de sa famille. Le bâtiment plus que centenaire avait mauvaise réputation, parce qu'il avait servi de salon funéraire à bon nombre de ses habitants, mais cet aspect n'avait éveillé aucune inquiétude chez la jeune légataire.

Maryse me racontait qu'après les quelques mois qui suivirent la prise de possession de sa propriété, son époux Éric et ses trois enfants se plaignirent de différents malaises. Difficultés respiratoires, maux de ventre, nausées et étourdissements devinrent de plus en plus présents dans leur quotidien.

Une investigation minutieuse de la maison permit de découvrir la présence de moisissure sur plusieurs poutres du sous-sol. Maryse et son compagnon conclurent donc qu'ils avaient souffert d'une réaction allergique. Ils convinrent rapidement de confier leur problème à des spécialistes en bâtiment.

Après les travaux qui les obligèrent à quitter momentanément les lieux, Maryse et sa petite famille se réinstallèrent dans la maison. Les premiers mois furent très agréables, mais, après ce délai, le même phénomène revint avec encore plus d'intensité. Les spécialistes confirmèrent l'efficacité de leur travail et les examens médicaux ne conclurent rien d'anormal chez Éric et les enfants. Malgré tous leurs malaises, ils demeuraient officiellement en excellente santé.

Déjà sensibilisée aux phénomènes paranormaux, Maryse se rappela l'hostilité que manifestait sa défunte mère à l'égard de son époux. Plus tard, lui revinrent à l'esprit des propos malveillants qu'elle avait tenus un peu avant sa mort subite. Maryse soupçonna de plus en plus sa mère d'être à l'origine de leurs problèmes. C'est là qu'elle décida de faire appel à mes services pour en vérifier les fondements.

Pendant que Maryse m'expliquait tous ces détails au téléphone, des picotements assaillaient progressivement mes yeux. Après une minute ou deux, le phénomène prit encore plus d'ampleur. Je me souvins alors que j'étais moi-même allergique à la moisissure de bois. J'avais déjà été en contact avec ces champignons et je reconnaissais la réaction qu'ils provoquaient.

Ce phénomène me fit comprendre qu'il s'agissait bien d'un cas de hantise. Sans lui faire part de ce que je vivais, je suggérai à Maryse de m'envoyer rapidement la photographie de la défunte pour mieux connaître sa situation.

Il était bien évident que la défunte avait cherché à m'impressionner. Malheureusement pour elle, en déclenchant ce phénomène, elle s'était démasquée et nous pûmes réagir adéquatement. Quant au bref malaise que j'avais ressenti, il disparut dès que je demandai l'assistance de mes amis de lumière et je n'en gardai aucune séquelle.

***

Les Esprits malveillants peuvent agir encore plus directement dans la dimension matérielle pour impressionner un incarné dont l'avancement spirituel leur rappelle le retard qu'ils devront rattraper. Leur action y est cependant toujours très limitée et ils ne peuvent causer de torts sérieux à la personne visée qui se veut bienveillante. Nous n'avons donc rien à craindre d'eux lorsque nous suivons la route qui mène jusqu'à Dieu.

UNE RÉCEPTION BIEN AGRÉABLE

Mon fils Pascal animait une soirée dansante. De nombreux invités étaient assemblés dans la grande salle où chacun avait dégusté l'imposant banquet donné en l'honneur des nouveaux mariés. L'ambiance était fort amicale. Les convives embaumaient la pièce de leur bonne humeur.

Dès les premières mesures de la traditionnelle valse, les mariés furent invités à ouvrir la danse. Après les multiples applaudissements d'usage, la piste se remplit progressivement. Les talents d'animateur de Pascal entraînaient tout le monde à participer aux différents rythmes soigneusement choisis.

Une heure après le début de la partie dansante, Pascal fut témoin d'un phénomène qui lui parut bien curieux. Pascal se déplaçait constamment avec son micro. Il émettait ainsi ses commentaires bien calculés à l'assistance déridée. Dès qu'il s'éloignait de ses appareils électroniques, il devait passer devant la porte donnant accès à la salle où il se trouvait. Celle-ci débouchait sur un long escalier donnant l'aspect d'un couloir qui montait au rez-de-chaussée.

Alors qu'il regardait vers l'assistance, Pascal entendit frapper à la porte. Les coups étaient francs et forts, comme si quelqu'un voulait s'assurer que le volume de la musique ne l'empêcherait pas d'être entendu. Pascal fut surpris qu'on frappe ainsi, car, depuis son arrivée, personne n'utilisait ce manège pour entrer ou sortir. Il ouvrit l'accès et ne trouva personne. Il conclut alors à la présence d'un plaisantin qui cherchait à s'amuser. Après le début d'une autre pièce musicale, les mêmes coups frappés retentirent. Cette fois, Pascal se précipita sur la poignée et ouvrit promptement la grosse porte de bois. À nouveau, il ne trouva personne. Pourtant, Pascal évalua qu'il était tout à fait impossible à quelqu'un, aussi rapide fût-il, de disparaître aussi vite en haut de l'escalier. Il referma la baie, pressé par son travail qui réclamait son attention.

Dix minutes plus tard, les mêmes bruits percutèrent encore l'épaisse paroi. Pascal voulut ouvrir rapidement, mais, à son grand étonnement, il vit la poignée s'actionner. La porte s'ouvrit lentement. Pascal avait bien hâte de voir celui qui se présenterait. Contre toute attente, la porte continua à s'ouvrir complètement sans que personne se montre. Pascal comprit alors que des Esprits au périsprit lourd étaient présents dans la pièce. Ne connaissant pas leurs intentions, il pria intérieurement pour obtenir la protection de son Ange gardien. Il fixa ensuite l'ouverture en position bien ouverte à l'aide d'un crochet aménagé à cette fin. Il ne perçut rien d'autre du reste de la soirée.

Lorsque Pascal me rapporta le phénomène, je reçus certaines informations sur ce qui s'était passé. Certains des invités avaient introduit des entités peu évoluées qui voulaient narguer Pascal. Mon fils menait une vie saine et bien rangée. La vision de ce jeune homme faisant tout pour réussir avait stimulé leur jalousie et leur mépris. Elles cherchaient à lui nuire et à lui faire peur. Malheureusement pour elles, les prières de Pascal furent rapidement exaucées et elles ne purent bouger le reste de la soirée.

Il est triste de voir des Esprits stagner ainsi dans leur

ignorance, malgré les formidables possibilités que leur présente leur état de défunt. Leur attitude stérile nous fait comprendre l'importance de nous entraîner à maintenir nos efforts face aux difficultés de la vie. Leurs plus grandes faiblesses sont leur lâcheté et leur paresse. Ils craignent les Esprits de lumière parce que ceux-ci les placent face à leur réalité qui leur dicte de se prendre en main. Ils savent pourtant très bien qu'ils ne pourront échapper à la nécessité de l'effort, mais leur encroûtement les porte à se négliger davantage, augmentant bêtement l'obstacle à surmonter.

***

L'action des Esprits malveillants est donc une réalité qui fait partie de nos conditions d'incarnation terrestre. Comme nous l'avons vu, leur influence peut grandement amplifier le négatif que nous laissons germer en nous. Lorsqu'ils peuvent prendre place dans notre vie, nous risquons de devenir rapidement leurs serviteurs et d'accumuler avec eux de lourdes dettes si pénibles à effacer.

Les nombreux cas de personnes suicidaires qui me furent soumis m'ont permis de constater la grande influence négative que plusieurs d'entre eux ont subie. Chaque fois, la victime avait préparé le terrain à leur semence hypocrite. Leur capitulation devant des épreuves pourtant à la hauteur de leurs forces, leur manque de confiance en la sagesse divine, leur manque de foi et même leur manque de volonté à assumer leur incarnation les avaient rendues accessibles aux sombres influences qui les invitaient à stagner avec eux dans des souffrances qu'ils auraient pu éviter.

Le maintien d'un bon niveau vibratoire de notre périsprit est donc très important. Faisons de notre mieux tous les jours, remplissons nos obligations d'incarnés, soyons bienveillants envers les autres et envers nous-mêmes, prions, et toutes les tentatives des Esprits ignorants deviendront vaines et inopérantes. Nous pourrons alors grandir à notre rythme, avec la certitude de la pleine réussite des objectifs de notre plan de vie.

***

Avant de passer au chapitre suivant, j'aimerais attirer votre attention sur les dangers qui sont inhérents à toutes les tentatives d'établir des échanges avec l'au-delà. Avant de chercher à obtenir des messages des défunts, il faut bien se rappeler que nos voisins les plus proches, dans l'astral qui nous entoure, sont pour la plupart des Esprits peu évolués qui errent dans leurs ténèbres intérieures. Leur infériorité morale, leur intelligence parfois surprenante et leur dépendance aux pulsions incrustées dans leur périsprit doivent nous inspirer une extrême prudence face à tout ce que nous pouvons recevoir de ceux d'entre eux qui nous font signe. Tout contact établi avec l'au-delà doit faire l'objet d'une judicieuse préparation. La prière et les bonnes intentions doivent habiter toute la pensée des gens en présence. Le respect de la volonté divine doit s'imprégner dans tous les propos et guider chacune des questions qui pourraient être posées.

Il existe sur le marché un instrument très rudimentaire qui peut déclencher de véritables cauchemars dans la vie de ceux et celles qui, par légèreté et par ignorance, l'utilisent pour entrer en contact avec l'au-delà. Il s'agit de la planche Ouija, vendue librement dans plusieurs magasins de jouets et d'articles pour enfants. Cette petite planche roulante fait le délice des Esprits noirs du bas astral. Son air inoffensif et sa présentation banale dissimulent bien les graves dangers dont elle est porteuse. De combien de cas dus-je moi-même m'occuper, de personnes aux prises avec de sérieuses hantises imputables à son utilisation!

Il faut bien comprendre que nous n'avons aucun avantage matériel ou temporel à obtenir des Esprits trompeurs et malveillants qui se présentent par ce moyen sous leurs traits les plus hypocrites. Notre Ange gardien veille sur nous. Son action, soutenue par l'assistance de nos Protecteurs, est largement suffisante pour nous assurer la réussite de nos objectifs d'évolution dans la pleine mesure de nos efforts quotidiens. Prions, faisons de notre mieux pour grandir vers Dieu, et nous obtiendrons toute l'assistance et toute la lumière dont nous avons besoin pour réussir notre vie. Ne laissons jamais notre orgueil, notre impatience ou notre ignorance nous le faire oublier.

Chapitre 4

La liberté

Une sérieuse réflexion spirituelle sur notre cheminement terrestre ne peut négliger la cruciale question de la liberté. De tout temps, l'homme s'est questionné sur sa propre liberté. Sommes-nous les artisans de notre sort ou subissons-nous un déterminisme immuable qui restreint notre façon d'être? Répondre à cette question est tout à fait fondamental pour bien comprendre l'objet de cet ouvrage. Afin de faciliter notre réflexion, nous aborderons le sujet sous quatre volets s'imbriquant l'un dans l'autre. Nous verrons, à travers eux, le point de vue même de ceux de l'au-delà qui ont déjà atteint les effluves de lumière.

1. LA LIBERTÉ ET LE PLAN DE VIE

Comme nous le disions plus haut, lorsque nous avons abordé la question du plan de vie et de la prédestination dans la première et dernière partie du deuxième chapitre, le plan de départ qui gère notre incarnation fixe une très grande proportion des événements que nous devons vivre pour atteindre nos objectifs d'évolution. Ce déterminisme partiel est tout à fait nécessaire à la bonne marche de notre pèlerinage terrestre. Sans lui, nous serions soumis à un imprévisible cahotement d'impondérables capricieux qui pourraient facilement nous placer dans des situations tout à fait incompatibles avec notre préparation et nos objectifs d'incarnation.

Le prédéterminisme des principaux événements qui nous servent d'instruments d'évolution exprime bien la grande sagesse divine. Comment un pédagogue pourrait-il permettre l'apprentissage de ses élèves s'il ne les plaçait pas dans des conditions favorables soigneusement déterminées? Il en est ainsi pour tout ce que nous venons apprendre sur Terre.

Ce déterminisme de nos conditions d'incarnation fixe les statuts que la vie nous impose dans notre environnement physique et humain selon des séquences qui peuvent être très différentes l'une de l'autre. Il régularise les étapes d'évolution également déterminées sur la route qui nous mène jusqu'à notre après-mort. Nous n'avons donc jamais à craindre ce que l'avenir nous réserve, car les événements qui y sont déjà inscrits sont calibrés dans la pleine mesure de nos forces et des buts que nous poursuivons.

Les événements qui échappent au déterminisme de départ découlent directement de l'application de notre liberté. C'est dans cette mesure que nous réagissons aux épreuves de notre route, aux défis à relever et aux objectifs que nous nous sommes fixés. S'il nous venait à l'idée que nous avons bien peu de liberté, nous devrions nous rappeler les nombreuses erreurs que nous commettons dans notre vie. Nous devrions répondre ensuite à la question suivante: «Si c'est bien peu, pourquoi pouvons-nous nous perdre et manquer notre but?» En d'autres mots, qu'en serait-il si nous avions une influence totale alors que nous réussissons à peine à maîtriser les vingt pour cent qui nous appartiennent?

Dieu agit un peu avec nous comme nous faisons avec nos propres enfants. Lorsque nous les envoyons à l'école, nous déterminons les conditions de leur progression. Il leur reste alors leur marge de manœuvre découlant de leur potentiel et de l'application de leur liberté. Ainsi, selon qu'ils collaboreront ou non, ils évolueront à un rythme propre à chacun, lequel déterminera à son tour les retardataires et les plus avancés.

Le prédéterminisme d'une grande partie des événements que nous devons vivre ne diminue en rien notre liberté de réalisation de soi. Bien au contraire, il la renforce en lui assurant des conditions d'application qui sont à la mesure exacte de nos acquis et des buts que nous venons poursuivre. Nous sommes donc foncièrement assurés de faire face à des épreuves et à des joies à la mesure de nos forces. Lorsque nous échouons, nous n'avons pas à nous apitoyer ni à nous décourager, car le plan de vie a prévu cette possibilité. Il ne nous reste donc qu'à évaluer notre part de responsabilité et à reprendre la montée, sachant que le reste du chemin conviendra intimement à notre pleine réalité.

Cette facette de nos conditions d'évolution est très importante à comprendre, car elle explique le bien-fondé de toutes les obligations que la vie terrestre nous impose. Ces obligations nous invitent à réagir dans un élan de croissance spirituelle, soit en moralité ou en intelligence. C'est à cet élan exprimé par l'application de notre liberté que réfère l'au-delà lorsqu'il renvoie à l'accomplissement du devoir d'état. Comme nous le savons, ce devoir désigne l'ensemble des obligations que nous impose notre état de frère, de sœur, de parent, d'ami, de voisin, de travailleur, de citoyen, de conjoint et bien d'autres. Ce sont les conditions prédéterminées qui nous permettent de grandir dans la pleine mesure de notre histoire intime. Il ne faut donc jamais négliger les obligations de notre devoir d'état, car alors nous utilisons mal notre liberté qui doit nous conduire vers des paliers plus avancés nous rapprochant de Dieu.

La liberté réside donc dans la capacité de répondre aux obligations qui nous conviennent le mieux pour grandir vers Dieu et non pas dans le laisser-aller de notre servilité envers nos faiblesses qui étouffent le cœur même de notre libre arbitre.

2. LA LIBERTÉ ET LA CONNAISSANCE SPIRITUELLE

Je me souviens d'une dame qui m'avait consulté pour renforcer l'élan de son cheminement spirituel. Elle avait découvert le vrai sens de sa vie à la lecture de mon premier livre, *Messages de l'au-delà*. Éduquée par des parents dépouillés de toute valeur morale, elle s'était longtemps abandonnée à l'appel de ses pulsions encore bien présentes dans son périsprit.

C'était une intervenante sociale qui l'avait guidée vers mes écrits. La découverte des principes de l'évolution spirituelle avait littéralement extirpé sa conscience d'un long sommeil. Sortie de son milieu déficient, mieux encadrée et éveillée à sa réalité intérieure, elle avait décidé d'entreprendre la montée que lui avait réservée son plan de vie.

Dès le début de notre échange, elle me remercia d'avoir bien voulu partager mes connaissances en publiant le fruit de mes recherches. Me regardant droit dans les yeux, elle me dit qu'elle pouvait enfin choisir de faire le bien. Elle m'expliqua que depuis qu'elle apprenait toutes ces nouvelles connaissances spirituelles, elle découvrait un sentiment de réelle liberté. Avant, elle était bien limitée dans sa conduite et même dans son comportement, car l'absence de lumière spirituelle l'empêchait de percevoir le choix qui était à sa portée. Pendant longtemps, seul le mal avait été le modèle à suivre. Elle agissait sans se poser de questions, convaincue que tous les autres qui intervenaient auprès d'elle ne cherchaient qu'à la brimer dans ce qu'elle croyait faussement être sa liberté.

Après le départ de cette dame, je réfléchis sur notre échange. Elle avait bien compris une profonde réalité que nous devons tous découvrir dans notre cheminement: la connaissance spirituelle accentue notre capacité de choix que notre plan de vie nous invite à faire tout au long de notre route terrestre.

En saisissant bien la raison d'être de notre présence ici-bas et en connaissant les conséquences que porte chacun de nos actes, nous percevons clairement les fourches que présente le chemin que nous suivons. Comprenant que seul le bien nous convient, nous prenons le temps d'analyser les composantes de nos difficultés et de nos joies, pour découvrir où il se trouve et prendre les moyens de l'atteindre pleinement. Armés de notre savoir, nous hésitons de moins en moins devant les appels trompeurs de nos faiblesses. Notre croissance vers Dieu devient notre point de référence et l'effort prend un visage invitant. La certitude de réussir pointe ensuite de plus en plus et la satisfaction que procure le sentiment du devoir accompli apaise la douleur si souvent nécessaire pour grandir dans le monde de la matière lourde.

En accroissant nos connaissances spirituelles et surtout en les appliquant dans notre quotidien, nous choisissons de plus en plus facilement la bonne orientation que nous devons donner à notre vie, car nous savons dorénavant le but de lumière que nous voulons atteindre. Notre vision n'étant plus obstruée par les illusions du monde matériel et les invitations trompeuses de nos faiblesses, notre liberté peut s'exercer en toute lucidité, sans subir aucune contrainte.

J'aimerais faire ici une certaine mise en garde contre la panoplie de publications de toutes sortes qui se targuent toutes d'être porteuses de la grande vérité. Lorsque nous abordons le domaine spirituel, nous devons bien comprendre que de grands principes immuables doivent se retrouver dans toutes les philosophies valables. L'existence d'un Dieu unique pour tout le cosmos éternel, le respect de soi et celui des autres, l'amour inconditionnel appliqué envers Dieu, tous nos semblables et nous-mêmes, la nécessité de vaincre nos faiblesses et nos pulsions primaires, le respect de la vie humaine et la survie éternelle ne doivent jamais laisser planer aucun doute sur leur pleine valeur. Si l'un de ces éléments n'était pas présenté comme une partie intégrante de notre pleine réalité spirituelle, nous serions devant un des nombreux écrits actuellement utilisés par les forces du mal pour tromper les incarnés qui cherchent à monter vers Dieu. Il faut donc bien comprendre que ce ne sont pas tous les livres qui sont porteurs de la lumière divine non plus que les auteurs qui veulent la répandre. Appliquons donc notre jugement et notre bon sens pour bien choisir ce qui nous convient et prions notre Ange gardien de nous guider dans la pleine mesure de nos intentions profondes.

J'aimerais également souligner que la connaissance spirituelle en elle-même ne prend de la valeur et de l'efficacité que dans la mesure où nous l'appliquons dans notre vie. Une telle connaissance qui n'atteint pas notre cœur n'est rien de plus qu'un ramassis d'idées articulées qui n'éclaire aucunement notre liberté de choix. J'ai connu des personnes qui possédaient d'impressionnantes quantités de publications spirituelles. Elles pouvaient même me parler de chacune avec verve et savoir, mais aucun des principes qu'elles expliquaient n'était appliqué dans leur vie. Elles fonctionnaient un peu comme des ordinateurs ou de simples magnétophones.

La connaissance spirituelle doit donc déborder le stade du savoir intellectuel en s'enracinant dans notre façon d'être et de penser. La lumière éclaire ainsi la route qui s'étend devant nous, dévoilant les pièges qui s'y cachent et les moyens de les éviter. Chacun de nos pas peut alors se poser librement sans l'entrave des ténèbres et nous conduire directement à Dieu qui nous attend au bout du chemin.

3. LA LIBERTÉ ET L'OBLIGATION INCONTOURNABLE D'ATTEINDRE NOS OBJECTIFS D'INCARNATION

Comme nous le disions au début de notre réflexion,

lorsque nous revenons dans la chair, nous cherchons soit à développer certains acquis, soit à nous affranchir d'un poids karmique, ou encore à évaluer le degré d'enracinement des nouvelles connaissances apprises dans l'erraticité de l'au-delà. Tous ces objectifs généraux, qui prennent des visages particuliers pour chacun d'entre nous, nécessitent un contexte d'incarnation pour se réaliser. Nous ne sommes donc jamais sur Terre par hasard ou par erreur, mais pour des raisons bien précises reliées au monde de la matière.

Souvenons-nous également que, dans l'au-delà, nos capacités d'apprentissage augmentent de façon formidable. L'absence du support cérébral nous libère de ses contraintes et de ses limites, ce qui nous permet de retrouver la véritable mesure de notre Esprit. Or, plusieurs apprentissages et plusieurs objectifs d'évolution ne peuvent s'atteindre dans cette facilité. Il faut donc obligatoirement se réincarner à certaines étapes de notre développement pour y parvenir et accéder ainsi à des niveaux supérieurs. Rappelons-nous aussi qu'au début cette nécessité nous est imposée sans tenir compte de notre avis. Plus tard, lorsque la sagesse guide davantage notre pensée, nous pouvons alors évaluer par nous-mêmes s'il est temps de revenir dans la matière lourde pour combler les jalons qui manquent à notre progression.

L'atteinte de nos objectifs d'incarnation est donc obligatoire et incontournable pour rejoindre un jour les vibrations divines. Certains d'entre nous les atteindront d'un seul coup, s'évitant la souffrance des retours successifs souvent porteurs de dettes cumulatives dont nous devons nous affranchir. Les autres, plus légers et moins volontaires, devront effectuer plusieurs réincarnations pour parvenir au même but.

Le retardataire qui subit la lourdeur de sa lenteur d'évolution se sentira rapidement coincé dans une structure qui s'impose à lui. Cette impression provient de sa propre résistance à l'appel lancé par Dieu à Le rejoindre. Souvent aveuglé par ses pulsions, son ignorance et ses faiblesses, il ne pourra saisir que, loin de l'emprisonner, l'obligation de grandir le libère des chaînes qui limitent sa liberté de choisir ce qui est bon pour lui. Il croira donc faussement que sa liberté fait l'objet de restrictions, alors que c'est lui-même qui s'impose ses propres obstacles.

L'obligation d'atteindre les buts que nous nous sommes fixés, avant de naître ici-bas, n'est donc pas un empêchement à notre libre arbitre, mais plutôt un véritable déclencheur de sa pleine éclosion. En fait, la liberté qui s'exerce dans la pleine connaissance permet toujours de faire ce que nous voulons sans contrainte d'exécution. C'est au niveau de cette volonté que s'opère la véritable transformation. Dès que nous avons compris que nous sommes ici pour grandir, nous cessons de rechercher la satisfaction de nos désirs de provenance temporelle, pour ne vouloir que ce qui est vraiment bon pour nous. Ainsi, nous n'hésiterons pas à choisir le chemin difficile et même à souffrir pour nous assurer d'atteindre le but libérateur. C'est le cheminement que tous les Esprits de lumière ont suivi avant nous et celui que nous accomplirons tous lorsque nous nous laisserons imprégner davantage de la lumière divine.

Lorsque nous parlons de la réussite de nos objectifs d'incarnation, nous ne référons pas à la réussite sociale, et encore moins à la réussite financière, tant exploitées comme des idéaux de vie par les grands ignorants de ce monde. Il peut arriver que certains objectifs du plan de vie imposent ce contexte comme des conditions nécessaires, mais, le plus souvent, la simplicité et les humbles statuts sont les moteurs les plus efficaces pour grandir plus vite. Combien de fois voyons-nous des réincarnés riches, puissants et célèbres manquer lamentablement leurs buts d'évolution spirituelle! Et combien de fois avons-nous vu les plus grands de l'au-delà venir parmi les plus petits d'entre nous pour partager la grandeur de leurs connaissances! Il ne faut donc jamais se sentir humiliés des conditions de misère que notre plan de vie a pu nécessiter. Il ne faut pas non plus s'en révolter contre Dieu ni s'en sentir diminué, car ce ne sont rien de plus et rien de moins que les conditions qui ont été jugées nécessaires pour nous, au même titre que celles plus faciles que nous avons pu connaître dans les vies antérieures ou qui nous sont réservées pour plus tard. L'essentiel est donc de faire de notre mieux avec nos forces et nos limites dans la meilleure utilisation de la liberté à notre portée.

4. LA VRAIE LIBERTÉ

Lorsque les Esprits de lumière nous parlent de liberté,

nous observons rapidement une importante différence entre la compréhension qu'ils ont atteinte de cette notion et celle que nous en avons.

En effet, les plus avancés de l'au-delà voient dans la liberté beaucoup plus qu'une simple faculté qui permet d'agir selon notre convenance. Dans leur grande lucidité, ces entités dépassent largement la notion du droit d'agir, de penser ou de s'exprimer sans contrainte civile ou physique.

Leur conception nous ramène au cœur même du processus d'épuration que nous poursuivons dans notre présente incarnation. Comme nous le disions au début de notre réflexion, nous avons tous été créés avec un périsprit opaque chargé de pulsions et de faiblesses spirituelles qui nous empêchent de partager les vibrations divines. Les incarnations successives nous libèrent progressivement de ces impuretés qui masquent la lumière étincelante qui brille en chacun de nous. À chaque étape de notre lente évolution, nous subissons les vicieuses influences de nos faiblesses. Ce sont elles qui nous précipitent dans le mal sous toutes ses formes et qui, hélas, nous font accumuler les lourdes dettes que nous voudrons tous, un jour, racheter dans leur totalité.

Au fur et à mesure de nos efforts, nous comblons notre ignorance et nous accueillons la lumière dans notre cœur. Nous nous dégageons alors de l'influence néfaste de nos pulsions et découvrons notre véritable nature spirituelle, celle qui ne cherche que le bien et qui ne s'inspire que de l'amour divin. C'est ainsi que nous nous dégageons de nos scories d'origine et que nous découvrons enfin la vraie liberté.

Celle-ci entre dans notre vie le jour où nous cessons de subir l'appel de nos faiblesses. Nous n'avons alors plus aucun besoin de lutter contre nous-mêmes, car le bien fait désormais partie intégrante de notre moi dans ses composantes physiques, psychologiques et spirituelles.

Contrairement à ce que nous dictait notre notion primaire de la liberté, nos possibilités de choisir s'estompent de plus en plus. Elles disparaissent inévitablement, car nous avons de moins en moins besoin de faire des choix. Le bien faisant de plus en plus partie de notre personnalité, nous agissons sans contrainte en exprimant la bienveillance de façon naturelle et spontanée. Il n'y a alors plus de lutte contre les forces obscures que nous portions dans notre enveloppe périspritale. Nous sommes libérés des chaînes qui nous retenaient ici-bas. C'est à cette libération que Jésus référait lorsqu'il affirmait que celui qui croyait en lui aurait la vie éternelle. Il disait en d'autres termes que celui qui appliquait les principes d'amour de son enseignement se libérait des faiblesses qui l'obligeaient à revenir dans la chair et à mourir si souvent à la vie physique.

La vraie liberté peut donc se vivre pleinement malgré les pires empêchements d'une vie difficile et même les pires restrictions physiques. Peu importent les limitations extérieures, l'incarné qui s'est affranchi des attirances négatives est toujours pleinement libre, car il ne cherche plus la satisfaction égoïste. Seul compte le bien, petit ou grand, qu'il peut faire dans la mesure de ses possibilités.

La compréhension de la vraie liberté est importante, car, sans elle, nous ne pouvons atteindre la complète sérénité face aux souffrances de notre vie terrestre. Nous sommes tous appelés à grandir vers les vibrations divines. Cette croissance se fait beaucoup plus efficacement dans les difficultés, car elles nous éloignent des attraits maquillés de la matière lourde et nous permettent de développer et de renforcer les acquis nécessaires à la réussite. Il faut donc bien se rappeler que toutes les entraves que peuvent nous imposer nos plans de vie ne sont jamais des négations de notre liberté, mais plutôt de formidables outils pour ériger en nous sa vraie nature comme de véritables échelons nous faisant monter progressivement vers Dieu. Il nous appartient donc de la découvrir à travers les trompeuses limitations que nous imposent nos conditions d'incarnés, en nous souvenant que nous portons tous la vraie liberté dans notre cœur.

Chapitre 5

Le caractère sacré de la vie humaine

La longueur de ce présent chapitre est inversement proportionnelle à son importance, mais le traitement particulier de son thème démontre bien la place d'honneur qu'il occupe dans notre réflexion. Je ne pouvais introduire son contenu dans les parties antérieures, car il fallait aborder cet aspect de façon privilégiée. Il constitue en effet la pierre angulaire qui tient toute la structure de notre compréhension spirituelle. Sans la reconnaissance du caractère sacré de la vie humaine, aucun discours ne peut tenir ni sur les crimes contre soi-même ni sur ceux contre les autres, car cette notion est la prémisse fondamentale à tout raisonnement logique sur le sujet.

Hélas! Dans notre monde inférieur, la vie humaine ne possède souvent que très peu de valeur. Dominés par leur égoïsme et aveuglés par leur orgueil, plusieurs d'entre nous, au même titre que les humains des siècles antérieurs, ne démontrent que peu de respect pour ce joyau sans contredit le plus sacré de notre planète. Pourtant, elle découle de Dieu Lui-même, directement de sa volonté et de son autorisation, et ce, pour chacune des conceptions et chacune des incarnations du cosmos éternel. C'est pour cette raison que nous ne saurons jamais assez nous indigner contre la moindre violation de la vie humaine. Toute la vie terrestre doit être respectée, mais l'humanité possède une caractéristique particulière qui lui confère une dimension sacrée digne de la plus grande attention. La particularité qui fait de nous des humains, c'est que nous sommes tous porteurs de l'essence divine. Il est vrai que celle-ci n'est pas très évidente dans les événements qui nourrissent l'actualité, mais il faut se souvenir que nos faiblesses sont encore très denses dans nos périsprits et qu'elles masquent bien cette grande réalité de notre moi profond.

Le développement de la science moderne, allié à une grande ignorance spirituelle, a donné lieu à de graves erreurs que les Esprits noirs du bas astral ont vite récupérées. Ils s'en servent comme de précieux outils de tromperie qu'ils répandent partout sur notre globe. Ils utilisent l'orgueil de ces faux savants pour en faire des soldats obéissants. Aveuglés par leurs prétentions, ces hommes, dont l'intelligence aurait pu servir à aider leurs frères incarnés à mieux grandir, deviennent de véritables agents des forces du mal. Sous le vocable pompeux d'expressions bien articulées, ils présentent leurs produits maléfiques sous des étiquettes rutilantes donnant faussement l'impression du bien dont ils sont pourtant dépourvus. C'est ainsi que nous entendons parler de suicide assisté où le patient meurt dans la dignité ou de méthodes médicales qui assassinent les souffrants dans le plus grand respect. Bien enveloppés d'un emballage attirant, ces meurtres trouvent preneurs chez tous les incarnés peu évolués qui deviennent de véritables complices du mal. Cette supercherie spirituelle s'érige de plus en plus ouvertement dans le tissu social de nos civilisations, prenant même des allures trompeuses d'un indice d'évolution.

Lorsque le nazisme apparut en Europe, au siècle dernier, bien peu auraient pensé qu'il deviendrait un jour la valeur première d'une de leurs nations. Pourtant, il vint très près de s'étendre sur tout ce continent, puis sur la Terre tout entière. Pour les forces du mal, la défaite militaire que subirent leurs acolytes incarnés n'était qu'une simple partie remise. Ils se dirent qu'ils réussiraient par la ruse ce qu'ils n'avaient pu obtenir par la force et les armes.

Comme sous le régime hitlérien, leur principal levier est encore aujourd'hui l'égoïsme. Ils exploitent au maximum cette faiblesse tant répandue sur notre pauvre planète. C'est par elle qu'ils ont banalisé l'avortement, première étape de la désacralisation de la vie humaine. Tous les discours que les Esprits noirs du bas astral inspirent par leurs complices incarnés s'en imprègnent de façon fort habile. C'est ainsi qu'ils parlent de la propriété du corps de la femme, mais passent sous silence celle du corps de l'enfant. Ils réfèrent au bien-être de la mère, mais ignorent complètement celui de l'enfant à abattre. Ils affirment le droit à la vie de la génitrice, mais nient celui du bébé qui ne peut même pas crier pour appeler à l'aide. Bref, tout leur discours invite à la solution facile qui n'exige aucun effort et écarte d'un seul coup toute responsabilité.

Leur stratégie est efficace, car elle s'adresse à des ignorants qui ne comprennent pas la portée de cette offensive malveillante.

Dès qu'une société nie le caractère sacré de la vie de ses membres, qu'ils soient très jeunes, malades, handicapés ou vieillissants, elle ouvre la porte à la débandade de toutes les valeurs supérieures. À cet instant, tous les individus qui ne possèdent pas déjà de solides assises spirituelles se sentent directement diminués dans leur importance intrinsèque.

Toutes leurs souffrances ainsi que leurs efforts à réussir et à grandir perdent leur sens, car l'exécution des faibles et des plus petits anéantit la valeur de la vie et même sa raison d'être. Ce n'est pas un hasard si au Québec, de 1975 à 1998, période où l'avortement sur demande s'établit comme un phénomène banal, le suicide augmenta de trois cents pour cent chez les jeunes de dix à quatorze ans. Ces derniers, trouvant les efforts du quotidien disproportionnés par rapport à l'importance que le message social leur donnait de leur propre vie, n'ont pas hésité à y mettre fin, ne soupçonnant pas l'énormité de leur erreur et la gravité de ses conséquences.

La connaissance du caractère sacré de la vie humaine est donc fondamentale pour comprendre la raison strictement spirituelle de notre présence sur cette Terre et en assumer les implications.

Nous ne sommes pas ici-bas pour rire et pour jouir de la matière lourde, mais simplement pour grandir d'abord par elle, puis sans elle, dans l'ultime étape du détachement absolu. La vie humaine ne perd donc pas son sens profond dans la souffrance, la déficience, le vieillissement ou l'infirmité, mais y trouve plutôt une clé ouvrant la porte à son aboutissement de lumière. Ce n'est donc pas les plus faibles ou les plus diminués qu'il faut écarter de la vie terrestre, mais plutôt l'égoïsme, l'orgueil et la malveillance qui aveuglent notre intelligence et étouffent notre cœur. Qu'il plaise à Dieu que nous en comprenions le sens profond pour monter plus vite vers Lui! Nous reconnaîtrons ainsi, dans nos difficultés d'incarnation, les balises de lumière nous indiquant la route à suivre pour réussir notre vie et nous les dépouillerons des traits repoussants que leur donnait notre ignorance spirituelle.

Chapitre 6

Le suicide et ses conséquences

Au même titre que le meurtre, le suicide est une profonde négation du caractère sacré de la vie humaine. En mettant fin à ses jours, l'incarné rejette directement à la face de Dieu le précieux privilège qu'Il lui avait accordé pour atteindre les ultimes vibrations du bonheur incommensurable des mondes de lumière.

En mettant fin volontairement à son incarnation, le suicidé déclenche un processus automatique qui l'engouffre dans une longue période de souffrances dépassant de beaucoup celles qu'il a vainement voulu fuir. La mort corporelle n'interrompant aucunement la vie consciente, l'Esprit continue à exister pleinement. Cependant, il ne peut plus se libérer de ses nouvelles conditions qui lui font amèrement regretter celles de son plan de vie qu'il perçoit dorénavant comme ayant toujours été à la mesure de ses forces et de ses moyens.

1. PHÉNOMÈNE ÉNERGÉTIQUE DÉCLENCHÉ PAR LE SUICIDE

Au tout début de l'incarnation, à l'instant précis de la conception, juste au moment où le spermatozoïde se joint à l'ovule, l'Esprit à naître connecte son périsprit à sa nouvelle forme charnelle. Il le fait en plantant dans l'ovule fécondé les racines semi-fluidiques de sa corde d'argent qui le reliera à son corps physique jusqu'à l'instant précis de sa mort. À cette toute première étape de son incarnation, l'Esprit reçoit dans sa rate périspritale une quantité bien mesurée de fluide animalisé. C'est ce fluide qui, comme nous le disions plus haut, nourrira le corps de son énergie de vie, dans chacune de ses composantes, pendant toute son incarnation terrestre. Sans le fluide animalisé, la vie charnelle serait tout à fait impossible. L'Esprit n'ayant pas le carburant pour animer son véhicule temporel, il ne pourrait plus l'utiliser, exactement comme il lui est arrivé lorsque ses corps antérieurs sont décédés.

La quantité de fluide animalisé que nous recevons au moment de la conception est directement proportionnelle à la durée de vie prévue dans le plan d'incarnation ainsi qu'aux défis particuliers que nous devons relever. Nous sommes donc toujours assurés de pouvoir répondre à toutes les exigences qui peuvent se présenter sur notre route. Le fluide de vie s'écoule très lentement, goutte à goutte, partant de la rate de notre périsprit pour parcourir tout le corps dans un mouvement précis continu.

Lorsque nous décédons, en conformité avec notre plan de vie, la réserve est généralement épuisée. Il peut cependant arriver que des mauvais choix ou des négligences de notre entourage provoquent notre décès avant l'épuisement de notre réserve de vie. Dans ces cas, conformément à toutes les ouvertures permises dans notre plan de vie, l'Ange gardien voit à ce que nous ne souffrions pas de l'écoulement de l'énergie inutilisée. Pour y parvenir, il plante directement dans le sol l'extrémité béante de la corde d'argent rompue. La terre absorbe alors très rapidement le fluide animalisé qui demeurait encore dans la réserve du périsprit et nous ne ressentons aucune douleur. Or, la situation est très différente chez le suicidé.

LA SOUFFRANCE PSEUDO-PHYSIQUE

À l'instant de la mort, lorsque la corde d'argent qui relie l'Esprit à son corps de chair se rompt, la réserve continue à s'écouler au même rythme lent de l'incarnation. Elle le fera pendant tout le temps que devait durer son pèlerinage terrestre. Ainsi, un individu de vingt ans, qui devait vivre jusqu'à l'âge de quatre-vingts ans, subira ce lent écoulement de son fluide animalisé pendant soixante ans.

La situation est épouvantable, car, dès que l'énergie vitale arrive au bout de la corde d'argent, une sensation très vive de brûlure s'imprègne dans tout le périsprit du défunt. Rien ne peut mettre fin à cette souffrance pseudo-physique pendant toute la période fixée par la quantité à écouler. Seule la prière des proches pourra apporter un certain soulagement moral sans toutefois amoindrir la vigueur du mal.

Il serait difficile de décrire toute la douleur que ce phénomène énergétique provoque chez le suicidé. Tous ceux qui en ont témoigné nous affirment qu'elle donne lieu à de profonds découragements chez certains, à de fortes rages chez d'autres et à de grands regrets chez tous sans exception.

J'ai personnellement établi des contacts médiumniques avec plusieurs suicidés. Lors de certaines consultations, le défunt concerné endurait cette souffrance pseudo-physique depuis plus de quarante ans. Certains défunts semblaient s'être plus ou moins habitués à cette sensation très désagréable, mais tout leur être en était profondément ébranlé. Seuls ceux qui commençaient à comprendre que la lumière les attendait la supportaient avec une certaine sérénité.

Certains cas de manifestations qui se déclenchent immédiatement après la mort d'un suicidé sont directement stimulés par cette douleur subie par le défunt. Celui-ci cherche alors de l'aide auprès des siens qui ne peuvent malheureusement soulager cette souffrance que déclenche automatiquement la mort par suicide.

Il est important de bien comprendre ici que ce phénomène n'est aucunement l'expression d'un manque d'amour de Dieu ni l'effet pervers de sa volonté. La souffrance pseudo-physique du suicidé n'est que la conséquence intrinsèque d'un non-respect d'une loi immuable et éternelle qui régit la transition entre le monde des vivants et celui des morts. En d'autres mots, ce n'est rien d'autre qu'une réaction automatique déclenchée mécaniquement par l'interruption inappropriée d'un processus naturel. Il serait donc aussi déplacé pour un défunt suicidé d'en vouloir à Dieu qu'il le serait pour un vivant qui mettrait volontairement ses mains dans les flammes d'un feu ardent. Les deux souffriraient effectivement, mais ils ne feraient que subir les conséquences normales d'une infraction à des lois naturelles. Les deux ne pourraient s'en prendre qu'à eux-mêmes. Il en est ainsi pour tous ceux d'entre nous qui briment la loi de l'évolution spirituelle par le suicide.

LA SOUFFRANCE MORALE

À cette douleur presque physique, dont nous venons de parler, s'ajoute la souffrance morale que tous ceux de l'au-delà que j'ai contactés ont qualifiée d'encore plus difficile à supporter.

Elle découle d'abord de la prise de conscience par le défunt de la totale inutilité de son geste. Dès qu'il se rend compte qu'il n'a pas échappé à ses déchirements, l'Esprit suicidé s'effondre en pleurs et en regrets de toutes sortes. Il voit surtout directement les souffrances qu'il a engendrées chez les siens, dans la pleine conscience de sa propre responsabilité.

Cette souffrance morale augmente même progressivement, car le constat de sa totale impuissance et la vision de ce qu'il pourrait faire s'il avait encore son véhicule de chair plongent le défunt dans une perception dégradante de lui-même, ce qui le pousse à s'isoler et à se replier sur lui-même dans les zones sombres du bas astral où végètent plusieurs de ses semblables.

La douleur morale prend une autre ampleur par la vision très nette du plan de vie qui restait à écouler. Cette perception des événements que l'avenir réservait est toujours présente chez les suicidés. Elle leur permet de prendre conscience rapidement que tout était à la pleine mesure de leurs forces. Cette vision ouvre à la compréhension des objectifs qu'ils devront reprendre et du mal qu'ils devront réparer. De plus, ils voient l'obligation de tout recommencer dans les mêmes conditions difficiles qui les ont fait chuter. Ce constat d'échec leur inspire une perception encore plus négative d'eux-mêmes. Ils se voient comme des perdants, des lâches, des paresseux et des ignorants. Plus tard, ils devront défaire l'image négative qu'ils se donnent d'eux-mêmes pour reprendre la montée avec un minimum d'assurance et de confiance en soi. La prière des survivants leur sera alors d'un grand secours pour les inviter à écouter les Esprits lumineux qui pourraient les aider, car, sans elle, ils mettront de très nombreuses années terrestres à se libérer de l'étouffante humiliation que leur orgueil encore trop présent attise sans cesse.

Comme nous le voyons, le suicide est loin d'améliorer le sort d'un incarné dont le plan de vie est exigeant. Il ne fait que remettre à plus tard les difficultés qu'il doit absolument vaincre, leur ajoutant même d'autres souffrances qu'il aurait pu éviter, simplement en suivant de son mieux la route qui avait été tracée et adaptée pour lui.

Voyons un éloquent témoignage qui nous confirme cette réalité. Il nous rappelle également l'importance de ne pas abdiquer et de faire les efforts nécessaires pour bien vivre les heures difficiles qui furent jugées indispensables à notre évolution spirituelle.

UN GRAND CHAGRIN

À trente ans, Lucie voyait la vie avec un optimisme débordant. Elle et son époux travaillaient à temps complet. Leurs salaires leur permettaient une certaine opulence dont ils jouissaient abondamment. Ils avaient remis à plus tard leur projet d'avoir des enfants, trop absorbés par l'impératif besoin d'acquérir les biens matériels qui leur faisaient envie.

Leur bonheur insouciant prit fin subitement un matin de novembre. L'époux de Lucie mourut d'un arrêt cardiaque, à l'aube de ses trente-deux ans. La nouvelle eut l'effet d'une bombe dans la tête de Lucie. Lorsque le policier vint lui annoncer le drame qui commençait, elle s'obstina à vouloir nier la réalité dont elle n'avait pas encore connu la cruauté jusqu'à ce jour.

Après les obsèques, Lucie se croyait toujours en train de vivre un affreux cauchemar dont elle devait se sortir. Malheureusement, les jours successifs la ramenèrent progressivement à la dure vérité qu'elle ne pouvait éviter. Elle devait désormais continuer son chemin sans la présence de l'être aimé.

Lucie croyait en la survie d'après-mort, mais elle s'était convaincue que nous ne pouvions souffrir dans l'au-delà. Pour elle, Dieu était un Être tellement généreux qu'il suffisait de Lui demander pardon pour entrer dans son royaume céleste.

Cette conviction fort erronée la conduisit lentement à l'idée du suicide. Elle se dit qu'elle pouvait mettre fin à ses jours sans conséquence, en demandant à l'avance que Dieu lui pardonne.

Finalement, ne trouvant plus de sens à sa vie, ne jouissant plus des plaisirs qui, hier encore, faisaient tant ses délices, Lucie prit l'épouvantable décision de mourir, espérant ainsi rejoindre son bien-aimé.

Deux jours avant la date qu'elle avait planifiée, Lucie

reçut la visite de l'Esprit de son défunt mari. Elle venait de se coucher. Ses idées trottaient dans sa tête à la vitesse des battements de son cœur meurtri. Elle cherchait lentement le sommeil en tentant d'imaginer ce qui se passerait après le geste fatal. En ouvrant les yeux, elle s'aperçut qu'elle était sortie de son corps. Elle flottait à moins d'un mètre au-dessus de son enveloppe charnelle qui semblait dormir paisiblement. En regardant devant elle, Lucie vit une silhouette se former. À sa plus grande joie, elle reconnut son mari. Il était souriant, mais son regard exprimait une grande tristesse. Lucie ne put contenir sa joie et se précipita vers son époux. Quelle ne fut pas sa surprise lorsqu'elle heurta de plein fouet le pied massif du lit à baldaquin sans en ressentir aucune douleur.

Les retrouvailles donnaient lieu à d'intenses émotions, mais Lucie ne ressentait pas la réciprocité qu'elle aurait imaginée. Prenant un air très sérieux, son époux lui prit la main et lui enjoignit de le suivre.

L'Esprit la fit entrer dans un genre de caverne grise dont les parois semblaient rocheuses. Un véritable tourbillon les attira ensuite vers un lieu repoussant aux allures lugubres.

Ne comprenant pas ce qui se passait, Lucie demanda des explications. Son époux lui répondit qu'elle était dans un des nombreux lieux du bas astral. Il lui faisait voir le genre d'endroit où les suicidés se retrouvaient après leur mort volontaire.

Lucie regarda autour d'elle avec plus d'attention. Tout était sombre. Les objets qui l'entouraient étaient tous d'un goût douteux, frisant la laideur. Soudain, elle vit des ombres bouger tout près d'elle. À cet instant, des entités très lumineuses vinrent les encadrer comme pour les protéger. Des êtres déformés se montrèrent alors à elle. La plupart portaient des séquelles de leur acte suicidaire. Plusieurs se lamentaient. D'autres pleuraient. Certains vociféraient contre Dieu, Lui adressant les pires blasphèmes. Plus loin, Lucie vit des Esprits très sombres se réjouir du mal que les autres enduraient. Ils se moquaient ouvertement d'eux. Ils semblaient apprécier l'échec des Esprits déformés qui les entouraient, sans doute soulagés de ne pas se retrouver seuls dans cet enfer de tourments.

À son réveil, Lucie crut qu'il ne s'agissait que d'un mauvais rêve, mais les souvenirs qu'elle en gardait semblaient trop réels. Elle tenta de se changer les idées. Devant leur résistance, elle parvint finalement à se convaincre que l'éducation religieuse de son enfance l'avait influencée dans son sommeil. Bien réconfortée dans son raisonnement rationnel, Lucie conservait son lugubre dessein.

Le soir, en se recouchant, elle sombra presque immédiatement dans le sommeil. À peine eut-elle placé sa tête sur son oreiller qu'elle se retrouva à nouveau en dehors de son corps. Son époux l'attendait au pied de son lit. Heureuse de le revoir, elle pensa qu'il en serait ainsi après sa mort. Cette pensée déclencha une grande fougue chez le défunt. Il ramena Lucie dans les zones noires du bas astral de notre Terre. Rendus dans les airs de vibrations lourdes, il haussa le ton. Il criait presque. Il enjoignit à Lucie de bien regarder autour d'elle et d'en garder un profond souvenir. Il lui précisa qu'il ne s'agissait pas d'un rêve, mais d'une expérience extracorporelle bien réelle. Lucie était dans un des lieux où les Esprits retardataires vivent leur état d'enfer.

Reprenant son calme, le défunt expliqua à Lucie que l'exécution de son suicide la condamnerait à vivre dans ces conditions pendant de très nombreuses et très longues années. Il lui fit remarquer qu'en ces lieux il n'y avait plus de nuit pour se reposer, l'Esprit y subissant sans aucun répit la conscience continue de ses souffrances.

La regardant directement dans les yeux de son âme, il lui affirma que cette erreur les empêcherait de se retrouver pendant peut-être des siècles, leur chemin respectif prenant alors des directions incompatibles. Il la supplia enfin de ne pas lui imposer ce malheur. Il lui signala que leur amour devait être une force qui les unirait pour toujours et non une énergie destructrice qui les éloignerait dans les ténèbres de l'astral inférieur. La prenant dans ses bras, il lui rappela les promesses d'amour qu'ils s'étaient faites. Il l'assura de sa présence à toutes les étapes difficiles de sa vie et lui promit d'être là à l'heure du retour que Dieu avait fixée pour elle.

À son réveil, Lucie pleura à chaudes larmes. Elle comprit le drame épouvantable qu'elle avait failli provoquer par son ignorance et son étourderie.

Lorsque Lucie vint me consulter pour avoir d'autres nouvelles de son mari, je lui conseillai de remercier Dieu tous les jours. Dans sa grande générosité, il avait permis qu'elle s'éveille à temps, en autorisant l'expérience consciente qu'elle avait vécue.

Le contact que je pus établir avec le défunt nous confirma son bonheur dans l'au-delà. Il était heureux de voir sa bien-aimée suivre le plan que Dieu lui avait tracé. Lucie put apprendre également qu'ils se voyaient régulièrement dans ses heures de sommeil, préparant ensemble le jour du grand retour.

2. L'ARRIVÉE DES SUICIDÉS DANS L'AU-DELÀ

Lorsque nous décédons dans le plein respect de notre plan de vie, un contexte bien adapté nous attend dans l'au-delà. Suivant nos croyances, nos connaissances spirituelles, la nature de notre décès et surtout notre degré d'épuration périspritale, nous arrivons dans des conditions d'existence bien précises qui nous permettent une adaptation rapide et une transition sans heurt entre les deux mondes. Ainsi, une personne méritante, ayant une conception bien arrêtée de sa vie d'après-mort, connaîtra un contexte d'accueil différent d'un autre incarné aussi méritant dont les croyances ne sont pas les mêmes. Les deux vivront dans un environnement approprié qui leur permettra d'entrer dans leur nouvelle forme d'existence sans subir de choc qui risquerait d'engendrer des souffrances incompatibles avec leur degré d'avancement. Une fois bien adaptés à leur état de trépassés, les Esprits de lumière les invitent à agrandir l'horizon de leurs connaissances et à redécouvrir la pleine réalité de l'au-delà. Nous trouvons plusieurs exemples de cette adaptation spécifique dans mes livres antérieurs et principalement dans *Messages de l'au-delà.*

La situation est bien différente pour les suicidés. D'abord, ils ne connaissent aucune période de repos. Ils ne peuvent bénéficier du sommeil réparateur dont profitent certains défunts décédés après de graves souffrances. La pleine conscience de leur survie et des déchirements qui les ont fait échouer est immédiate. Dès la rupture de la corde d'argent, le suicidé se rend compte que la mort n'existe pas et que la vie qui continue lui réserve de bien difficiles retours.

Surpris par la souffrance presque physique que lui cause l'écoulement de son fluide animalisé, il a la nette impression de vivre en pleine matérialité. Dans un premier temps, une certaine panique s'empare de tout son être. Il se sent littéralement coincé dans une vie indestructible qui semble vouloir lui imposer une férocité éternelle. Lorsque la pleine conscience de la futilité de son geste atteint son rationnel et que la souffrance morale prend toute son ampleur, le défunt cherche de nouveau à se libérer de ses repoussantes conditions qu'il refuse encore d'affronter. Certains vont jusqu'à tenter de se suicider une seconde fois, ce qui fait le délice des Esprits noirs du bas astral. Ceux-ci se moquent grassement de cette attitude bien inutile, en se délectant de l'échec auquel ils ont souvent contribué par leurs actions occultes.

Certains suicidés peuvent garder une relative conscience de leurs proches. Ils les voient alors souffrir à cause d'eux, ce qui, en bout de route, finit par les éloigner définitivement. D'autres se replient sur eux-mêmes et refusent les conseils qui pourraient les aider. Plusieurs se retrouvent directement dans le bas astral, là où la plupart des autres suicidés finiront en se torturant eux-mêmes par leur orgueil et leurs faiblesses spirituelles.

En se regardant de plus près, tous se rendent compte de leur apparence très sombre. Ils comprennent vite qu'ils font partie de ceux que nous appelons les Esprits noirs de l'au-delà. Les plus malveillants collaboreront au mal qui prolifère autour d'eux, mais la plupart se terreront dans de pénibles lamentations, dans les couches sombres de l'astral inférieur de notre planète. C'est en regardant d'autres suicidés errer autour d'eux qu'ils constateront qu'ils portent dans leur périsprit la marque de leur geste autodestructeur. Ils reconnaîtront les déformations et les désordres qu'auront laissés les différents instruments de mort utilisés par chacun des malheureux qui, comme eux, n'auront pas su profiter de l'incarnation libératrice.

L'arrivée dans l'au-delà s'avère donc très décevante pour le suicidé. En pleine conscience de son existence qui se poursuit malgré le corps qui n'est plus, il réalise cruellement la futilité de son geste. Retrouvant la connaissance de son plan de vie et des forces qui l'accompagnaient, il ne peut que s'en prendre à lui-même. Voyant que rien n'était au-dessus de ses forces, il doit bien admettre que tout ne dépendait que de sa bonne volonté à grandir vers Dieu.

Mais à l'instant de cette prise de conscience, le pire s'impose à son esprit. Il doit continuer à vivre, qu'il le veuille ou non. Il doit donc exister dans un monde très hostile qui lui reflète sans cesse l'infériorité spirituelle dans laquelle il s'est lui-même plongé, jusqu'au jour où il comprendra enfin qu'il doit chercher le moyen de retrouver le chemin qui mène jusqu'à Dieu.

3. LA PÉRIODE D'ERRATICITÉ DES SUICIDÉS

Nous entendons par période d'erraticité le temps écoulé entre deux incarnations. Sa durée normale peut varier énormément d'un Esprit à un autre. Sur notre Terre, elle est généralement de quatre-vingts ans à un siècle. Certaines incarnations particulières peuvent cependant n'être espacées que de quelques semaines. Il y a donc une grande variation dans le temps qui peut s'écouler pendant cette période. Plus encore, selon l'état de bonheur ou de souffrance de l'après-mort, la durée elle-même peut devenir relative à chacun des Esprits, même si le temps réel est tout à fait semblable. Voyons l'expérience suivante qui nous permet de mieux comprendre cet aspect typique aux périodes d'erraticité que nous vivons tous après chacune de nos morts physiques.

LE TEMPS SUBJECTIF

C'était le début du printemps. Suivant ses habitudes, avril retirait progressivement l'épais manteau blanc qui avait recouvert le Saguenay–Lac-Saint-Jean pendant tout le long hiver. Épuisée, la neige ne pouvait résister aux chaudes caresses du soleil à peine sorti de son demi-sommeil. Le sud du Québec avait connu le même phénomène un mois plus tôt et le nord ne le vivrait qu'un mois après. Encore une fois, la nature nous démontrait comme il y a peu d'absolu sur cette Terre.

À la même époque, un éminent scientifique vint donner une conférence dans une université de chez nous. Je pus écouter son exposé dans mon salon en syntonisant une chaîne spécialisée. Ses propos m'inspirèrent une réflexion particulière sur le principe du temps. Il parlait savamment du début de la matière qu'il fixait à quelque quinze milliards d'années.

À un certain moment, son discours prit un détour. Il affirma que le temps ne pouvait exister sans la matière qui, seule, donnait naissance aux événements.

Comme ma réflexion prenait déjà une tendance philosophique sans doute stimulée par l'avènement du printemps, je m'arrêtai quelques instants pour mieux saisir la nature fondamentale du temps, notion souvent vue comme une simple abstraction. Je reçus alors l'inspiration fort pertinente de mes amis d'en haut qui apportèrent des éléments très intéressants. Dès leur introduction, ils me firent comprendre que notre ami scientifique était fort limité dans sa réflexion, car il ne référait qu'au temps mesurable de la dimension matérielle. Or, la matière lourde n'est qu'une infime partie de ce qui existe dans le cosmos éternel. Bien des événements se produisent en dehors du contexte trompeur de notre pauvre monde d'incarnation.

La pseudo-matière de l'astral, cette énergie malléable qui forme toutes les apparences de l'au-delà, donne lieu à une durée temporelle qui est tout aussi réelle que la nôtre. Il y a cependant une grande différence avec cette dernière : celle de l'au-delà est essentiellement relative à chacun de nous.

Sur la Terre, des repères extérieurs influencent directement la quantification du temps. C'est pour cela que les siècles d'histoire ont donné lieu à de multiples échelles qui mesuraient différemment l'écoulement du temps. Or, dans notre monde naturel de l'Esprit, cette échelle est strictement relative à notre degré d'évolution spirituelle. C'est ce que nous pourrions appeler un temps strictement subjectif. Cette subjectivité du temps vécue dans l'au-delà fut observée à maintes reprises dans plusieurs manifestations que j'ai abondamment décrites dans mes ouvrages. C'est ainsi que nous voyons des Esprits heureux avoir l'impression que le temps réel a disparu tellement leur bonheur le fait oublier. Toutefois, le phénomène inverse s'applique chez les Esprits malheureux, qui ont tellement de peine à supporter leurs souffrances, que quelques mois de nos heures terrestres leur paraissent de longues années. C'est ainsi que les Esprits méritants, absorbés par leur bonheur, nous parlent d'un ciel sans fin, et que ceux qui souffrent, ne voyant pas le bout de leur peine, ont la nette impression d'un enfer éternel.

La subjectivité que prend le temps dans l'après-mort est extrêmement importante. Nous devons nous y arrêter, car nous aurons à l'assumer pendant toute notre erraticité qui prendra des allures de ciel infini ou d'enfer éternel, selon l'évolution spirituelle que nous aurons réalisée. Il est donc tout à notre avantage de respecter la volonté divine qui ne cherche que notre bonheur. Faire le contraire nous entraînerait dans une position pénible dont la durée pourrait nous paraître éternellement longue. Ainsi, chercher à fuir par la mort ce que notre incarnation nous impose comme une longue marche à compléter est tout à fait stérile, car, non seulement l'Esprit réalisera-t-il qu'il devra tout recommencer, mais, aussi et surtout, il comprendra que la vision du temps pour y arriver prendra des allures de grands détours aux parcours subjectivement sans fin.

***

Le suicide conscient et volontaire entraîne toujours une longue et difficile période d'erraticité. Elle semble interminable pour celui qui en subit les nombreuses souffrances, même pour quelques dizaines d'années. Elle est d'autant plus longue que les souffrances pseudo-physiques et morales sont accrues par d'insistants sentiments de regret et de culpabilité; en effet, la fermeture spirituelle du défunt l'empêche trop souvent d'aboutir à une réelle prise en main de sa destinée divine. C'est que la honte qu'ils engendrent bloque l'ouverture aux conseils prodigués par les Esprits de lumière et maintient le suicidé dans sa stagnation.

Les Esprits noirs les plus enragés et les plus orgueilleux entretiennent avec soin cette pénible situation qui constitue un véritable enfer grugeant le défunt dans tout son être. Ils l'entourent donc avec insistance dans le lieu de souffrance que le suicidé crée lui-même et font tout pour l'y maintenir. Le témoignage suivant nous fait bien comprendre cette action malicieuse dont sont victimes les suicidés.

DES GARDIENS DE L'ENFER

Marie-Ève avait été grandement affectée par le suicide de son frère. Elle avait vécu sa mort comme un profond rejet de l'amour qu'elle avait si souvent cherché à lui témoigner.

Marie-Ève découvrit mes premiers écrits sept longues années après le tragique décès. Elle s'abreuva de ce nouveau savoir spirituel avec avidité. Ses questions trouvaient enfin les réponses tant attendues et sa peine découvrait le baume qui apaiserait toutes ses angoisses.

Inspirée par ses nouvelles connaissances, Marie-Ève tenta de rejoindre l'Esprit de son frère dans l'au-delà. Tous les soirs, en s'endormant, elle invoquait le défunt en demandant à Dieu de la protéger. Ses tentatives, qui en fait comportaient de sérieux risques, aboutirent aux résultats recherchés après quelques semaines de prières soutenues.

En pleine conscience, Marie-Ève se retrouva dans les subtiles vibrations de l'au-delà. D'abord dans la lumière, elle se déplaça rapidement vers un lieu sombre et peu accueillant. Elle y pénétra sans savoir où elle se dirigeait. Au début, elle ne ressentit aucune inquiétude, mais des gémissements qui se rapprochaient progressivement lui inspirèrent une certaine crainte. Une noirceur de plus en plus opaque enveloppait l'environnement dans lequel elle se déplaçait. Après un certain moment, elle vit au loin une faible lueur lui rappelant certaines enseignes fluorescentes utilisées en façade des grands magasins. La couleur évoquait celle du sang fraîchement écoulé. En se rapprochant, elle perçut des lettres, puis des mots formés par cette lueur macabre. Marie-Ève ne pouvait cependant rien déchiffrer de l'inscription.

Quatre silhouettes apparurent sous la faible clarté. Les Esprits se montrèrent de plus en plus nettement. Parmi eux, Marie-Ève reconnut subitement son frère qui la regardait avec une grande tristesse. Ses traits pâles et étirés exprimaient une souffrance qui la saisit dans tout son être. Marie-Ève voulut s'approcher de lui pour le consoler et l'aider à se sortir de sa misère.

Les trois Esprits très sombres qui accompagnaient son frère bondirent rapidement devant elle. L'un d'eux la regardait avec une haine féroce. Ses yeux incandescents firent immédiatement comprendre à Marie-Ève qu'il s'agissait d'un Esprit retardataire capable d'une grande malveillance. D'un ton froid et très agressif, il ordonna à Marie-Ève de quitter les lieux. Elle cria alors à son frère de la suivre. L'Esprit fonça sur Marie-Ève en la menaçant de mort. Sans pouvoir réagir, Marie-Ève se sentit expulsée par une force qu'elle ne pouvait contrôler. Elle se retrouva presque instantanément dans son corps charnel. Son Ange gardien l'avait sortie de sa fâcheuse position pour lui éviter des séquelles qu'elle n'avait pas méritées.

Revenue dans sa chambre, Marie-Ève pleura à chaudes larmes. Elle se sentait impressionnée autant par la peur que par le chagrin. Elle comprenait qu'elle devait aider son frère qui végétait dans d'épouvantables souffrances depuis sept ans. Marie-Ève pria une bonne partie de la nuit, jusqu'à ce que le sommeil la plongeât à nouveau dans la conscience de l'au-delà.

Lorsque Marie-Ève me consulta, elle m'exprima l'horreur qu'elle avait ressentie de voir ces Esprits sombres qui voulaient l'empêcher d'aider son frère. Elle les perçut comme de véritables gardiens qui veillaient à ce que les nouveaux défunts moins évolués demeurent dans leurs tourments. Elle me dit alors jusqu'à quel point elle avait compris l'importance de la prière pour assister nos morts qui pouvaient en avoir grandement besoin.

Marie-Ève maintint les siennes pendant plus de six mois avant que l'Esprit de son frère ne vienne lui exprimer, dans un contact astral, qu'il commençait à se libérer de la noirceur qu'il entretenait lui-même dans son cœur.

***

Les endroits fluidiques de souffrance où se tiennent les suicidés sont directement modelés dans la pseudo-matière opaque par l'état d'âme du défunt. Ils sont très désagréables à visiter. Je dois péniblement le faire lorsque les personnes qui me consultent veulent aider un proche suicidé et qu'ils me demandent de prendre de ses nouvelles.

Dès le premier contact, je suis dirigé dans les profondeurs du bas astral. J'y pénètre par de gros orifices rappelant de profondes cavernes taillées dans du granit humide. Les suicidés y côtoient des Esprits inférieurs parmi lesquels se retrouvent les vils. Ils sont souvent isolés dans un genre de cellule donnant sur de longs couloirs inhospitaliers à peine éclairés. Des cris, des hurlements et des lamentations y résonnent sans cesse, donnant à l'ensemble un caractère très lugubre. Lorsque je pénètre dans la cellule de l'Esprit invoqué, j'y retrouve souvent la reconstitution des lieux où s'est exécuté le suicide du défunt. Les suicidés invoqués me perçoivent souvent sans vraiment réagir. Ils semblent alors passifs, comme pétrifiés par une résignation à souffrir éternellement. Heureusement, certains d'entre eux, déjà stimulés par la prière de leurs proches, cherchent à profiter de la présence des Esprits de lumière qui m'y accompagnent toujours, pour savoir comment se sortir de leur misère. Pour eux, c'est le début de la délivrance. Ils commencent cependant un très long chemin pavé d'efforts, de souffrances, d'épreuves et de difficultés, qu'ils auraient pu éviter si, de leur vivant, ils avaient suivi le plan d'incarnation qu'ils s'étaient pourtant eux-mêmes tracé.

C'est la vision de toutes les graves conséquences à assumer qui fait reculer plusieurs suicidés devant la lumière qui s'offre à eux. J'ai personnellement vu certains suicidés qui perçoivent très bien l'ouverture de lumière libératrice, mais qui refusent d'aller vers elle. Leur manque de courage, cette même faiblesse qui les a entraînés dans leurs souffrances et qui est toujours présente dans leur périsprit, les empêche à nouveau d'amorcer la difficile délivrance qui s'offre à eux. Ils savent très bien qu'ils ne pourront pas toujours l'écarter, mais ils réagissent comme des paresseux qui craignent la fatigue de l'effort. Ce sont des Esprits de cet ordre qui, bien qu'obnubilés par leurs sentiments intenses et grugés par la souffrance pseudo-physique, comprennent qu'ils doivent se sortir du bas astral, mais cherchent encore la solution facile. Ils errent alors autour des leurs, exprimant même parfois leur présence pour lancer un pressant appel à l'aide. Malheureusement pour eux, ils ne font que semer la peur et amènent leurs proches à se fermer davantage à leurs besoins d'assistance, ce qui les entraîne de nouveau vers l'isolement dans les zones de noirceur.

Ce n'est qu'après une période relative à leur ouverture spirituelle et à leur bonne volonté qu'ils parviennent enfin à rejoindre les plus éveillés qui, avant eux, se sont résolus à prendre le seul chemin libérateur qui mène jusqu'à Dieu.

Entrer dans l'ouverture de lumière est très réconfortant pour le suicidé. Lorsqu'il le comprend, il accepte d'aller vers elle et de se laisser accueillir par les Esprits lumineux qui lui offrent leur amour inconditionnel ainsi que leur soutien.

Un long processus de réparation s'enclenche alors avec la pleine participation du défunt qui comprend enfin qu'il n'existe que pour rejoindre son Créateur dans ses vibrations les plus pures.

La première étape du processus consiste à faire le bilan de

son incarnation. Il y retrace les réussites que lui ont assurées ses forces et les erreurs que ses faiblesses ont entraînées. Assisté de son Ange gardien et des Esprits de lumière, il analyse tout son vécu d'incarné et identifie les points précis sur lesquels il devra travailler. C'est là que certains retrouvent le souvenir de leur antériorité et qu'ils découvrent qu'ils sont de malheureux récidivistes de cette erreur capitale.

En second lieu, après cette étape qui peut durer plusieurs années chez certains suicidés, le défunt repenti élaborera une véritable planification du meilleur cheminement qui s'impose pour assurer la réussite de tout ce qu'il a manqué. Enrichi de son expérience, il tentera de trouver les moyens qui l'aideront à s'affranchir de sa négligence et à se sortir de sa stagnation.

En troisième lieu, le suicidé se verra offrir de nombreuses formations jugées nécessaires à sa progression. Il pourra bénéficier d'une supervision de son travail préparatoire. On l'invitera même à se joindre à des groupes de réflexion où se rassemblent d'autres suicidés repentis qui cherchent à se reprendre en main.

En dernier lieu, lorsqu'il se sentira vraiment prêt, et suivant une période déterminée par le rythme de son implication, le défunt pourra envisager la possibilité d'élaborer un nouveau plan de vie pour reprendre les objectifs d'évolution qu'il n'a toujours pas atteints.

C'est à cette étape que la plupart des suicidés réalisent pleinement les épouvantables conséquences de leur geste. Jusque-là, sortis de la douloureuse phase des souffrances dévorantes et bien entourés de l'amour des Esprits bienveillants, ils évaluaient que la situation s'était beaucoup améliorée et que, tout compte fait, ils ne s'en sortaient quand même pas trop mal. C'est ce qui explique d'ailleurs que certains suicidés, qui se montrent à leurs proches en rêve, affichent pendant un certain temps un air de bonheur relatif et de satisfaction. Or, tous ceux que j'ai pu percevoir, à l'étape de l'élaboration d'un nouveau plan de vie, prenaient une expression beaucoup plus sérieuse.

Ils réalisent alors que le processus de réparation impliqué par leur suicide s'étalera sur une très longue période de réincarnations parsemée de nombreux défis pouvant s'étendre, dans certains cas, sur quelques centaines d'années. Ils comprennent, en plus, que pendant tout ce temps ils ne feront que réparer leurs erreurs, s'armant certes de nouvelles forces, mais qu'ils auraient pu acquérir beaucoup plus facilement s'ils avaient persévéré et ne s'étaient enlevé la vie.

4. LE RETOUR DANS LA CHAIR

Dans un premier temps, le plan de reprise, que les suicidés élaborent sous les sages conseils de nos amis de lumière, implique toujours trois phases bien précises d'incarnations successives auxquelles aucun d'entre eux ne peut échapper. Très exigeantes, ce sont des préalables absolus à la reprise de la montée vers Dieu. Elles découlent directement du geste d'autodestruction et ne cessent qu'après la réussite de la toute dernière réparation. Encore là, elles ne sont aucunement le fruit d'une quelconque vengeance divine. Elles ne sont que la douloureuse résultante automatique d'un difficile processus spirituel que le défunt a déclenché en mettant fin volontairement aux jours que Dieu Lui-même lui avait confiés. D'ailleurs, Dieu ne l'abandonne jamais au cours de ces trois phases éprouvantes, lui autorisant l'obtention de toutes les conditions dont il a besoin pour réussir et lui fournissant toutes les forces et les ressources nécessaires à l'atteinte de tous ses objectifs. Le suicidé repenti pourra donc continuer à grandir grâce à la générosité divine, malgré les trompeuses apparences qui lui cacheront sa pleine responsabilité pour toutes les difficultés qu'il aura lui-même engendrées par son ignorance et son étourderie.

PREMIÈRE PHASE : **LA RECONSTITUTION DU PÉRISPRIT**

La mort par suicide provoque toujours d'importants dommages directement reliés au périsprit. Le mode utilisé engendre un contrecoup énergétique qui se répercute dans la constitution même de l'enveloppe fluidique à l'endroit précis où le corps charnel fut détruit. Ainsi, un suicidé mort par pendaison exhibera une forte déformation de la colonne vertébrale et des crispations faciales. Un autre décédé par balle laissera voir les dommages qui s'étaient inscrits dans son enveloppe charnelle. Il en est ainsi pour tous les autres, que ce soit par le feu, par collision, etc. Ces déformations demeurent pendant toute la période d'erraticité qui suit le décès. Plusieurs cherchent à dissimuler ces stigmates exprimant publiquement leur faiblesse, comme ce suicidé qui apparaissait à sa veuve en lui tournant toujours le dos. Il camouflait ainsi le trou béant laissé dans sa poitrine. Il ne faisait que tourner sa tête, ne voulant pas aggraver davantage la souffrance qu'il avait engendrée dans le cœur de celle qui l'aimait toujours. J'ai même vu certains cas où les défunts apparaissaient sans tête, seule façon à leur disposition pour cacher les déformations qu'ils portaient au visage.

Cette même difformité périspritale apparaît quelque temps chez les Esprits qui connaissent une mort violente, par exemple un accident d'automobile. Contrairement aux suicidés, les Initiateurs et l'Ange gardien viennent rapidement les accueillir pour les conduire dans une zone extraordinaire de l'astral de lumière. Ils les baignent directement dans de grands courants d'énergie réparatrice. Ce sont comme de véritables aurores boréales constituées de milliers de rayons lumineux fluorescents. De belles couleurs blanches, dorées et argentées y brillent de toutes parts. Ces rayons sont continuellement en mouvement, donnant une curieuse impression de danser sur une musique inaudible. Ils sont essentiellement constitués d'énergie fluidique de même nature que notre fluide animalisé qui nous permet de vivre dans nos corps charnels. C'est d'ailleurs à ces sources que notre énergie vitale fut directement puisée lors de la conception de nos véhicules d'incarnation.

Lorsque le défunt se retrouve dans ces courants réparateurs, il se sent pénétré d'effluves faisant corps avec lui. L'impression de bien-être est tout à fait indescriptible. J'y fus moi-même plongé quelques instants au début de mes recherches. Même si je n'avais aucun dommage périsprital, et même si j'étais toujours vivant, des Esprits lumineux m'y conduisirent pour que je puisse vous rapporter cet extraordinaire phénomène dont les Esprits méritants peuvent bénéficier après leur décès. La description la plus fidèle que je pourrais vous donner de leurs effets référerait à une impression d'amour lumineux qui s'active dans chaque partie de notre être.

Le défunt qui peut accéder à ces courants d'énergie réparatrice retrouve donc facilement le plein équilibre de son périsprit. Il peut alors continuer son cheminement sans subir aucun effet négatif des dommages qu'il avait subis.

Malheureusement pour les suicidés, comme pour les gens décédés par négligence volontaire, cette rapide reconstitution du périsprit leur est tout à fait inaccessible. Comme ils ont eux-mêmes provoqué les dommages présents dans leur périsprit, ils devront les réparer par leur propre effort et leur propre volonté.

Lorsque le défunt découvre cet interdit qu'il s'est lui-même imposé, une autre souffrance se rajoute à celles qui le grugent déjà. Il réalise encore plus concrètement qu'il a très gravement alourdi son fardeau sur la route qu'il ne peut éviter.

Pour le suicidé, la seule façon de reconstituer l'équilibre énergétique de son périsprit et de faire disparaître les déformations de son apparence est de revenir dans un corps de chair. Une difficulté majeure le fait cependant reculer devant cette inévitable première phase de son plan de reprise : il devra littéralement traîner avec lui les dommages de son périsprit qui se répercuteront directement dans sa nouvelle enveloppe charnelle.

Il est tout à fait logique qu'il en soit ainsi, car comme nous l'avons vu dans *Messages de l'au-delà*, le périsprit impose son modèle constitutif au corps charnel. Ainsi, un périsprit porteur de désordres énergétiques les transposera dans la constitution de sa nouvelle enveloppe, au-delà du code génétique qui ne détermine qu'indirectement la forme première de ses composantes.

Le suicidé devra donc revenir dans la chair avec un corps infirme qu'il devra supporter pendant toute son incarnation terrestre. Cette enveloppe sera le rappel constant de son erreur. Le plus souvent, l'individu en souffrira sans comprendre, le voile de l'incarnation lui faisant oublier la raison de sa particularité. Les moins avancés s'en révolteront, les plus sages s'en résigneront, mais tous devront se rendre au terme de cette première phase difficile qui leur permettra de retrouver l'harmonie de leur enveloppe périspritale.

Nous pouvons retrouver dans mes écrits antérieurs plusieurs témoignages d'incarnés subissant différentes infirmités qui découlent directement d'un suicide. Nous y voyons clairement comme cette phase est lourde pour les ignorants du spirituel qui se croient victimes d'un mauvais sort. Seuls les plus avancés, qui savent que tout a sa raison d'être, comprennent que Dieu ne veut que notre bien au-delà des embûches que nous posons nous-mêmes sur notre route.

J'aimerais ici attirer votre attention sur certains cas d'incarnés qui naissent avec des infirmités sans lien direct avec le suicide. Ce sont des Esprits le plus souvent déjà avancés, qui ont choisi ce moyen pour évoluer plus vite dans la trompeuse matière. Ils sont faciles à reconnaître parmi les autres, car leur attitude face aux difficultés de leur vie exprime beaucoup de sagesse et de bienveillance. Ils ne se révoltent jamais contre Dieu et sont de véritables modèles de force et de courage pour tous ceux et celles qui les entourent. Il ne faut donc pas conclure immédiatement à une fâcheuse conséquence d'un mauvais choix antérieur lorsque nous voyons une personne supportant une déformation ou certaines maladies de son corps de chair. C'est en prenant connaissance de ce qu'elle est vraiment que nous pouvons comprendre la voie qu'elle a empruntée pour monter jusqu'à Dieu.

Comme nous pouvons le constater, il est tout à fait épouvantable de sélectionner les bébés à naître selon ce que révèlent les échographies ou tout autre examen prénatal donnant l'état du petit corps en formation. Chercher à éliminer ceux qui nous arrivent avec certaines infirmités, c'est se mettre en travers du chemin que Dieu Lui-même a autorisé pour ces Esprits venus grandir avec nous. C'est interdire l'accès aux suicidés repentants et c'est refouler les plus déterminés souvent plus avancés que nous, venus faire des pas encore plus grands vers les mondes de lumière subtile. Qu'il plaise à Dieu d'être miséricordieux face à notre orgueil qui nie la sagesse de sa volonté!

Pour entreprendre cette première phase de son plan de reprise, le suicidé a besoin d'une solide préparation. C'est pour cela qu'il se voit offrir de multiples formations dispensées par des Esprits lumineux qui connaissent très bien ce qui lui convient le mieux pour réussir. Pour y parvenir, il doit d'abord se sortir de sa torpeur et reprendre confiance en ses propres forces. Il doit redécouvrir sa propre lumière divine et s'ouvrir à tous ceux qui lui offrent leur assistance.

Malheureusement, avant de se résigner à reprendre la route de l'élévation spirituelle et à rattraper le lourd retard qu'ils se sont imposé, plusieurs suicidés reculent devant l'effort.

La prière des vivants en aide plusieurs à se ressaisir, du moins ceux dont l'orgueil a cessé d'attiser leur amertume contre eux-mêmes et contre les autres. Pour les cas extrêmes, ceux qui cherchent à précipiter leurs frères dans leur abîme, l'usure du temps de souffrance, qui leur semble éternelle, finit par les convaincre de l'absurdité de leur stagnation. Ils accueillent enfin l'amour des Esprits lumineux et rejoignent ceux qui ont déjà entrepris cette première phase de leur plan de reprise.

DEUXIÈME PHASE : **LA RÉÉDITION DE L'ÉPREUVE**

Lorsque le suicidé a réussi son incarnation visant la reconstitution de son périsprit, il retourne, après sa mort physique, dans une autre période d'erraticité qui lui demandera encore des efforts de préparation. Il devra s'armer pour la seconde phase de son plan de reprise. Il aura de nouveau accès à de multiples enseignements, dont le bilan de sa dernière incarnation, qui lui en indiqueront les orientations et le contenu. Selon son degré de collaboration et de motivation, il recevra tout ce dont il aura besoin pour réussir la phase cruciale de sa remontée, celle où il y a le plus d'échecs.

Cette seconde phase consiste à revivre les mêmes conditions qui ont fait flancher le suicidé. Ainsi, s'il s'est donné la mort suite à une peine de cœur, il revivra le même chagrin avec les mêmes conditions de souffrance et de déchirement. S'il avait mis fin à ses jours après un échec financier ou pour se libérer d'une pénible maladie, il revivra le même calvaire avec la même intensité et les mêmes échéances. Bref, il revivra exactement ses propres conditions d'échecs qu'il devra, cette fois, maîtriser avec courage, en conformité avec son plan de vie et ses objectifs d'évolution.

L'élaboration du plan de vie, prévoyant la réédition d'une épreuve de suicide, implique celle de beaucoup d'autres Esprits qui devront côtoyer le suicidé remis à l'épreuve. Parfois, il revient entouré des mêmes entités qui désirent l'aider à se sortir de sa stagnation, mais il n'en est pas toujours ainsi. La plus grande difficulté réside dans la nécessité d'assurer la compatibilité des plans de vie de ceux qui seront impliqués. À titre d'exemple, prenons un homme qui s'est enlevé la vie à la suite d'une peine d'amour. Il devra être en présence d'une personne qu'il aimera et celle-ci aura à faire un choix dans sa vie amoureuse qui pourra reconstituer l'épreuve à réussir. Il en sera ainsi pour son contexte social, économique et familial où un ensemble d'incarnés devront partager des points communs dans le contexte de leur plan d'incarnation.

Le plus souvent, le suicidé recommence son épreuve avec courage. Comme il est davantage préparé, il sait mieux comment réagir devant la souffrance qui le retrouve avec la même férocité. La difficulté n'est pas moindre, mais son expérience négative a laissé de profondes traces dans son intuition qui lui fait alors comprendre l'impérative nécessité de réussir.

Nous rencontrons cependant des cas récalcitrants où les tendances suicidaires se font encore sentir. L'incarné se laisse alors obnubiler à nouveau par les trompeuses apparences, risquant de retomber à la case départ et de se plonger ainsi dans un long et pénible repliement sur lui-même. Après leur mort, certains d'entre eux peuvent végéter pendant plusieurs dizaines d'années avant de se résigner à rejoindre ceux qui se sont libérés de leurs souffrances avant eux. Lors de mes consultations, j'ai personnellement rencontré plusieurs de ces suicidés venus se réincarner pour revivre l'épreuve qu'ils avaient manquée. La plupart combattaient avec courage les difficultés qu'ils rencontraient dans leur vie. Plusieurs se croyaient nés sous une mauvaise étoile. Quelques-uns remettaient en cause l'existence même de Dieu qu'ils disaient sourd à leurs appels. Très peu avaient déjà compris qu'ils ne devaient s'en prendre qu'à eux-mêmes et à leurs choix passés. À certains, j'ai pu livrer les informations leur permettant de faire le lien entre leur antériorité et leurs difficiles conditions d'existence actuelle, mais, le plus souvent, il n'était pas nécessaire d'aller plus loin. Les propos que m'inspiraient les Anges gardiens suffisaient à éveiller en eux la certitude que tout ce qu'ils devaient supporter était juste et bien adapté à la réalité intérieure.

Les tendances suicidaires manifestent l'absence de l'acquis éternel qui nous éloigne pour toujours de cette capitulation. Ce n'est qu'après avoir vaincu ces tendances, jusqu'au dernier souffle prévu dans notre plan de vie, que cet acquis s'incruste dans notre périsprit. Il vaut donc vraiment la peine de bien mener notre combat terrestre, car, non seulement cela nous évite-t-il de regrettables retours, mais encore il nous permet d'atteindre ainsi un degré qui nous met à l'abri de cette erreur pour le reste de notre existence éternelle. Nous pouvons alors affronter toutes les difficultés que nous jugeons nécessaires, sans craindre de nous ralentir par le stérile suicide. De ce fait, nous avançons avec assurance sans rien manquer de ce qui peut accélérer notre montée vers Dieu.

TROISIÈME PHASE : **LE RACHAT DES SOUFFRANCES ENGENDRÉES PAR LE SUICIDE**

Une fois que le suicidé a enfin réussi l'épreuve qu'il aurait pu régler beaucoup plus tôt, n'eût été son ignorance, il entreprend la dernière phase de son plan de reprise. Il pourra désormais renaître à la chair, armé de son acquis le mettant à l'abri du mauvais choix, mais son éveil spirituel lui fait comprendre les souffrances qu'il a provoquées par sa mort volontaire. Devant la grandeur divine qu'il commence à percevoir, il désire s'affranchir de toutes les dettes qu'il a accumulées auprès des siens et qui pèsent lourdement dans sa conscience ébranlée. C'est ainsi qu'il demande lui-même de réparer les torts causés auprès de chacun des Esprits concernés.

Ce sentiment qui pousse le suicidé repenti à racheter ses fautes revêt une intensité relative pour chacun, selon l'étendue des dommages et la faculté de se pardonner qu'il a pu développer dans son cheminement.

La phase du rachat peut impliquer de nombreuses incarnations. Elle comporte deux facettes distinctes qui nécessitent des plans de vie très différents.

La redevance

La première facette est celle de la redevance. L'Esprit suicidé cherche alors à réparer les désordres qu'il a engendrés, en devenant le débiteur direct de ceux qu'il a fait souffrir. Une grande partie de cet affranchissement s'opère dans l'astral pendant les nombreuses périodes d'erraticité qui s'enchaînent pendant cette troisième phase, mais le plus difficile s'exécute dans la chair, en accompagnant chaque créancier moral directement dans son incarnation.

Cette forme de rachat peut nécessiter un très grand

nombre de décennies si les plans de vie ne permettent pas de regroupement des Esprits visés par le suicidé. Il y a des cas où le processus peut s'échelonner sur plus de deux siècles terrestres. L'Esprit repenti ne cesse l'opération que lorsqu'il devient convaincu qu'il ne doit plus rien de son erreur passée.

Pour comprendre l'ampleur que peut exiger le rachat des souffrances engendrées par le suicide, il faut bien saisir que ce mauvais choix provoque toujours deux actions différentes qui sont aussi dévastatrices l'une que l'autre.

La première action atteint les proches du suicidé. Les parents, les enfants, les conjoints et les amis sont directement concernés. Leurs souffrances sont faciles à identifier et le rachat prend déjà une forme évidente. Le suicidé reviendra auprès d'eux pour les aider dans leurs épreuves terrestres. Il sera un véritable obligé qui se dévouera sans compter jusqu'à l'épuisement de la dette accumulée. Son dévouement n'engendrera que très peu de reconnaissance sociale, car tous ceux qui l'entoureront sauront intuitivement qu'il ne fait que rendre son dû.

J'ai personnellement reçu en consultation des gens qui vivaient cette forme de dévouement. Ils souffraient profondément de l'apparente ingratitude d'un proche auquel la vie les avait obligés à se consacrer. Certains avaient l'impression de manquer de force pour se libérer de l'étreinte irrésistible qu'ils ne pouvaient expliquer. Je les encourageais alors à persévérer, voyant, pour certains cas, le terme précis qu'ils devaient assumer. Je me souviens d'ailleurs d'une dame épuisée qui franchissait les derniers jalons d'une longue suite d'incarnations de rachat. Elle se dévouait envers trois de ses proches qui s'accrochaient littéralement à elle. Cette dame avait accepté d'accompagner les dernières victimes de son lointain suicide, pour qu'ils puissent franchir une lourde épreuve qui leur était commune. Elle terminait l'avant-dernière étape de son affranchissement final.

La deuxième action que provoque le suicide peut atteindre un large éventail de personnes que le suicidé lui-même ne connaît même pas. C'est celle du déclencheur que son exemple a pu exercer chez d'autres suicidaires. Il est bien connu qu'un suicide le moindrement médiatisé en provoque une recrudescence dans la population. Chaque suicide est donc générateur de cette trompeuse erreur et implique un endettement pour le suicidé envers tous ceux et celles qu'il a indirectement invités à la mort.

Le rachat moral qu'engendre cette deuxième action prend une forme plus pénible en ce sens qu'elle impliquera des personnes inconnues. Les liens affectifs n'étant pas aussi ancrés qu'avec les proches, le suicidé vivra des plans de vie qui le mettront en relation moins intime, mais tout aussi exigeante. Il deviendra ainsi le voisin très dévoué, l'employé aveuglément obligé, le sauveteur financier, le donneur perpétuel et bien d'autres encore, qui ne recevront que peu de retour de leur dévouement imposé. Certains emprunteront des voies plus étendues. Ils deviendront l'enseignant, le travailleur social ou l'éducateur qui s'affranchiront de leur endettement en renforçant le sens moral de leurs débiteurs placés sur leur route ainsi qu'en les guidant pour alléger leur incarnation.

Le retour direct de l'acte posé

La deuxième facette est celle du retour direct de l'acte posé. Le suicidé termine ainsi la dernière étape du long rachat de sa faute pourtant devenue lointaine. L'Esprit tient alors à subir à son tour les souffrances engendrées par le suicide. Pour y parvenir, il naîtra dans une famille dont les membres suicidaires auront à subir l'épreuve qui l'avait autrefois fait flancher. Ce désir de vivre cette expérience peut paraître surprenant pour le néophyte, mais selon mes contacts médiumniques, nul n'y échapperait. Ce serait la seule façon à la portée du suicidé de se sentir enfin digne de se rapprocher des vibrations divines. Remarquez qu'il en est ainsi pour tous les actes négatifs qui font souffrir les autres et que nous posons dans notre vie.

Le cas le plus révélateur que j'ai vu de ce retour direct de l'acte suicidaire concernait un jeune homme qui vint de très loin pour me rencontrer. Karl désirait me consulter pour recevoir l'aide de nos amis de lumière. Il était complètement bouleversé. Son questionnement n'obtenait pas de réponses qui pouvaient calmer l'angoisse que sa vie lui inspirait.

Lorsqu'il arriva dans mon bureau, Karl fondit en larmes. Il venait de perdre le dernier frère qui lui restait. Il demeurait le seul survivant de sa famille. Tous les autres s'étaient suicidés dans les dix années antérieures. Son père, sa mère, son frère et ses deux sœurs avaient tous échoué.

Karl craignait beaucoup pour sa santé mentale. Il se demandait si sa famille n'était pas porteuse d'une forme de maladie psychique et si lui-même ne succomberait pas au même désordre.

Son Ange gardien me fit rapidement comprendre qu'il en était bien autrement. Le jeune homme n'avait rien à craindre pour lui-même, car il avait déjà franchi l'épreuve du suicide. Son acquis éternel le plaçait donc à l'abri de cette épouvantable erreur. Karl était venu souffrir ce qu'il avait jadis fait endurer aux autres. Il avait choisi une famille où cinq Esprits suicidaires avaient à se confronter à l'épreuve. Il voulait ainsi s'assurer qu'il aurait plus de probabilités de vivre l'expérience libératrice, au cas où certains d'entre eux auraient réussi à vaincre leur faiblesse. Comme ils avaient tous échoué, il avait dû subir chaque fois le douloureux déchirement.

Je rassurai Karl sur sa vie terrestre. Il avait terminé la dernière étape de son affranchissement. Il pouvait dorénavant reprendre la montée qu'il avait dû suspendre pendant toutes ces longues années.

Cette deuxième facette de la dernière phase du rachat final est très difficile à vivre pour l'Esprit repenti. Très peu ont la même possibilité que Karl de connaître la raison profonde de leurs souffrances. Généralement, ils subissent la situation avec un sentiment d'impuissance. Certains se sentent abandonnés de Dieu et de l'au-delà de lumière. D'autres, moins informés sur leur dimension spirituelle, subissent une angoisse diffuse qui vient directement des souvenirs intuitifs inscrits dans leur périsprit. Ils ne savent pas exactement pourquoi, mais ils se sentent profondément concernés, au-delà des souffrances engendrées par le regrettable départ du défunt. Le long processus, duquel ils sortent avec peine, a laissé suffisamment de traces pour faire sentir, même aux moins croyants, que leur proche vient de commettre un geste extrêmement difficile à réparer.

Il est bien important de comprendre que nous ne sommes jamais placés par hasard dans un environnement de suicidaire. Lorsqu'il en est ainsi, c'est que notre plan de vie prévoyait cette particularité. Il est donc impératif pour nous tous de les assister dans leur lutte. Il faut agir pour qu'ils puissent réussir à atteindre la ligne d'arrivée à la toute fin du marathon donnant l'acquis éternel de la maîtrise des tendances suicidaires. En agissant ainsi, nous pouvons nous-mêmes nous affranchir d'un engagement pris en Esprit envers eux. Rappelons-nous toujours que leur présence sur notre route a sa profonde raison d'être dans notre cheminement. Comprenons bien que nous avons à les accompagner dans la vie qu'ils doivent poursuivre jusqu'au bout et non les assister à mourir bêtement pour les voir tout recommencer.

Chapitre 7

Nécessité de l'éveil spirituel

Un simple regard objectif sur les statistiques donnant les taux de suicide dans différents pays démontre rapidement qu'il existe un rapport direct entre les pratiques spirituelles ou religieuses et le nombre de décès enregistré.

Ainsi, à la fin des années quatre-vingt-dix, la population de la France qui, comme celle du Québec, avait connu un relâchement dans sa pratique religieuse, comptait 19,4 suicides par tranche de 100 000 habitants. De leur côté, à la même époque, les pays du Maghreb, soit le Maroc, l'Algérie et la Tunisie, n'enregistraient que 4,5 suicides pour la même tranche, ce dernier État trônant même avec à peine 2 suicides par 100 000 habitants.

Or, nous savons que le Coran exerce une grande influence dans ces trois pays où la population affiche une réelle dévotion pour la religion. Le même phénomène s'observe clairement au Canada, en comparant deux époques bien distinctes. Ainsi, comme nous le disions au début de cet ouvrage, le taux de suicide est passé de 3,3 en 1950, année où la pratique religieuse occupait une large place dans la vie des citoyens, à plus de 21,5 en 1995, où un relâchement spirituel et religieux s'est généralisé dans tout le pays.

La nécessité de l'éveil spirituel apparaît donc tout à fait évidente pour contrer ce véritable fléau qui mine nos sociétés et plonge ses victimes dans le long processus de souffrances que nous venons d'analyser.

Lorsque nous parlons d'éveil spirituel, nous ne référons

pas à une religion particulière ni à des croyances spécifiques. Il s'agit plutôt de la prise de conscience de notre véritable nature: celle de notre Esprit. Nous visons la connaissance de la pleine réalité de notre survivance au-delà de la trompeuse matière qui nous plonge si facilement dans de vicieuses illusions tant exploitées par les profiteurs de la matérialité temporelle. Nous pointons la compréhension de la raison de notre présence ici-bas avec toutes les obligations qu'elle nous invite à rencontrer. Bref, nous faisons directement référence à tout ce qui peut nous éveiller à Dieu et à ses lois non écrites qui gèrent notre progression au-delà de notre ignorance et de toutes nos incroyances.

Cet éveil est important, car il jette la lumière sur l'ensemble de notre vie. Il permet donc d'accélérer le processus d'élévation spirituelle que nous sommes tous venus vivre ici-bas et, de ce fait, harmonise le cœur de chacun et bonifie les rapports entre tous les humains. Enfin, il favorise une meilleure réussite de toutes les épreuves terrestres qui prennent alors un sens logique, même dans leur plus grande cruauté apparente.

1. PRINCIPES DE CONDUITE POUVANT NOUS AIDER À MIEUX ASSUMER LES DIFFICULTÉS DE LA VIE TERRESTRE

Toutes mes recherches spirituelles et surtout mes échanges avec ceux de l'au-delà m'ont permis d'identifier certains principes qui sont tous à notre portée. Bien appliqués, ils peuvent grandement nous aider à mieux supporter notre incarnation et à en réussir tous les objectifs de départ. Je les ai extraits directement de mes expériences médiumniques et des nombreuses consultations que j'ai eu le privilège de donner à ceux qui faisaient appel à moi. Ils ne sont certes pas exhaustifs, mais ils ont clairement fait la preuve de leur efficacité et méritent d'être soulignés. Je vous les confie avec une grande confiance, car je sais qu'ils peuvent aider à mieux cheminer à travers les exigences du quotidien.

Je précise ici que je n'ai procédé à aucune mise en ordre de leur importance, laissant à la discrétion du lecteur le soin de leur attribuer celle qui leur convient le mieux dans son propre cheminement spirituel.

PREMIER PRINCIPE :
DÉVELOPPER LE RÉFLEXE DE LA PRIÈRE

Comme nous l'avons vu dans mon troisième livre, *L'Au-delà à l'écoute de nos prières*, ce formidable levier nous donne accès à l'assistance directe de nos amis de lumière. Lorsqu'elle est adressée avec sérénité et bienveillance, la prière nous permet de profiter de certains avantages qui ne seraient pas accessibles sans elle. Ce sont de véritables cadeaux déjà prévus dans notre plan de vie et qui ne sont à notre portée que si nous en faisons la demande. Négliger la prière nous appauvrit donc dans notre instrumentation pour mieux vivre les événements qui nous font grandir. Certes, notre plan d'incarnation lui impose certaines limites, mais le gros bon sens nous dicte d'aller au moins chercher tout ce qu'il nous permet d'obtenir.

L'utilisation de la prière est très simple. Elle ne nécessite aucune formulation bien arrêtée et n'implique pas de rituels particuliers. Il suffit d'élever notre pensée vers Dieu et vers ceux que nous invoquons avec toute la sincérité de notre cœur. Nous leur parlons ensuite directement, soit à haute voix, soit intérieurement, selon notre convenance. Nous adressons ainsi nos demandes, que nous précisons vouloir obtenir dans la pleine mesure de notre plan de vie.

Il convient toujours de demander d'abord à Dieu de permettre l'exaucement de nos prières, car rien ne peut se réaliser sans son autorisation. Il faut cependant bien comprendre que ce sont les Esprits qui nous sont bienveillants et principalement ceux de lumière qui agiront directement auprès de nous. À ce titre, notre Ange gardien jouera toujours un rôle très actif. Connaissant bien l'histoire intime de notre plan de vie, il est le plus à même de nous aider et de collaborer avec ceux que nous prions. Il est donc toujours indiqué de le remercier pour son précieux dévouement.

La prière a sa raison d'être dans toutes les circonstances de la vie terrestre. Que ce soit pour remercier Dieu et nos amis de lumière pour les bienfaits dont nous bénéficions, ou pour implorer leur aide dans les moments plus difficiles, la prière demeure le pont idéal qui nous permet de maintenir un échange continu avec l'au-delà de lumière.

J'ai publié en 1997 un petit recueil qui suggère certains contenus de prières pour adresser nos demandes dans les circonstances les plus courantes de la vie terrestre. Je suggère donc aux lecteurs qui ont de la difficulté à formuler leurs pensées de consulter *Au cœur de la prière.* Je crois qu'il pourrait être d'une grande utilité.

Dans le cadre de notre sujet, je retiendrai celle que vous trouverez à la page 86 du petit recueil. Elle s'adresse à ceux et celles qui sont tentés de capituler devant les épreuves de leur incarnation. Cette prière est à réciter plusieurs fois par jour, tant que la lumière n'est pas revenue dans notre cœur. En voici donc la teneur :

Prière pour contrer les idées suicidaires

Dieu tout-puissant, bon Père du ciel, je fais appel à ton aide pour que je puisse mener à terme cette si précieuse incarnation qui pourrait enfin me libérer de la douloureuse souffrance de devoir tout recommencer.

Bien que je sache que Tu n'as rien autorisé au-dessus de mes forces, je me sens écrasé par la lourdeur de tout ce qui m'arrive. J'ai besoin d'une épaule pour m'appuyer.

Dirige vers moi tous ceux qui pourront comprendre mon désarroi et me sortir du gouffre noir qui étouffe mon cœur!

Autorise mon Ange gardien et mes amis de lumière à éloigner de moi tout Esprit malveillant qui chercherait à m'écarter du but de la vie que Tu m'as si amoureusement prêtée!

Imprègne-moi de ta lumière! Berce-moi de tes vibrations vivifiantes! Rappelle-moi le réconfort qui m'attend au bout du chemin!

Merci, mon Dieu, de me garder dans ton cœur. Merci, cher Ange gardien et chers amis bienveillants, de me maintenir dans le vrai chemin libérateur, celui qui conduit au véritable bonheur.

***

Toujours dans le cadre de notre réflexion, il faut souligner ici l'importance de prier pour nos défunts décédés par suicide. Comme nous l'avons vu plus haut, leur état d'après-mort est très difficile et nécessite une grande assistance de notre part.

UN VIEIL AMI

Rosalie n'avait pas reçu de nouvelles de son vieil ami Victor depuis plusieurs mois. Séparés par des circonstances incontournables de leur plan de vie, leurs échanges amicaux faisaient désormais partie de leur passé.

Rosalie sursauta un matin de février en consultant la chronique nécrologique de son journal quotidien. Elle y reconnut la photo de Victor sous les traits de ses meilleurs jours.

Comme elle ne pouvait se présenter aux obsèques de son ami d'antan, Rosalie pria beaucoup pour lui. Son for intérieur lui disait que Victor avait un grand besoin de prières et qu'elle devait se mettre intensément à la tâche.

Plusieurs semaines plus tard, Rosalie rencontra l'Esprit de Victor dans les sphères subtiles de l'au-delà. Son bonheur de le retrouver s'estompa rapidement lorsqu'elle constata la misère qui s'imprégnait dans tout son être. Victor semblait très malade. D'une grande maigreur, il paraissait rongé par une fatigue extrême qui creusait le moindre de ses traits. Son visage pâle et étiré trahissait une grande souffrance qu'il ne pouvait camoufler. Lorsque Rosalie voulut s'approcher pour le réconforter, elle se buta à une cloison transparente, presque invisible. Elle s'aperçut alors qu'elle ne pouvait rien entendre de ce que Victor cherchait à lui dire. Il était comme isolé de son entourage qu'il ne pouvait atteindre.

C'est là que l'attention de Rosalie fut attirée par la présence d'un cordon beige qui entourait le cou de Victor. La pièce de tissu semblait littéralement collée au corps du défunt, comme si elle eût fait partie de lui. Rosalie voulut s'informer sur cette particularité, mais nul ne semblait vouloir lui donner de réponse.

Dès son réveil, Rosalie pria davantage pour Victor. Il était bien évident qu'il avait grandement besoin d'assistance dans sa survivance.

La semaine suivante, en magasinant, Rosalie rencontra un voisin et ami de Victor. Après les salutations d'usage, leur conversation se centra rapidement sur le disparu. Rosalie rapporta alors son expérience astrale en demandant s'il pouvait comprendre la présence du curieux cordon perçu autour du cou du défunt. Son interlocuteur la regarda avec une grande stupeur. Il lui révéla que Victor s'était pendu avec le cordon de sa robe de chambre. La couleur et la description que Rosalie en donna correspondaient exactement à l'objet qui avait servi d'instrument de mort. Le pauvre Victor était donc prisonnier des derniers instants de sa vie, gardant dans son périsprit la marque de son inutile erreur.

Rosalie redoubla d'ardeur dans ses prières, demandant à Dieu de soulager son ami des douloureuses séquelles engendrées par son acte d'ignorance.

***

La prière que nous adressons à nos défunts met en branle un processus très intense dans l'au-delà. Elle génère une énergie dont peut profiter l'Esprit, dans sa prise en main *post mortem.* Le témoignage que j'ai retenu ici nous démontre clairement la pleine réalité de l'action bien concrète qu'elle déclenche auprès de nos morts.

DES PRIÈRES EFFICACES

Guylaine m'avait consulté pour obtenir des nouvelles de l'Esprit de sa mère. Celle-ci était décédée depuis un peu moins de deux ans. Après avoir expliqué à Guylaine la prudence dont nous devions faire preuve dans les invocations adressées à l'au-delà dans une période inférieure à trois ans après le décès, nous convînmes de simplement prendre de ses nouvelles sans lui parler directement.

Les informations reçues nous apprenaient que la défunte n'était pas encore dégagée de ses liens d'incarnation. Elle errait dans le milieu physique de ceux qu'elle avait quittés. Son état me laissait comprendre qu'elle avait un grand besoin d'aide pour raccourcir le temps de souffrance que son ignorance lui imposait. J'avais alors recommandé à Guylaine des prières pour que sa mère se sorte de ses tourments et qu'elle puisse bénéficier du bonheur d'après-mort qui lui tendait les bras. Guylaine avait soigneusement noté toutes mes explications. Elle s'était engagée à appliquer soigneusement les conseils que je lui avais donnés. Elle voulait ainsi aider sa mère qu'elle aimait avec beaucoup de sincérité.

Je ne reçus des nouvelles de Guylaine que deux ans et demi plus tard. Elle me consultait pour l'équilibre de ses forces vitales, mais j'en profitai pour lui demander les résultats des prières qu'elle avait adressées à l'au-delà de lumière pour aider sa mère. Tous les détails de ce qu'elle me rapporta me confirmèrent que sa démarche s'était avérée très fructueuse.

Trois semaines après le début de ses prières, Guylaine fut éveillée en pleine nuit par une lumière qui se mit à jaillir au pied de son lit. En ouvrant les paupières, elle aperçut très nettement sa mère, qui se matérialisait sous ses yeux. Elle était entourée d'une grande luminosité. La défunte exhibait la belle apparence qu'elle avait avant que la maladie ne vienne dévorer toutes ses énergies. Elle portait les mêmes vêtements qui avaient servi à sa toilette funéraire. Radieuse de bonheur, son sourire d'une grande tendresse lui exprimait une bienveillance extraordinaire.

Guylaine fut surprise de n'éprouver aucune peur. Au contraire, elle ressentait une parfaite sécurité, un peu comme celle de son enfance où la seule présence de sa mère la réconfortait dans ses inquiétudes enfantines.

Guylaine aurait voulu lui parler. Elle aurait eu tant de questions à lui poser, mais c'était comme si elle ne pouvait faire autre chose que de contempler cette manifestation qui dépassait toutes ses secrètes espérances.

Dans une grande expression d'amour reconnaissant, la défunte se mit à chanter. Une extrême douceur portait chacun des sons de sa voix dont Guylaine reconnaissait l'agréable tonalité. Guylaine identifia immédiatement la mélodie de la vieille chanson *À la claire fontaine.* L'Esprit chantait avec beaucoup d'insistance : *Il y a longtemps que je t'aime, jamais je ne t'oublierai.* Dès la fin du dernier mot, la défunte disparut dans une brume toute lumineuse qui, à son tour, s'évapora sans laisser de trace.

Une joie indescriptible envahissait Guylaine dans tout son être. Son cœur battait très fort dans sa poitrine encore tout imprégnée de l'amour de sa mère. Ses prières avaient été entendues et exaucées. Grâce à elles, la défunte avait pu rapidement se prendre en main. Elle pouvait enfin profiter des délicieux retours que lui réservaient les efforts et les victoires de sa vie terrestre.

Comme bien d'autres témoignages que je rapporte dans mes autres ouvrages, celui-ci nous démontre la grande importance de la prière adressée à Dieu pour nos défunts. Après notre mort, une confusion plus ou moins consciente nous empêche souvent de suivre le chemin libérateur de la lumière. Bien des facteurs peuvent déterminer sa durée et son intensité, mais la prière des survivants permet à l'Esprit décédé de la dissiper rapidement.

Malheureusement, selon les nombreux entretiens que j'ai pu avoir, un grand nombre de personnes qui ont subi la perte d'un des leurs par le suicide n'ont pas tendance à formuler ces prières. Parfois obnubilés par le stress du décès, parfois influencés par la volonté même du défunt de mourir, parfois inspirés par des sentiments de culpabilité, ou encore simplement ignorants de la réalité d'après-mort, ils se concentrent davantage sur leur adaptation à la situation plutôt que d'axer leurs efforts sur le bien-être du défunt. Ce dernier se retrouve ainsi souvent seul avec lui-même, dans une conscience très vive de son erreur dont il ne peut s'échapper. La prière est donc doublement importante pour les suicidés, bien que le contexte de leur départ incite tous ceux qui pourraient l'aider à adopter une attitude contraire. Cet aspect important doit faire réfléchir tant le suicidaire, qui doit comprendre qu'il risque fort de se retrouver démuni, que les endeuillés, qui doivent connaître le pouvoir réel qu'ils ont à leur portée.

Négliger d'utiliser le formidable levier de la prière pour les suicidés, c'est consentir à leurs souffrances ou, du moins, les priver de la seule aide qui pourrait réellement leur permettre d'entrevoir l'espoir au bout du long tunnel dans lequel ils se sont engouffrés.

DEUXIÈME PRINCIPE : **ACCROÎTRE ET DÉVELOPPER NOS CONNAISSANCES SPIRITUELLES**

Comprendre la logique de notre présence sur cette Terre, savoir que tout a sa raison d'être autant dans la peine que dans la joie, être instruits de la sagesse d'un plan de vie qui gère notre incarnation dans la poursuite d'objectifs d'évolution qui nous sont propres, connaître la survivance éternelle de notre moi conscient, voilà qui permet de mieux affronter les périodes difficiles de notre existence terrestre. Non pas que ces connaissances en diminuent la douleur, mais elles permettent de mieux réagir face aux épreuves de notre route. Sachant qu'elles sont toujours proportionnelles à notre force intérieure, elles cessent de faire peur et stimulent même notre combativité dans l'étape à franchir.

Les connaissances spirituelles peuvent se développer de différentes façons, que ce soit par les films à thèmes spirituels, les conférences qui s'offrent à nous, les échanges avec notre entourage ou même nos propres expériences, mais la plus répandue est sans doute la lecture des différents ouvrages portant sur le sujet. Plusieurs auteurs ont généreusement partagé leurs expériences spirituelles. Par leurs écrits, nous pouvons assimiler en quelques heures le fruit de leurs nombreuses années de recherches et d'expériences. Nous pouvons ainsi atteindre d'un seul bond un niveau de compréhension qui, autrement, aurait nécessité une longue et exigeante période de travail. Nous devons donc profiter pleinement du savoir de ces messagers. En effet, il permet de compenser l'absence d'une médiumnité suffisante pour échanger directement avec l'au-delà. Par ces connaissances, nous accédons à un niveau de réflexion supérieur qui nous libère des jugements trompeurs qu'inspirent les apparences matérielles.

En connaissant les lois d'évolution spirituelle qui gèrent notre vie terrestre, nous devenons moins accessibles aux Esprits malveillants du bas astral qui ragent de jalousie à la pensée de nous voir réussir ce qu'ils ont échoué. Conscients des pleines implications de ce que nous vivons, nous avançons avec fermeté, désormais convaincus de sortir gagnants du combat terrestre.

Quant à la valeur de ce que nous pouvons lire, confions simplement à notre Ange gardien la tâche de nous guider vers ce qui nous convient et il saura nous éviter l'écueil des tromperies malheureusement omniprésentes sur cette pauvre Terre.

UNE PROFONDE RECONNAISSANCE

Martin fit appel à moi pour comprendre les vingt ans d'échecs qu'il essuyait malgré des efforts soutenus et une compétence certaine dans son domaine de travail. Tout ce qu'il entreprenait se butait à des embûches qui l'empêchaient de réaliser ses attentes d'incarné. À ses yeux, sa vie n'était qu'un ramassis d'erreurs et d'insuccès. Plus encore, il se croyait rejeté par un Dieu sans cœur qui l'abandonnait à son mauvais sort.

Les informations que je pus recevoir de son Ange gardien lui donnèrent une tout autre vision de sa vie terrestre.

Martin apprit qu'à peine quelques années avant sa naissance, il avait terminé une incarnation qui lui avait octroyé toutes les réussites dont il rêvait aujourd'hui. Son talent était reconnu. Ses finances tournaient rondement. Le luxe et le confort l'entouraient sous toutes leurs formes. Malheureusement, Martin n'avait pas su apprendre les leçons qu'il devait retenir. Il était donc revenu dans un contexte différent pour finaliser ce qui n'avait pas été accompli.

En recevant les explications que son Ange gardien me fournissait, Martin trouvait le sens de tous ses déboires. Il comprenait que non seulement Dieu ne l'avait pas abandonné, mais qu'en plus Il lui avait permis de reprendre la montée dans les conditions les plus appropriées pour atteindre ses objectifs. Martin comprit comme son attitude fermée empêchait les Guides de lumière d'atteindre sa pensée. Il se privait ainsi de l'inspiration directe dont il avait tant besoin.

À la fin de notre échange, alors que toutes ses questions avaient trouvé réponse, Martin me confia qu'il se sentait en redevance envers moi. Je crus qu'il référait à la consultation qui se terminait, mais il me précisa qu'il s'agissait de beaucoup plus encore.

Il m'expliqua que, trois mois plus tôt, il avait pris la décision incontournable de se suicider. Épuisé par toutes ses luttes trompeusement stériles, il ne trouvait plus de motivation à vivre sa misère. Il avait donc décidé d'y mettre fin, croyant ainsi se libérer de ses tourments.

Quelques jours après avoir pris sa décision, alors qu'il arrangeait ses dernières affaires, il fut porté à consulter certains livres en librairie. Il trouva mon premier ouvrage. En le feuilletant, il vit qu'on y traitait du suicide. Il se le procura et en fit avidement la lecture. Au début, il se disait que c'était peut-être une fumisterie, mais la logique des informations révélées le convainquit de leur valeur. Il relut les passages qui le concernaient plus directement. Il comprit enfin toute l'horreur qu'il aurait vécue si ces connaissances n'étaient pas venues jusqu'à lui et qu'il eût exécuté son plan lugubre. Toutes ces souffrances dans la noirceur de l'astral inférieur, les douleurs à supporter et, pire encore, les conséquences incontournables à assumer, pendant de nombreuses incarnations de misère, seraient devenues son lot. Il voyait comme il l'avait échappé belle.

Prenant conscience de son ignorance spirituelle, il acheta mes autres volumes. Il les lut attentivement. C'est après qu'il décida de faire appel à mes services. Martin comprenait enfin la raison d'être de sa vie terrestre. Il saisissait la véritable utilité de ses souffrances qui n'avaient toujours eu pour but que de le faire grandir.

TROISIÈME PRINCIPE : **ENTRETENIR NOTRE CONFIANCE EN LA SAGESSE DIVINE AU-DELÀ DE NOS MALHEURS ET DE NOS TOURMENTS**

Lorsque notre vie s'écoule doucement sans problèmes majeurs, il nous est facile de louer la volonté divine et de rejoindre sa ligne directrice. Même nos remerciements prennent alors des airs inavoués de tentatives d'encouragement à continuer de nous favoriser, louant non pas Dieu Lui-même, mais plutôt ses bienfaits dont Il semble nous faire grâce.

La sincérité de notre respect envers sa volonté exprime sa profondeur dans les périodes difficiles de notre incarnation. Je me souviens d'un médium qui m'avait approché pour profiter des contacts que j'entretenais avec mon équipe de lumière. Il disait sans cesse : « Que sa volonté soit faite ! » Un jour, je lui demandai s'il comprenait bien les profondes implications d'un tel souhait. Jusque-là, tout allait bien dans sa vie. Il semblait même légèrement favorisé sous certains aspects. Il lui était donc facile de louanger la volonté divine. C'est lorsque son plan de vie s'engagea dans une phase plus exigeante qu'il comprit le sens profond de ma question. Toute sa vie semblait se bouleverser et son confort physique menaçait même de se détériorer. Lorsqu'il me consulta, je lui fis remarquer que la volonté divine n'avait jamais cessé de vouloir l'aider. La sagesse de Dieu avait simplement jugé que son cheminement nécessitait certaines difficultés qu'Il avait soigneusement incluses dans son plan d'incarnation. Pour mieux atteindre ses objectifs d'évolution, il devait vaincre une grosse épreuve à la pleine mesure de ses capacités.

Le médium en question devint d'abord sombre et inquiet. Il se sentait abandonné de Dieu et de ceux de l'au-delà. Ce n'est que plus tard qu'il comprit vraiment les bienfaits de ses malheurs trompeurs qui le conduisaient à apprécier Dieu pour ce qu'Il était dans sa sagesse et non pour ce qu'Il lui donnait dans la temporalité. Il saisit la pleine implication du respect de la volonté divine qui voit bien au-delà de nos pauvres limites d'incarnés.

Ce troisième principe est important, car il nous évite de regrettables révoltes contre Dieu dans les périodes sombres de notre vie terrestre. En entretenant notre confiance en la sagesse divine, nous évaluons mieux nos difficultés, sachant qu'elles correspondent avec précision à ce dont nous avons intimement besoin pour grandir vers Dieu. Négliger cet aspect nous plonge rapidement dans de stériles idées noires nous laissant faussement croire que nous sommes victimes d'une injustice divine ou d'une négligence de sa volonté.

UNE TOURNURE INATTENDUE

Lorsque Jules me consulta, une véritable panique s'était emparée de lui. Jules souffrait d'une tumeur maligne au cerveau. Aucune intervention chirurgicale ne pouvait le sauver. Un médicament aux multiples effets secondaires pouvait diminuer et même enrayer la progression de la tumeur, mais son organisme le rejetait systématiquement. Il m'arrivait donc en s'accrochant au dernier espoir que lui inspiraient ses croyances spirituelles. Ses médecins ne lui donnaient qu'environ six mois à vivre, mais il se convainquait que Dieu ferait quelque chose pour qu'il puisse poursuivre ses obligations de père.

Dès la première visite, je reçus l'information des Esprits guérisseurs qu'il devait prendre le médicament pour venir à bout du mal meurtrier. Les entités agirent d'abord sur Jules pour que son organisme tolère la médication. Ensuite, elles agirent directement dans les cellules mêmes de la tumeur.

Jules vint quatre fois en respectant un intervalle de trois semaines. Avant notre dernière rencontre, Jules passa un examen médical « sophistic » comme celui qu'il avait subi lors du dramatique diagnostic. Voyant qu'il tolérait bien la médication, les médecins voulaient connaître avec précision l'évolution de la tumeur. À leur grande stupéfaction, tout s'était résorbé à la taille d'une pointe de crayon. Les médecins étaient fort surpris, car le médicament ne pouvait agir avec tant d'efficacité et surtout de rapidité. Jules leur répondit que la foi pouvait faire de grandes choses.

Jules fut encore impressionné par l'action des Esprits guérisseurs en apprenant qu'une femme qu'il avait connue à l'hôpital et qui souffrait du même mal venait de décéder. Elle avait pourtant pris le même médicament que lui. Il comprit alors l'effet réel qu'avait eu l'action de nos amis d'en haut.

Un an et demi plus tard, Jules me téléphona. Il semblait complètement découragé. Je crus un bref instant qu'il avait de nouveaux problèmes de santé, mais ses propos me firent rapidement comprendre qu'il en était tout autrement.

Jules avait appris que sa femme le trompait. La nature frivole que cette dernière avait exprimée à son adolescence remontait à la surface de ses trente-cinq ans. Il était profondément bouleversé. Il m'appelait pour que je l'aide à éloigner les idées suicidaires qui l'envahissaient progressivement.

Après notre entretien, je songeai aux Esprits guérisseurs qui s'étaient dévoués pour Jules. Je me demandais comment ils pouvaient percevoir une pareille incongruité, dans la lumière de leur lucidité. Lui qui avait tant imploré Dieu de lui laisser la vie pour continuer à grandir, songeait à Lui rejeter en pleine face ce don si précieux qui, seul, peut vraiment nous rapprocher de Lui.

Jules comprit finalement l'absurdité de sa réaction. Il recentra sa pensée sur la sagesse divine et profita enfin de cette difficulté pour devenir encore plus fort. Il reprit le chemin de la lumière, évitant l'épouvantable erreur qui l'aurait obligé à tout recommencer. Cette erreur aurait été d'autant plus regrettable que, cette fois, Jules n'aurait sans doute pu bénéficier des mêmes largesses que Dieu lui avait accordées.

QUATRIÈME PRINCIPE : **MAÎTRISER NOS FAIBLESSES**

Celui ou celle qui comprend vraiment que nous sommes ici-bas pour vaincre les imperfections morales et spirituelles incrustées dans notre périsprit et en assumer les conséquences s'empresse de faire tous les efforts pour s'améliorer. Sa réaction est logique, car il sait qu'en accélérant son processus de progression, il allège les difficultés actuelles et futures qui perdent ainsi leur raison d'être. Nous avons donc de grands avantages à faire tout notre possible pour grandir dans notre spiritualité, car la stagnation de nos faiblesses entraîne un renforcement des épreuves qui correspondent à chacune d'elles.

Pour y parvenir, il faut d'abord apprendre à se connaître. Cette étape exige un degré d'objectivité difficile à atteindre. Il doit nous permettre de nous regarder avec lucidité et réalisme, comme si nous observions une autre personne en dehors de nous.

L'exercice est exigeant, car la faiblesse la plus courante ici-bas est l'orgueil, scorie capitale nous poussant, comme disait Jésus, à chercher la paille dans l'œil des autres quand nous sommes nous-mêmes aveuglés par l'énorme poutre qui voile notre regard.

Vient ensuite l'égoïsme, qui étouffe la lumière qui brille en nous et qui pourrait chercher à jaillir sur tous ceux qui nous entourent. Cette autre scorie capitale représente une cause majeure d'un grand nombre de souffrances sur notre Terre. Si l'égoïsme était étouffé, la misère disparaîtrait dans une grande partie du globe. Bien des guerres perdraient leur sens. À plus petite échelle, dans nos vies quotidiennes, combien de hargne, d'amertume et de frustrations s'évanouiraient sous les traits de l'amour inconditionnel, de la tolérance, de la compréhension et de la générosité!

Suivent tous les attachements morbides reliés au monde matériel et qui poussent aux abus de toutes sortes. Puis les manquements aux exigences à notre devoir d'état qu'engendrent nos conditions d'incarnés, la paresse qui nous empêche de fournir les efforts nécessaires et toutes nos tendances encore trop vives pour les dominer ne sont que quelques exemples de ce que nous pouvons trouver dans notre cœur, si nous y entrons honnêtement pour y découvrir ce qu'il faut changer afin de grandir.

Après cette première étape vient la phase la plus difficile, celle de la maîtrise de ce qui nous retient encore dans les griffes de notre monde. Heureusement, plusieurs Esprits lumineux ont déjà réussi avant nous, ce qui nous stimule à persévérer pour les rejoindre le plus tôt possible dans la lumière des zones subtiles des mondes de bonheur. Nous ne pouvons y parvenir que par l'action de notre volonté que nous exerçons à chaque instant de notre vie. C'est ainsi que, petit à petit, nous nous dégageons de notre opacité et devenons les maîtres de notre moi.

Lorsque nous négligeons ce quatrième principe, nous ne faisons pas que prolonger nos retours terrestres. Nous nous condamnons, en fait, à traîner avec nous les indésirables pulsions dans chacune de nos périodes d'erraticité, et ce, tant que la lumière ne prend pas sa place dans notre cœur. Nous grossissons ainsi les rangs de ceux de l'au-delà qui, encore trop aveuglés par le mal, végètent lamentablement malgré les extraordinaires possibilités d'évolution que pourrait leur permettre leur état d'Esprit. Nous devenons alors comme des assoiffés du désert qui refusent l'eau fraîche pouvant les rassasier.

Voyons un cas révélateur de cet état de stagnation exprimé par un Esprit errant. Il nous fait comprendre jusqu'à quel point il est impératif de nous libérer de nos faiblesses pendant que notre incarnation nous en offre généreusement les moyens.

LA VIEILLE MAISON

Brigitte avait vu le jour dans une maison plus que centenaire. Elle y avait péniblement vécu son enfance et son adolescence. La propriété avait jadis été acquise par son grand-père à un prix dérisoire. Elle était alors abandonnée depuis longtemps. Tous les gens du canton la craignaient. Les derniers à y avoir séjourné avaient été la cible de manifestations qui leur avaient enlevé définitivement le goût d'y retourner. Quant à son aïeul, son incrédulité bien ancrée l'avait convaincu qu'il faisait une excellente affaire. Pourtant, la réputation de la maison était telle que sa hantise était même mentionnée dans l'acte notarié.

Le père de Brigitte en avait hérité. Il était bien au courant des manifestations, puisqu'il les avait lui-même subies pendant toute sa vie, mais il s'entêtait à affirmer que tout n'était que le fruit de l'imagination.

Brigitte se souvient de plusieurs nuits où elle se cachait sous ses couvertures, attendant fébrilement que la fatigue l'entraînât dans le sommeil. Elle avait souvent vu des objets se déplacer tout seuls autour d'elle. Des bruits insolites la faisaient sursauter dans les moments les plus inopportuns. Des cauchemars torturaient son repos lorsqu'elle en avait le plus besoin.

Comme ses plaintes étaient systématiquement rabrouées, elle taisait ses craintes, se réfugiant dans la relative consolation de sa foi chrétienne. Son cœur fut enfin libéré lorsqu'elle quitta le domicile familial pour ses études postsecondaires.

Plusieurs années plus tard, son père devenu veuf quitta la vieille maison. Il aménagea tout près dans une nouvelle construction. Il reçut une offre pour la propriété abandonnée, mais il la refusa sans même y réfléchir. Du même coup, il décida, sans jamais expliquer ses motifs, de démolir son ancienne demeure. C'est pendant la dernière phase de la démolition que Brigitte vécut un phénomène qui l'apeura et la poussa à faire appel à moi.

Brigitte se croyait bien libérée de toutes ces manifestations de l'au-delà dont elle ignorait l'origine. Malheureusement, un rêve particulier, qui lui sembla un peu trop réel, éveilla les vieilles émotions qui s'étaient endormies sous la couche des années.

Dans son rêve, un inconnu lui montrait que des ossements enroulés dans un vêtement brun étaient cachés dans la cave de l'ancien immeuble. L'individu anonyme lui indiqua où chercher, juste sous une pierre plate dissimulée qui en gardait l'accès. Malgré ses craintes, elle se rendit à la vieille maison. Elle profita d'un matin où il n'y avait personne.

Arrivée sur place, elle vit que son père avait commencé à défaire le mortier retenant les pierres du solage. Elle remarqua avec surprise qu'il avait creusé, dans le champ adjacent, un grand trou béant pour y enfouir chacune de ces pierres.

Brigitte localisa rapidement l'endroit qu'on lui avait indiqué en rêve. Elle creusa lentement dans le sol compact. Après une trentaine de centimètres, sa pelle heurta une masse très dure. Brigitte comprit qu'il s'agissait de la pierre plate qu'on lui avait montrée. Après quelques minutes, elle parvint à dégager le bloc. C'était du granit comme celui des pierres tombales. Son cœur battait très rapidement sous l'effet combiné des efforts physiques et de sa nervosité. Après avoir dégagé une mince épaisseur de terre, le vêtement brun apparut sous ses yeux. Elle le sortit délicatement. Il était comme enroulé. En le manipulant pour en dégager le contenu, Brigitte fut surprise par son état de conservation. Comme on le lui avait annoncé, elle trouva des ossements à l'intérieur.

Soudain, ses souvenirs d'enfance remontèrent dans ses pensées. La peur qu'elle vivait jadis cherchait à reprendre sa place. Mais comme Brigitte était dehors au grand jour, elle se ressaisit rapidement.

Elle continua à chercher autour de l'emplacement de la pierre noire. Elle trouva d'intrigantes bouteilles en verre. Elles étaient toutes vides. En les examinant de plus près, elle reconnut certaines d'entre elles. Il s'agissait de celles autrefois utilisées dans les hôpitaux pour les transfusions sanguines.

Pour sortir de l'excavation, Brigitte devait marcher sur une partie du solage où la dénivellation du sol était la plus profonde. En y accédant, elle sentit une force malveillante qui cherchait à la faire chuter. Armée de ses connaissances spirituelles, elle pria spontanément. L'être invisible lâcha prise. Brigitte se dépêcha de monter dans sa voiture et quitta les lieux.

Pendant le trajet du retour, une pensée très insistante venant de l'extérieur de son esprit lui suggéra fortement de foncer sur un véhicule qui circulait en sens inverse. La même force qu'elle avait ressentie exerça une pression sur ses mains. Elle eut beaucoup de peine à tenir le volant dans la bonne direction. Elle pria de nouveau et le calme revint.

Lorsque Brigitte me fit part de son expérience, je compris rapidement qu'elle avait découvert les indices d'expériences occultes malveillantes qui s'étaient tenues en ce lieu. Elle trouvait du même coup l'explication de la hantise qui n'avait jamais cessé pendant toutes ces longues années. Dans son rêve, Brigitte avait reçu la visite d'une entité bienveillante qui cherchait à libérer un Esprit retardataire, sans doute auteur de ces lointaines expériences. Quant à ce dernier, il avait tenté d'empêcher Brigitte de dévoiler son secret, pourtant la source de ses indubitables souffrances. J'expliquai à Brigitte ce qu'elle devait faire pour se protéger de l'Esprit malintentionné. Je lui donnai également les consignes pour aider cet Esprit ignorant à se libérer des mauvais penchants qui le maintenaient dans un état de souffrance perpétuel.

CINQUIÈME PRINCIPE : **UTILISER TOUTES LES POSSIBILITÉS DE NOS HEURES DE SOMMEIL**

Comme nous l'avons vu dans mes autres ouvrages, notre Esprit demeure très actif pendant les heures du sommeil corporel. Nous y retrouvons la pleine lucidité de notre Esprit momentanément dégagé de son voile d'incarné. Les conditions dans lesquelles nous y vivons sont très proches de celles de nos défunts. Littéralement libérés de notre prison charnelle, nous nous retrouvons, chaque fois, dans un état premier qui nous ouvre la porte à d'extraordinaires possibilités dont nous pouvons ensuite conserver certains bienfaits pendant nos heures de veille. La façon dont nous profitons ou non de cette importante portion de notre temps d'incarnés peut avoir un effet déterminant sur la réussite de notre plan de vie.

Lorsque nous entrons dans le sommeil, notre Esprit quitte la dimension matérielle de notre corps physique pour rejoindre celle de l'astral dont le niveau vibratoire correspond à celui de son périsprit. De prime abord, les possibilités ne sont donc pas les mêmes pour tout le monde, mais chacun peut finalement accéder à l'ensemble au fur et à mesure de son rythme d'épuration qu'il réalise pendant ses heures de veille.

Le monde de l'astral dans lequel nous entrons pendant notre sommeil est très réel. Il ne s'agit aucunement d'une production imaginaire créée par un quelconque phénomène cérébral. Il s'agit d'abord d'un ensemble de lieux pseudo-matériels où nous pouvons côtoyer nos défunts. Il est normal qu'il en soit ainsi puisque nous y vivons dans les mêmes conditions. Lors des échanges dans le monde astral, nous distinguons les vivants en sommeil des morts errants par la présence de la corde d'argent qui relie les premiers à leur corps en repos. Les relations entretenues avec nos morts se font de façon spontanée, comme si nous nous retrouvions dans notre monde d'incarnés. Voyons les deux témoignages suivants qui illustrent bien la continuité des liens affectifs et la réalité concrète de la vie qui s'y poursuit.

DES TOURS DE MAGIE

Ce matin-là, ma fille Mélanie se réveilla le cœur très gai malgré l'humeur chagrine de ce début d'avril où la neige et le froid s'entêtaient à bouder le printemps. Elle avait gardé le souvenir précis d'un rêve très agréable qu'elle avait vécu avec mon père et ma mère dans l'astral de la pseudo-matière. Elle avait dégusté de délicieux moments avec ses grands-parents qui lui manquaient tant depuis leur décès.

Ils l'avaient de nouveau entourée de ce même amour débordant qui, de leur vivant terrestre, les rendait si attirants pour tout leur entourage.

Mélanie avait d'abord échangé avec eux sur les difficultés de sa vie terrestre. Ils lui avaient prodigué de précieux encouragements. Leur échange était lumineux. Il lui rappelait les heures qu'ils passaient ensemble pendant les belles années de son enfance.

Après un bon moment, qu'elle ne put évaluer, son fils Guillaume, âgé de cinq ans, vint les rejoindre. Une ambiance de jeu se créa rapidement. Mes parents l'accueillaient comme s'ils avaient été encore bien vivants dans leur chair de jadis.

Soudain, mon père fit apparaître une pièce de monnaie dans sa main droite. Il la fit disparaître, puis la chercha derrière l'oreille de Guillaume. Il reproduisait un vieux tour de magie qui fait toujours le délice des jeunes et même des grands. Guillaume s'amusait beaucoup à voir la pièce qui partait et revenait au gré du bon vouloir de son arrière-grand-père. Son enthousiasme faisait sourire Mélanie qui regardait la scène avec beaucoup de plaisir. La conscience de son rêve se termina sur cette dernière séquence.

Dès son réveil, Mélanie fut particulièrement heureuse de ses bons souvenirs, car ils lui confirmaient encore une fois l'assistance bienveillante de l'Esprit de ses grands-parents qui ne l'oubliaient pas.

Pendant l'avant-midi, son échange nocturne connut une suite inattendue. Guillaume s'amusait dans sa chambre. En y jetant un coup d'œil, Mélanie fut grandement surprise de voir à quoi s'occupait l'enfant. Guillaume tentait de dissimuler une pièce de monnaie qu'il plaçait entre ses doigts. Il reproduisait les gestes exacts que Mélanie avait vus dans son rêve. Elle demanda à Guillaume à quel jeu il s'amusait. Il lui répondit qu'il cherchait à faire un tour de magie. Il lui demanda si elle pouvait lui expliquer comment faire disparaître une pièce dans sa main et la faire réapparaître derrière son oreille. Mélanie lui avoua son ignorance dans ce domaine. Puis, elle lui demanda pourquoi il pensait à faire tout cela. Il lui répondit qu'il avait simplement eu l'idée en se réveillant.

Mélanie fut impressionnée par la frappante concordance avec ce qui s'était passé dans le rêve dont elle avait gardé le plein souvenir. Il était bien clair que Guillaume avait lui aussi rapporté les mêmes éléments de ses activités de sommeil.

Lorsque Mélanie m'en parla le soir même, il devint évident qu'elle avait vécu une autre belle confirmation de la pleine réalité de nos activités de sommeil. Nous échangeâmes alors sur les informations que je donnais dans mes livres. Nous parlâmes de l'au-delà que nous retrouvons pendant chacune de nos périodes de sommeil où nous pouvons partager ces heures privilégiées avec nos défunts qui y vivent à demeure.

UNE BIENVEILLANTE INTERVENTION

Il était vingt-trois heures vingt. Ma femme et moi dormions à poings fermés. La sonnerie du téléphone nous sortit brusquement de notre sommeil. C'était ma fille Mélanie qui venait de vivre un exceptionnel contact médiumnique dans l'astral de lumière. Elle ne pouvait se rendormir sans m'en faire part, craignant d'en oublier les précieux détails. Mélanie venait d'être témoin d'un événement qui apportait d'intéressantes précisions, d'abord sur le genre d'intervention que les défunts peuvent accomplir pour leurs proches dans la réalité subtile de l'au-delà, puis sur celles que nous pouvions nous-mêmes effectuer pendant nos heures de sommeil.

Mélanie s'était endormie en adressant ses prières à Dieu et aux Esprits dévoués qui assistaient sa petite famille. Gardant la pleine conscience de son vécu de sommeil, elle se retrouva dans l'astral de lumière. Elle se vit dans une grande pièce richement décorée de boiseries sculptées. Une grosse table massive qui donnait l'apparence du bois verni occupait toute la place centrale.

Elle aperçut, autour du meuble massif, des gens assis sur des chaises à haut dossier. Ils semblaient discuter d'un sujet important. En s'approchant, elle reconnut parmi eux mon père qui leur parlait. Il était richement habillé. Il portait un complet de cérémonie avec la chemise blanche et le nœud papillon. D'un air très sérieux, il exprimait beaucoup d'autorité et de détermination que sa douceur rendait bienveillantes.

En s'approchant davantage, Mélanie put nettement capter leur conversation. Mon père y négociait certaines choses qu'elle n'eut cependant pas le temps d'identifier. Par contre, elle put comprendre que cela me concernait. Il cherchait à obtenir des bonifications qui faciliteraient mes conditions de recherche spirituelle. Elle ne put malheureusement en savoir davantage.

En voyant Mélanie, mon père lui fit un beau sourire. Il lui envoya un baiser soufflé et exécuta un bonjour de sa main comme il le faisait de son vivant à l'époque où Mélanie était toute petite. À cet instant, Mélanie songea à adresser la parole à mon père. Elle voulait lui demander s'il avait un message pour moi en vue de souligner mon anniversaire qui avait lieu deux jours plus tard.

À ce moment précis, Mélanie me vit apparaître devant elle. J'avais l'apparence exacte de tous les jours. La regardant droit dans les yeux, je lui dis promptement de ne pas insister. J'ajoutai qu'elle devait se contenter de ce beau contact et remercier Dieu de l'avoir permis. Dès cet instant, une force l'entraîna à l'extérieur de la pièce et elle retourna directement dans son corps.

Mélanie était emballée par son expérience. Non seulement avait-elle pu revoir son grand-père bien vivant dans le monde de l'Esprit, mais elle avait vu comme tout y était bien réel. Elle était un peu déçue de n'avoir pu en savoir davantage, mais elle comprenait le privilège qui lui avait été accordé d'en conserver un souvenir aussi précis.

Nous échangeâmes avec beaucoup d'intérêt pendant encore plusieurs minutes sur son expérience, mais nous raccrochâmes devant l'appel de la sagesse qui devenait de plus en plus impératif quant à notre besoin de repos.

Après notre conversation, je réfléchis spontanément sur l'implication que nous pouvions avoir dans l'astral pendant nos heures de sommeil. Je n'avais personnellement gardé aucun souvenir de ce que Mélanie avait vécu, mais son témoignage me confirmait de nouveau que nous pouvions accéder à un niveau de conscience beaucoup plus élevé lorsque nous sommes dégagés de notre enveloppe charnelle. J'y voyais encore une fois que notre marge de manœuvre pouvait devenir très intéressante selon le niveau de nos intentions intimes. Je recevais également une autre confirmation des possibilités d'assistance que l'astral permettait à chacun d'entre nous, lorsque nous décédons avec un niveau d'avancement qui nous fait accéder aux vibrations de lumière. Enfin, je voyais comme notre vision des choses se transformait dans la lucidité de l'Esprit. En tant qu'incarné, j'aurais bien aimé recevoir le message que Mélanie avait demandé à mon père, mais, en Esprit, je jugeais qu'il valait mieux qu'il en soit autrement, allant même jusqu'à l'empêcher qu'il me soit livré.

En tentant de me rendormir, ce fut mon tour de demander à voir papa de façon consciente. Je priai Dieu de bien vouloir l'autoriser. À ma grande surprise, je perçus trois coupes magnifiquement sculptées. Elles semblaient de cristal. Deux d'entre elles étaient vides. La troisième était à demi remplie d'un liquide rouge ressemblant à du vin à la robe claire. Je cherchai le sens de ces images, mais je sombrai dans le sommeil sans obtenir de réponse.

Cette expérience nous démontre l'importance de bien préparer nos heures de sommeil par la prière et par nos efforts de tous les jours. Nous pouvons ainsi nous assurer de bénéficier pleinement des possibilités qui sont alors à notre portée. Nous y puisons ainsi la force dont nous avons besoin pour triompher de nos épreuves, en côtoyant les Esprits les plus avancés et qui sont en mesure de nous aider par leurs conseils et par la possibilité d'intercession auprès des instances supérieures.

Connaître cet aspect de notre vie terrestre est très important, car il nous fait comprendre les immenses possibilités que nous donnent nos heures de sommeil. Il ne faut jamais oublier que, sur une vie terrestre de soixante-dix ans, nous aurons passé l'équivalant de vingt-trois années complètes dans l'au-delà, soit près de cent un mille cinq cents heures. Ce temps est considérable. Le minimum de sagesse nous indique l'évidente importance de les capitaliser au maximum. Pour ce faire, nous devons appliquer trois règles très simples et tout à fait fondamentales.

Première règle

Nous devons d'abord éliminer de notre pensée la fausse conception que le sommeil est un temps d'arrêt. N'oublions pas que notre corps charnel n'est qu'un simple véhicule temporaire nous permettant de vivre dans le monde de la matière lourde. Le sommeil ne fait que le garer pour que nous puissions continuer à évoluer dans des dimensions où il n'est pas utile.

Deuxième règle

Nous devons ensuite demander à Dieu d'autoriser la pleine exploitation de ces heures précieuses. Chaque fois que nous nous apprêtons à nous endormir, la prière doit nous connecter aux dimensions de lumière en faisant appel à Dieu et à l'assistance de nos amis d'en haut. Leur invocation est importante, car elle éloigne les Esprits malveillants qui errent près de nous et qui pourraient chercher à nuire à nos efforts de progression. Rappelons-nous que ces frères retardataires sont rongés par la jalousie. Ils cherchent à nous faire trébucher, justifiant ainsi leur refus de se prendre en main et leur entêtement à végéter béatement dans leur ignorance crasse. Les Esprits de lumière que nous invoquons par la prière nous permettent donc de passer dans les dimensions subtiles de l'au-delà sans subir leurs assauts.

Troisième règle

Enfin, nous devons nous efforcer de mettre en pratique les précieux enseignements reçus, par des efforts soutenus dans nos heures de veille. Ces efforts sont très faciles à identifier. Il suffit de remplir de notre mieux les obligations que nous imposent nos conditions d'incarnation. En adoptant cette troisième règle, nous élevons nos vibrations périspritales. Nous devenons alors réceptifs aux inspirations directes des Esprits de lumière qui peuvent ainsi finaliser le travail qu'ils ont amorcé avec nous pendant nos heures de sommeil.

***

Nos périodes de sommeil nous offrent une possibilité extraordinaire d'aider ceux de nos proches qui ont besoin d'une assistance particulière pour franchir de difficiles étapes de leur plan de vie. Dieu a donné à chacun d'entre nous le pouvoir d'échanger dans l'astral avec ceux que nous chérissons et que nous voulons aider. Une manière de faire bien précise me fut enseignée par des Guides de lumière. Elle fut appliquée par un grand nombre de personnes venues me consulter. Les résultats qui me furent rapportés démontrèrent un degré extraordinaire d'efficacité.

L'application de ce procédé permettant une interaction directe dans le monde astral doit cependant remplir trois conditions: premièrement, être motivé par des intentions bienveillantes pour soi-même et pour les autres; deuxièmement, s'appliquer en période de sommeil et, troisièmement, faire l'objet d'une autorisation divine.

L'application du processus se fait par l'adresse d'une prière qui s'effectue en cinq étapes. Je vous livre chacune d'elles en vous référant au troisième chapitre de *L'Au-delà à l'écoute de nos prières* pour ceux et celles qui voudraient en approfondir les composantes.

PRIÈRE EN CINQ ÉTAPES NOUS PERMETTANT D'AIDER DIRECTEMENT QUELQU'UN DANS LE MONDE ASTRAL

La première étape consiste à demander à Dieu l'autorisation d'échanger pendant nos heures de sommeil avec l'Esprit de la personne pour qui nous prions. Nous nommons alors la personne concernée. Nous expliquons ensuite avec le plus de précisions possible le but de cet échange qui doit se livrer dans l'astral de lumière.

À la deuxième étape, le prieur demande à Dieu une protection particulière pour empêcher toute intervention malveillante des Esprits peu scrupuleux qui seraient tentés de s'immiscer dans l'échange par leurs tromperies. Cette protection divine éloignera même les ignorants les plus fougueux.

À la troisième étape, le prieur invite, en le nommant, l'Esprit de celui pour qui il prie à venir échanger avec lui en astral de lumière pendant ses heures de sommeil. Il lui précise à son tour le but de cet échange. Il invite ensuite à les rejoindre l'Ange gardien de cette personne, son propre Ange gardien et tous les Esprits de lumière en mesure de les aider.

À la quatrième étape, le prieur remercie Dieu d'autoriser l'échange demandé. Il remercie ensuite, en le nommant, l'Esprit de la personne pour qui il prie, son Ange gardien, le sien et tous les Esprits de lumière qui veulent bien l'assister dans son désir d'aider la personne visée. Le prieur s'endort ensuite pour sa période normale de sommeil.

La cinquième étape est appliquée à son réveil lorsque son sommeil est terminé. Le prieur reprend alors le contenu de la quatrième étape. Il remercie à nouveau Dieu et tous ceux qui ont participé à l'échange demandé.

Cette prière, fort simple mais très efficace, doit s'effectuer sur une période de trente jours. Elle doit être maintenue même si les résultats recherchés se manifestent rapidement.

***

Il pourrait arriver, dans certains cas où les Esprits noirs jouent un rôle actif dans la problématique de celui pour qui nous prions, que ceux-ci tentent d'impressionner le prieur pour lui inspirer la peur et le décourager ainsi de ses efforts. Il ne faut aucunement craindre ces tentatives stratégiques. Au contraire, il faut plutôt y voir un signe d'efficacité et un encouragement à persévérer. En fait, ils ne peuvent rien faire contre le prieur, la bienveillance de sa prière le protégeant entièrement d'une force venant de la main même de Dieu. Voyons un cas bien précis où ce procédé fut appliqué. Je l'ai retenu parmi de nombreux autres, mais tous auraient démontré la même efficacité qu'il nous permet d'atteindre dans la pleine mesure de la bonne volonté de la personne pour qui nous prions.

UN PLAN DE VIE DIFFICILE

Nick était né avec une malformation du système nerveux central. Une grande infirmité affectait l'ensemble de son corps. Tout son développement moteur était gravement limité pour toute sa vie terrestre. Sa potentialité intellectuelle demeurait cependant intacte. Très tôt, Nick fut donc en mesure de bien prendre conscience de ce qui le différenciait des autres enfants qui l'entouraient.

Son enfance fut assez difficile. Les limites que lui imposait son corps nécessitaient de nombreux efforts d'adaptation chez tous ceux qui vivaient avec lui.

À travers les années, malgré ses souffrances, Nick développa une personnalité agréable et attachante. Sa force intérieure semblait inversement proportionnelle à celle de son corps physique.

À l'âge de seize ans, les médecins recommandèrent une opération majeure qui pouvait lui rendre un certain confort dans sa position obligatoirement assise. Après avoir bien pesé toutes les implications et étudié les avantages dont Nick pourrait bénéficier, ses parents donnèrent leur approbation. L'intervention dura de longues heures. Nick sortit de son anesthésie avec difficulté.

Depuis le début de sa période de convalescence, Nick n'était plus le même. Il semblait avoir perdu le goût à la vie. Il ne faisait plus d'efforts. Il refusait régulièrement de se nourrir. Son humeur était devenue morose et parfois même agressive. L'intervention chirurgicale avait pourtant très bien réussi.

Adrienne, la tante de Nick, me fit part de la réaction de son neveu. Elle voulait avoir mon avis et, si possible, celui de mes amis d'en haut.

Je reçus rapidement les informations que demandait Adrienne. Je me fis confirmer que Nick ne voulait plus continuer de vivre sa misère. L'anesthésie lui avait permis de garder sa pleine conscience lorsqu'il était sorti de son corps. Dégagé ainsi des affres de son pauvre véhicule de chair, il avait revécu avec toute sa lucidité les délices de l'au-delà. Revenu dans son enveloppe, il se sentait comme en prison. Il cherchait maintenant à s'en libérer en se laissant aller vers la mort.

J'expliquai à Adrienne qu'il était extrêmement important que Nick comprenne que sa réaction l'empêcherait de goûter au bonheur qu'il avait perçu et qu'il serait aussi obligé de revenir subir les mêmes souffrances qu'il supportait. Pour y parvenir, je lui indiquai la prière en cinq étapes que je viens de vous décrire. Je lui donnai également les précisions dont elle avait besoin pour rejoindre ainsi Nick dans l'astral de lumière pendant ses heures de sommeil. Adrienne devait le rejoindre dans l'au-delà pour lui faire comprendre ce qu'il devait faire pour s'affranchir définitivement de ses souffrances.

Dix jours plus tard, suivant mes instructions, Adrienne téléphona à la mère de Nick pour prendre de ses nouvelles. J'avais bien averti Adrienne qu'elle devait cesser si le comportement de Nick démontrait qu'il refusait de collaborer. À sa grande satisfaction, Adrienne apprit que Nick prenait du mieux. Il avait recommencé à manger et son sourire irradiait de nouveau son visage.

Nick avait compris le non-sens de sa réaction. Il avait accepté d'écouter Adrienne dans la lucidité de l'au-delà et prenait à nouveau les moyens pour atteindre ses objectifs.

Le lendemain soir, tellement satisfaite de la tournure que semblait prendre la situation, Adrienne oublia sa prière. Elle devait pourtant la poursuivre encore pendant vingt autres nuits.

Elle était couchée depuis un bon moment. Contrairement à son habitude, elle ne parvenait pas à trouver un sommeil rapide. Après une autre trentaine de minutes, Adrienne se demanda pourquoi elle ne parvenait pas à s'endormir. Dès cet instant, elle perçut pendant un bref moment un Esprit lumineux qui se tenait devant elle. Sa lueur dorée, et la description qu'Adrienne m'en donna plus tard, me fit reconnaître un de ceux qui m'assistent dans mon travail spirituel. Pour la première fois de sa vie, Adrienne entendit une voix directement dans sa tête. La voix d'une grande douceur lui dit: « Prière! » Adrienne comprit instantanément. Elle remercia l'Esprit de s'être généreusement déplacé pour l'avertir et fit immédiatement sa prière.

Cette expérience nous montre bien l'importance et l'efficacité de la prière dans les situations impliquant des personnes suicidaires. Le simple fait qu'un Esprit de haut niveau ait pris la peine de rappeler lui-même à Adrienne la prière qu'elle devait poursuivre démontre clairement le rôle majeur que nous avons à jouer dans le processus d'assistance que peut nous fournir l'au-delà.

Souvent, la seule façon de rejoindre les personnes suicidaires dans leur cœur est de les rencontrer directement dans l'astral de lumière pendant leurs heures de sommeil. Nous pouvons alors échanger avec elles dans la lucidité de leur Esprit. Elles se retrouvent ainsi dans la pleine mesure d'analyser convenablement les arguments que nous lui soumettons.

Je vous invite avec insistance à utiliser cette prière qui permet ce genre de contact. Adressée dans la bienveillance, elle ne peut qu'engendrer le bien autant pour le prieur que pour celui qui en fait l'objet.

Bien sûr, dans certains cas, nous pouvons nous buter à un Esprit vraiment retardataire qui refusera de collaborer, mais, même dans ces situations, la prière est très utile, car elle attire vers le suicidaire les Esprits de lumière qui veulent bien collaborer avec lui. Leur présence éloigne alors beaucoup d'entités du bas astral qui n'hésiteraient pas à stimuler le malheureux à commettre le geste stérile.

SIXIÈME PRINCIPE :
COMPRENDRE PAR NOTRE SAGESSE LE TRAVAIL D'ÉVOLUTION QUE NOUS DEVONS ACCOMPLIR

Les nombreuses illusions engendrées par le monde matériel qui nous interpelle sans arrêt nous font facilement oublier la brièveté de notre passage terrestre. Surtout à l'adolescence où le temps subjectif semble très long, nous avons la fâcheuse tendance à oublier que le temps nous presse d'accomplir de notre mieux tout ce que nous réserve notre plan de vie. Cette illusion de la longue durée de notre temps d'incarnés nous fait tomber dans les pièges de nos faiblesses qui ne cherchent qu'à s'incruster davantage dans notre périsprit. Nous oublions alors que nous sommes ici-bas pour l'épurer et non pour y ancrer nos scories spirituelles. Or, notre plan de vie a prévu cette particularité. C'est ce qui explique que des épreuves semblables peuvent revenir jusqu'à trois fois dans notre vie ou que d'autres paraissent vouloir s'étirer sans répit. Ce sont des rappels à l'ordre qui nous recentrent sur les objectifs à atteindre pendant notre court pèlerinage.

Cette brièveté de la séquence temporelle se constate lorsque nous regardons le temps derrière nous. Nous voyons alors jusqu'à quel point les événements sont fugitifs, l'instant présent étant à jamais insaisissable dans sa course effrénée vers l'avant. Prenons un exemple simple pour bien réaliser le peu de temps dont nous disposons pour accomplir notre plan de vie. Imaginons une personne à qui nous demanderions de compter sans arrêt, de sa naissance jusqu'à sa mort, en ne prenant jamais le temps de manger ni de dormir. À la fin d'une vie de soixante-dix ans, la personne en question n'aurait même pas atteint le nombre deux milliards.

Il me fut donné de rencontrer certaines personnes qui avaient frôlé la mort de très près ou qui avaient survécu à des morts cliniques conscientes. La plupart me parlaient d'une impression de renaissance ou d'un éveil à la grande valeur de leur vie. Ils sortaient littéralement d'un genre de confusion qui, jusque-là, les avait empêchés de comprendre l'importance de la vie et de sa pleine réalisation. Or, cette prise de conscience est essentielle à chaque jour de notre existence terrestre. En effet, chaque fois que nous nous éveillons, nous vivons aussi une renaissance qui donne le plein pouvoir de grandir à travers les joies et les peines. Il n'est pas nécessaire d'attendre que notre plan de vie nous secoue impérativement pour sortir de notre torpeur spirituelle. Il faut développer cette sagesse qui consiste à nous rappeler régulièrement le motif de notre présence terrestre. Nous nous éviterons ainsi des épreuves difficiles qui perdront alors automatiquement leur raison d'être. Combien de belles réussites pourrions-nous mériter si nous le comprenions vraiment!

LA DATE DE SA MORT

Carl menait une vie désordonnée. À peine entré dans la vingtaine, il gaspillait ses forces physiques et périspritales à satisfaire ses faiblesses et ses nombreuses pulsions. Il inspirait beaucoup d'inquiétudes à ses proches qui le voyaient foncer, tête première, vers un cuisant échec de sa vie.

Carl avait pourtant reçu une très bonne éducation. L'amour ne lui avait pas manqué. Il avait bénéficié des mêmes possibilités que ses frères et sœurs dont les valeurs en faisaient déjà de solides jeunes adultes. Son comportement contrastait à ce point avec tous ceux de sa famille, qu'il se disait lui-même en être le mouton noir.

La mère de Carl m'avait consulté pour mieux comprendre comment elle pourrait l'aider à se reprendre en main. Les Esprits de lumière nous avaient suggéré de travailler directement avec Carl dans l'astral de lumière pendant ses heures de sommeil. La dame avait utilisé la prière en cinq étapes, mais trois séquences de trente jours n'avaient pas semblé donner de résultats observables, du moins dans l'immédiat.

Six mois plus tard, la mère de Carl me téléphona. Le jeune homme avait fait un rêve qui l'avait profondément impressionné. Il s'était vu dans l'au-delà. Deux Esprits lumineux l'entouraient. Ils lui offraient leur aide pour qu'il puisse réussir sa vie d'incarné.

L'endroit semblait bien réel. La grande pièce ronde ressemblait à une immense bibliothèque. Plusieurs autres personnes consultaient chacun de leur côté des livres qui avaient l'apparence de grosses bibles. Ces imposants volumes paraissaient recouverts d'un cuir luxueux leur donnant un cachet très particulier. Tout comme lui, les gens qu'il voyait étaient accompagnés d'Esprits lumineux qui leur parlaient doucement.

Lorsque Carl demanda ce que cette scène signifiait, un Esprit lumineux lui répondit qu'il s'agissait d'Esprits incarnés en période de sommeil. Il ajouta que chacun consultait le plan de vie qui régissait son incarnation. Il précisa que ces gens cherchaient à mieux comprendre ce qu'ils devaient faire pour atteindre les objectifs d'évolution qu'ils s'étaient fixés avant de naître.

Dès qu'il entendit toutes ces explications, Carl exprima le désir de consulter à son tour le livre de son plan de vie. C'est là qu'on le dirigea vers un ouvrage encore plus gros que les autres. Le bouquin imposant était fermé. Des lettres dorées apparaissaient sur la couverture de cuir brun. Il y était écrit: *Livre de la vie et de la mort.*

Sans qu'il touche à quoi que ce soit, Carl vit le livre s'ouvrir devant lui. Une main invisible semblait tourner chacune des pages, ce qui, sous l'effet de la vitesse, donnait l'illusion d'un éventail virtuel. Après quelques secondes, le mouvement s'arrêta brusquement. La page qui se présentait portait le nom de Carl.

Il s'avança de plus près pour mieux lire. Les Esprits qui l'accompagnaient demeurèrent immobiles.

Son premier regard lui fit comprendre qu'il s'agissait d'un gros registre où n'étaient inscrites que les dates de naissance et de mort de chacun. Carl y reconnut la date exacte où il vit le jour. Il dirigea ensuite son attention sur celle de son décès. Il lut l'inscription avec beaucoup d'émotion, laquelle se transforma rapidement en effroi lorsqu'il se rendit compte qu'elle lui indiquait qu'il ne lui restait que sept mois à vivre.

Carl se tourna vers les Esprits qui l'accompagnaient pour les questionner sur la valeur de cette information. Il ne put recevoir aucune réponse, car une force incontrôlable le sortit de la grande bibliothèque et l'entraîna directement dans son corps.

Carl s'éveilla dès son retour dans son enveloppe charnelle. Il était tout en sueur. Il gardait un souvenir extrêmement précis de tout ce qu'il avait vécu. Il chercha à calmer ses inquiétudes en se disant qu'il avait simplement rêvé, mais l'impression très concrète qu'il conservait le convainquait qu'il avait bel et bien vécu une expérience très réelle.

Dès que sa mère le rejoignit, il s'empressa de lui faire part de ce qui s'était passé. Elle tenta de le calmer en lui répondant qu'il avait simplement rêvé, mais rien n'y fit. Carl était profondément convaincu qu'il avait réellement vu l'au-delà et qu'il connaissait la date de sa mort.

C'est le soir même que la mère de Carl me téléphona. Elle m'exprima sa grande inquiétude à voir mourir son fils au début de l'automne suivant.

Les informations que je reçus pendant notre conversation téléphonique me permirent de la rassurer. Carl en avait encore pour plusieurs années avant de retourner dans le monde des morts. Je pus lui affirmer que je ne recevais rien qui pouvait confirmer le bien-fondé de ses craintes. Avant de raccrocher, je lui demandai de me rappeler le lendemain de la date annoncée, en lui affirmant qu'elle n'aurait que de bonnes nouvelles à m'apprendre.

Sept mois plus tard, comme elle me l'avait promis, la mère de Carl me téléphona. Le ton de sa voix me fit immédiatement comprendre que son fils avait survécu à la date fatidique. Elle m'expliqua le grand bienfait que ce fameux rêve avait apporté dans la vie de Carl.

Elle me rapporta que, dès le lendemain de son expérience de l'astral, le jeune homme s'était littéralement transformé. Jusque-là, la légèreté et la naïveté de sa jeunesse lui avaient fait oublier qu'il était mortel. Jouissant de la vie sans aucune retenue, il avait laissé libre cours à ses pulsions égoïstes qui ne recherchaient que la satisfaction immédiate de tous ses désirs.

Le rappel qui lui avait été donné avait eu un effet déterminant sur son encroûtement spirituel. Il avait rappelé à la mémoire de son périsprit la précieuse préparation d'erraticité qui l'avait élevé à la hauteur des défis qu'il devait surmonter. La vie terrestre prenait un nouveau sens. Il réagissait comme un amnésique qui retrouvait subitement la mémoire. Sa mère m'expliqua qu'elle avait retrouvé le petit garçon de ses premières années.

Carl avait pris les bouchées doubles. Il avait remis de l'ordre dans sa vie débridée. Il avait repris ses études dès la fin d'août. Les premiers résultats laissaient entrevoir une belle réussite. Ayant délaissé l'alcool et les drogues qui l'abrutissaient et anesthésiaient ses belles facultés, il redécouvrait les forces qui s'éveillaient. Ayant rouvert son cœur, il redonnait des couleurs à la vision de l'avenir qui s'offrait à lui.

Après m'avoir fait part de tout le bonheur que cette transformation, presque miraculeuse, lui apportait, la mère de Carl me demanda comment j'expliquais le rêve si réel qui avait marqué si profondément son fils. Je reçus alors l'information que ses nombreuses prières avaient été écoutées. Les échanges pendant ses heures de sommeil avaient fait conclure que Carl ne comprendrait que par l'action de la peur. En fait, le comportement de Carl exprimait une grande crainte de la mort. Il cherchait à mordre dans la vie pour l'oublier. Comme ses pulsions étaient encore très actives, leur influence avait vite fait d'obnubiler complètement les buts spirituels qu'il s'était fixés. L'expérience qu'on lui avait réservée l'éveilla à la réalité de l'après-mort à laquelle nul ne peut échapper.

Au moment d'écrire ces lignes, Carl continuait toujours sa progression. La lumière était désormais bien rallumée dans son cœur qui comprenait le privilège qui nous était donné ici-bas de pouvoir utiliser nos conditions d'incarnés pour bonifier notre Esprit et grandir vers le bonheur infini.

La nécessité de la peur et de toutes ses expressions menaçantes indique évidemment un grand manque de sagesse chez l'incarné qui doit s'y soumettre pour reprendre la montée, mais son efficacité justifie parfois son utilisation par certains d'entre nous qui, comme Carl, l'incluent dans leur plan pour forcer leur éveil spirituel.

Lorsque ce processus est appliqué par notre Ange gardien, il atteint généralement sa cible et peut devenir très positif, car il est dosé par la sagesse. Malheureusement, l'histoire écrite de toutes les cultures de notre Terre nous démontre qu'il en est bien autrement lorsque l'utilisation de la peur est entre les mains des incarnés. L'égoïsme intéressé et l'orgueil prétentieux la transforment alors en éteignoir spirituel qui engendre l'effet contraire des intentions de départ. Laissons donc à nos amis de lumière le soin d'en évaluer la pertinence pour notre plus grand bien et prions Dieu de nous inspirer plutôt sa sagesse. Que celle-ci nous donne la lumière libératrice qui nous indique le chemin à suivre à travers l'aveuglement de nos faiblesses d'incarnés!

SEPTIÈME PRINCIPE : **DEVENIR RÉCEPTIFS À L'ASSISTANCE DE NOS AMIS DE LUMIÈRE**

Comme nous l'avons vu plus haut, plusieurs Esprits lumineux, dont notre Ange gardien, se dévouent généreusement pour nous aider à bien réussir les difficiles étapes de l'incarnation terrestre. Certains n'agissent que lorsque nous rejoignons les dimensions subtiles de l'astral de sommeil, mais d'autres cherchent à intervenir directement auprès de nous. L'obstacle le plus fréquent qui les empêche de nous atteindre est notre manque d'ouverture à leurs pensées. Il est vrai que ces dernières ne vont pas toujours dans le sens que nous souhaiterions, mais notre fermeture vient directement d'un manque de foi et de la faiblesse de notre confiance en eux. Trop repliés sur nous-mêmes ou trop obnubilés par l'importance que nous portons à nos misères, nous ne voyons pas ce qu'ils nous montrent et n'entendons pas ce qu'ils nous disent. Nous nous croyons alors faussement abandonnés par des mains qui nous sont pourtant tendues. Il faut donc développer une plus grande réceptivité spirituelle en étant plus à l'écoute de la voix intérieure des Invisibles lumineux qui nous entourent, sans attendre l'événement spectaculaire qui n'est pas toujours à leur portée.

UNE VISION DE SA CHAMBRE

Catherine se faisait du souci pour Monia, sa fille de quinze ans. Les premières séquences de son adolescence prenaient un caractère inquiétant. La jeune fille n'exprimait plus sa fougue habituelle. Son rendement scolaire avait diminué et ses nouveaux centres d'intérêt prenaient des directions plus ou moins souhaitables. Jusque-là habituée à voir grandir son enfant comme un modèle qui faisait l'envie de son entourage, Catherine craignait de connaître des difficultés qu'elle n'avait encore jamais envisagées pour sa fille bien-aimée.

Catherine s'était décidée à me consulter à la suite d'une conversation avec sa sœur qui lui avait confié les bienfaits que mes amis de lumière lui avaient apportés.

Dès qu'elle fut assise dans mon bureau, Catherine me tendit une photographie de sa fille. Elle m'expliqua brièvement l'objet de son questionnement. Dès le premier contact avec son Ange gardien, je compris que Catherine devait davantage me faire confiance. Je reçus alors des images très précises de la chambre à coucher de la jeune fille. Je décrivis à Catherine ce que je recevais. Un détail très important apparut directement sur la photographie. Je perçus une grande quantité de bois de chauffage. Il était coupé en sections d'environ quarante-cinq centimètres. La plupart des morceaux étaient fendus. Tout le bois était soigneusement cordé en deux rangées adjacentes le long d'un mur parallèle au lit de Monia.

Les images me surprirent. C'est donc avec un air un peu étonné que je demandai à Catherine si c'était possible que tout ce bois que je percevais se trouvât dans la chambre de Monia. Catherine se mit à rire. Elle m'expliqua qu'ils avaient aménagé la pièce en question dans le sous-sol de la maison. Comme le système de chauffage fonctionnait au bois et qu'il était installé sur le même étage, ils avaient dû loger tout le combustible dans la grande chambre de Monia, seul endroit disponible et accessible pour le long hiver.

Les détails que j'avais pu décrire transformèrent le regard de Catherine. Elle venait de réaliser la pleine justesse des informations que l'on me permettait de recevoir. Son questionnement devint alors plus précis et nous pûmes bien cerner ce que vivait Monia et comprendre l'attitude que Catherine devait adopter. Toutes les données concordaient avec le vécu de la jeune fille. Lorsque Catherine me quitta, elle avait en main de précieux outils que son Ange gardien et ceux qui m'assistaient avaient jugé utiles pour répondre aux besoins de chacune.

À première vue, nous pourrions croire que Catherine n'aurait jamais obtenu cette aide sans notre rencontre, mais les Esprits de lumière qui se manifestaient me firent bien comprendre que j'avais simplement permis de matérialiser un processus qui suivait déjà son cours dans l'astral de lumière. En d'autres termes, Catherine pouvait déjà avoir la pleine intuition de toutes les informations obtenues, car elle les recevait pendant ses heures de sommeil. Comme il lui manquait l'ouverture spirituelle pour les accueillir par elle-même, mon intermédiaire devenait nécessaire pour contourner sa trop grande matérialité qui l'empêchait de reconnaître les inspirations qui lui étaient subtilement adressées.

Il arrive fréquemment que nous soyons utilisés par les Anges gardiens de ceux et celles qui nous côtoient. Ils tentent ainsi de faire passer directement leurs informations par des incarnés plus réceptifs qui, sans s'en rendre compte, servent de messagers de l'au-delà. Il est donc important de s'arrêter aux propos que nous tiennent ceux qui cherchent manifestement à nous aider. La valeur de leurs idées peut parfois n'être que l'écho de précieux conseils reçus directement dans les sphères subtiles des mondes de lumière.

Nous voyons enfin comme il est impératif de s'ouvrir à la spiritualité et d'en appliquer les principes dans notre quotidien. Nous devenons ainsi plus réceptifs à l'au-delà qui peut alors nous aider plus efficacement dans la pleine mesure de nos intentions.

***

Il en est ainsi de l'énergie que nous pouvons directement recevoir de nos amis de lumière. Nous avons vu, dans *Quand l'au-delà se manifeste*, comment ils s'y prennent pour nous transmettre des forces spéciales dans des périodes particulières où nous en avons le plus besoin. Encore là, il ne faut pas leur opposer une résistance qui les empêcherait de nous atteindre. La colère, les éclats de frustration et le doute sont leurs plus grands ennemis. Pour nous rappeler le phénomène qui s'opère et que nous avons vu plus haut, j'ai retenu un court témoignage qui en donne une idée assez juste. Bien sûr, ceux qui ne possèdent pas de médiumnité suffisante pour l'observer directement ne s'en rendent pas nécessairement compte, mais cela n'en diminue aucunement sa pleine réalité et toute son efficacité.

UNE LUEUR DANSANTE

Dès que j'établis le contact avec les Esprits guérisseurs, Érica perçut nettement les effluves de lumière qui dansaient devant elle. Comme elle me l'écrivait plus tard, elle se serait crue à l'intérieur d'une aurore boréale. Elle perçut alors une force qui entrait en elle avec une grande douceur.

Dans les trois jours suivants, elle pouvait revoir cette même lueur dès qu'elle fermait les yeux pour remercier les Esprits bienveillants de l'aider.

Au fil des semaines, le phénomène sembla s'estomper. Un soir, elle se concentra plus qu'à l'habitude en faisant ses prières. Une demande lui tenait à cœur et elle donna plus d'intensité à l'invocation qu'elle adressait à Dieu et aux instances de lumière. À sa grande satisfaction, elle revit les belles lueurs bienfaitrices. Elles s'agitaient devant ses yeux, comme excitées de la rejoindre par ses prières. Érica redoubla d'ardeur dans les pensées qu'elle émettait. À nouveau, elle sentit cette force qui entrait et tourbillonnait en elle. Comprenant que sa prière était exaucée, elle remercia Dieu de sa générosité.

Je reçus plusieurs témoignages semblables à celui d'Érica. Certains étaient beaucoup plus spectaculaires, mais tous faisaient état du même lien qui s'établissait avec les Esprits d'amour se dévouant pour nous. Leur perception était importante, car elle permettait de décrire à ceux et celles qui ne ressentent rien cette réalité quotidienne qui nous est accessible par la simple mise en branle de la prière. Bien sûr, comme nous l'avons vu dans *L'Au-delà à l'écoute de nos prières*, notre plan de vie peut imposer certaines limites à l'exaucement de ce que nous demandons, mais en retour nous recevons toujours cette force qui nous garantit de réussir toutes les épreuves de notre route terrestre.

HUITIÈME PRINCIPE : **APPRENDRE À SE PARDONNER**

Lorsque nous parlons de se pardonner, nous ne désignons pas l'attitude bornée de celui qui se complaît dans le mal qu'il engendre et répand sans vergogne autour de lui. Nous référons à un acte de profonde humilité qui nous fait accepter notre infériorité d'êtres en devenir. Nous avons tous été créés dépourvus de connaissance. Or, c'est dans cette ignorance que toutes les erreurs que nous pouvons commettre prennent leur origine. Il faut donc se résigner à devoir avancer en trébuchant sur les marches de notre manque d'expérience. Ce qu'il faut surtout éviter, c'est de devoir recommencer les précieux paliers que notre incarnation peut nous permettre de gravir à jamais.

Il arrive fréquemment que les Anges gardiens de ceux et celles qui me consultent conseillent à leur protégé d'apprendre à se pardonner. J'ai même constaté plusieurs cas de problèmes de santé qui sont directement reliés à cette carence spirituelle.

Plusieurs souffrances karmiques auraient pu facilement être évitées si nous avions appris à nous pardonner. Trop enclins à nous reprocher des faiblesses parfois très lointaines, nous revenons subir les contrecoups de notre vieille ignorance.

La meilleure façon de commencer cet apprentissage est de toujours regarder devant soi. Le passé ne doit servir qu'à tirer des leçons et comprendre les erreurs à éviter. Il faut toujours se rappeler que nous ne pouvons pas refaire le passé. Il ne sert donc à rien de l'arroser de nos pleurs et de les couvrir de remords étouffants. Il faut ensuite s'appliquer à réussir de notre mieux ce que la vie terrestre exige de nous. Nous y parvenons à travers notre quotidien dans l'accomplissement des multiples facettes de notre devoir d'état. Enfin, nous devons centrer notre réflexion sur nos réussites, si minimes soient-elles, en comprenant que nos erreurs n'auront été que l'expression de notre infériorité spirituelle, intellectuelle et morale. Finalement, avec les années et, s'il le faut, les incarnations répétées, nous parviendrons à atteindre les niveaux de lumière nous libérant pour toujours des chaînes de notre passé.

2. LA RESPONSABILITÉ MORALE DE CHACUN D'ENTRE NOUS

Comme nous le savons maintenant, au retour de la vie terrestre, chacun reçoit dans la pleine mesure de ses actes. Aucun faux-fuyant, aucun semblant ni aucune tromperie ne peuvent masquer la nature de ce que nous avons accompli ici-bas autant dans le mal que dans le bien. L'évaluation qui en est faite se veut d'une précision extrême, car c'est nous-mêmes qui nous jugeons comme si nous jugions un autre. C'est à l'étape du bilan d'incarnation que s'effectue cette opération que certains coupables cherchent naïvement à repousser le plus loin possible dans leur après-mort.

Comme nous l'avons également vu plus haut, le suicide donne lieu à un verdict très sévère et ses conséquences sont très lourdes à supporter. Mais le suicidé est-il le seul à assumer les retours amers de son geste stérile? Qu'en est-il de ceux qui ont joué un rôle direct ou indirect dans la dynamique autodestructrice du suicidé?

Plusieurs de ces derniers subissent un véritable choc dès leur arrivée dans l'au-delà. Bien ancrés dans les préjugés qu'ont pu leur inspirer leur statut d'incarnés ou leurs convictions tronquées par leur orgueil et leur égoïsme, ils se retrouvent face à des responsabilités qu'ils avaient soigneusement balayées sous le tapis de leurs fausses croyances. Ils reçoivent la facture exacte de leur compte en souffrance, voyant dans une pleine lucidité les douloureuses conséquences dont ils sont en partie responsables. Cette mise à jour de leur cheminement d'évolution ne se fait pas sans grimaces ni grincements de dents. L'anéantissement de leurs prétentions et le dévoilement de leur vrai visage ont humilié plusieurs d'entre eux qui s'éveillaient ainsi à leur véritable réalité intérieure.

Il faut donc imprégner nos actes et nos paroles d'une grande prudence dans nos rapports avec tous ceux et celles qui nous entourent, en prenant bien soin d'évaluer l'impact de notre comportement et de notre conduite sur leur fragilité face aux difficultés de la vie terrestre et sur leur vulnérabilité devant les malheurs que nous pourrions nous-mêmes engendrer dans la trame de leur plan de vie.

Nous ne pouvons impunément pousser quelqu'un au désespoir ou contribuer à sa déchéance sans avoir à en rendre compte tôt ou tard. Les apparences trompeuses du monde matériel peuvent donner la fausse impression du contraire, mais la réalité implacable de l'après-mort rattrape chacun et chacune d'entre nous dans la pleine mesure de nos intentions, de nos actes et de notre réalité spirituelle.

Que ce soit les parents négligents, qui n'auront pas compris l'importance de l'éducation à donner à leur enfant, l'employeur au cœur dur qui n'aura veillé qu'à ses propres intérêts, les amoureux égoïstes qui n'auront aimé que leur propre personne, les politiciens insensibles qui auront oublié qu'ils ne devaient être que les serviteurs des plus petits, les enseignants du mensonge aveuglés par leur orgueil prétentieux, les promoteurs du culte de la mort servant bêtement les assoiffés du mal du bas astral, tous ces incarnés qui auront refusé de tendre la main à celui qu'ils auraient pu relever, chacun devra assumer la pleine imputabilité qui lui incombe.

Les retours que nous engendrons par notre responsabilité morale dans les suicides qui nous concernent sont certes différents de ceux du suicidé lui-même, mais ils n'en demeurent pas moins difficiles et parfois très longs à racheter.

Il est donc important de bien comprendre que notre responsabilité morale face au suicide ne se limite pas à notre propre lutte pour mener à terme notre seule incarnation. Elle s'étend aussi à celle menée par nos contemporains et surtout par ceux qui nous entourent. Chaque fois que nous alourdissons le poids qu'ils ont à supporter dans leur vie d'incarnés, nous risquons de verser la goutte qui fera déborder la coupe de leur épuisement moral déjà bien remplie.

Prions donc Dieu et nos amis de lumière pour avoir la sagesse de comprendre ce que nous devons faire pour nous-mêmes et pour les autres. Nous éviterons alors les pénibles retours et cueillerons les fruits délectables d'un contexte de vie *post mortem* comblant nos attentes les plus profondes.

CONCLUSION

Voici venu le temps de vous laisser à votre propre réflexion. Je vous ai livré du mieux que j'ai pu l'essentiel des éléments que j'ai reçus et que toute personne devrait savoir avant de sombrer dans les inutiles erreurs que seule engendre l'ignorance spirituelle.

Comme je vous le mentionnais dans l'avant-propos, ce sont mes amis de l'au-delà qui m'avaient suggéré d'écrire cet ouvrage. Ils voulaient disposer d'un outil simple, succinct et efficace dans leur travail d'assistance auprès des incarnés qui doivent comprendre l'importance de leur vie terrestre et des efforts qu'elle exige d'eux. Je n'ai aucune prétention sur leur degré de satisfaction, mais je suis profondément convaincu de la pleine valeur de toutes les informations que j'ai partagées avec vous.

En écrivant ces lignes, j'ai la nette impression de vous passer le flambeau spirituel que vous pourrez porter à votre tour dans la pleine mesure de votre volonté. Puisse-t-il éclairer votre cœur et celui de tous ceux à qui vous le donnerez par la suite.

Dorénavant, toutes les connaissances partagées dans ce livre vous appartiennent. Elles fructifieront dans la proportion des efforts que vous appliquerez à réussir ce que votre plan de vie a tracé pour vous, dans le but sublime de vous rapprocher du Créateur. Je remercie Dieu pour chacun des lecteurs et des lectrices que cette publication aura aidés dans leur cheminement spirituel. Je Le prie d'imprégner chacun d'entre nous de sa sagesse, pour que nous puissions en comprendre le message d'espérance dont ce précieux savoir est porteur.

Au-delà de notre vie et de notre mort, le temps passe sans jamais prendre la peine de s'arrêter. Il nous appartient donc de le faire à sa place en l'utilisant pour bien réfléchir sur notre façon de profiter de l'extraordinaire privilège de l'incarnation terrestre. Elle vise essentiellement notre élévation aux vibrations du bonheur céleste. Il nous incombe donc de la mettre à notre service en vainquant ses pièges hypocrites qui ne peuvent que nous précipiter dans les longs retours de stagnation, de rachats et de souffrances.

Nous possédons maintenant la lumière pouvant éclairer notre route et dévoiler tous ses écueils. Laissons-la prendre pleinement sa place dans notre quotidien et nous sortirons grands gagnants de nos épreuves terrestres qui nous révéleront ainsi leur sens précis et la pertinence de leur présence.

J'invite ceux et celles qui aimeraient approfondir les connaissances livrées dans cet ouvrage à consulter mes autres livres qui expliquent davantage plusieurs notions impliquées dans le généreux processus d'évolution spirituelle que Dieu a permis pour chacun d'entre nous. Qu'il plaise à Dieu que ces connaissances cruciales se diffusent auprès de tous ceux et celles qui veulent Le rejoindre dans ses vibrations d'amour et de bonheur éternel!

304 pages; 15,95 $

328 pages; 16,95 $

414 pages; 24,95 $

110 pages; 9,95 $

DISTRIBUTEURS EXCLUSIFS

Distributeur pour le Canada et les États-Unis
LES MESSAGERIES ADP
MONTRÉAL (Canada)
Téléphone : (450) 640-1234 ou 1 800 771-3022
Télécopieur : (450) 640-1251 ou 1 800 603-0433
www.messageries-adp.com

Distributeur pour la France et autres pays européens
DISTRIBUTION DU NOUVEAU MONDE (DNM)
PARIS (France)
Téléphone : 01 43 54 49 02
Télécopieur : 01 43 54 39 15
Courriel : libraires@librairieduquebec.fr

Distributeur pour la Suisse
(À l'usage exclusif des librairies)
SERVIDIS / TRANSAT
GENÈVE (Suisse)
Téléphone : 022/342 77 40
Télécopieur : 022/343 46 46
Courriel : transat-diff@slatkine.com

◆◆◆

Dépôts légaux
Bibliothèque nationale du Canada
Bibliothèque et Archives nationales du Québec, 2010
Imprimé au Canada

◆◆◆

Imprimé sur Rolland Enviro100, contenant 100% de fibres recyclées postconsommation, certifié Éco-Logo, Procédé sans chlore, FSC Recyclé et fabriqué à partir d'énergie biogaz.